西北大学211工程赞助项目

西北大学东方文库

18-19 shiji
Aosiman Diguo Yu Ouzhou Wenhua Jiaowang Yanjiu

18-19世纪
奥斯曼帝国与欧洲文化交往研究

田瑾 著

中国社会科学出版社

图书在版编目(CIP)数据

18至19世纪奥斯曼帝国与欧洲文化交往研究／田瑾著．—北京：中国社会科学出版社，2013.4
ISBN 978-7-5161-0953-3

Ⅰ.①1… Ⅱ.①田… Ⅲ.①文化史—研究—奥斯曼帝国—18~19世纪②文化史—研究—欧洲—18~19世纪 Ⅳ.①K374.3②K500.3

中国版本图书馆CIP数据核字（2012）第129191号

出 版 人	赵剑英
选题策划	郭沂纹
特约编辑	丁玉灵
责任校对	王兰馨
责任印制	张汉林

出　　版	中国社会科学出版社
社　　址	北京鼓楼西大街甲158号（邮编100720）
网　　址	http://www.csspw.cn
	中文域名：中国社科网　　010-64070619
发 行 部	010-84083685
门 市 部	010-84029450
经　　销	新华书店及其他书店
印　　刷	北京市大兴区新魏印刷厂
装　　订	廊坊市广阳区广增装订厂
版　　次	2013年4月第1版
印　　次	2013年4月第1次印刷
开　　本	880×1230　1/32
印　　张	9.25
字　　数	239千字
定　　价	32.00元

凡购买中国社会科学出版社图书，如有质量问题请与本社联系调换
电话：010-64009791
版权所有　侵权必究

总　序

黄民兴

　　本文库是西北大学211工程重点学科赞助的、旨在出版西北大学学者在亚非拉研究方面的成果的系列丛书。丛书主题以历史为中心，兼及政治、经济、社会、宗教、法律、民族、文化、国际关系等方面，目的在于推动西北大学相关的学科建设和梯队建设。

　　西北大学是中国历史悠久的高校之一，人文学科以历史研究见长，而世界史的研究从20世纪50年代开始，以亚洲近现代史为特色，逐步在国内产生影响。毕业于北京大学历史系亚洲史研究生班的彭树智教授（1931—　），从印度近现代史和亚洲民族主义运动开始，其研究领域逐步扩大到东方民族主义思潮、土耳其近现代史、阿富汗史、阿拉伯史、文明交往论等领域，并卓有建树。同时，1964年，根据国家关于推动国际问题研究的要求和毛泽东关于加强世界三大宗教研究的指示，国务院外事办、教育部和高教部联合发文，在西北大学成立伊斯兰教研究所（20世纪70年代初改名中东研究所），成为国内最早组建的国际问题研究机构之一。中东研究所汇集了一批精通俄语、阿拉伯语、英语、德语、法语等语种的研究人才，展开有关中东问题的研究和资料翻译，从而为学校的中东研究奠定了基础。20世纪80年代初，历史系开始培养世界近现代史（主要方向为南亚、中东史）和世界古代史（主要方向为佛教史）研究生；1986年，西北大学设立世界地区史、国别史（南亚·中东史）专业博士点，此为国内最早的中东研究博士点；1995年，设立历史学博士后流动站。上述学科点的建立，培养了一批相关专业的人才，进一步加强了西北大学在南亚中东研究方面的科研队伍和学科优势。

西北大学展开有关南亚中东领域的研究，具有特别的地缘和文化优势。在地理上，陕西所在的中国西北地区与以伊斯兰教为主要宗教的西亚、南亚（巴基斯坦）和中亚毗邻。同时，陕西地处中国的中心，为古代盛世——汉唐王朝的故地，而古都长安自西汉始，就是通往中亚、西亚、非洲、欧洲的丝绸之路的起点，也是伊斯兰教最早进入中国的地方。今天，西北地区是中国穆斯林分布的主要地区，包括10个信仰伊斯兰教的少数民族——回族、维吾尔族、塔塔尔族、柯尔克孜族、哈萨克族、乌孜别克族、塔吉克族、东乡族、撒拉族、保安族，而在陕西主要是回族。位于西安市化觉巷的清真大寺建筑雄伟，是中国最负盛名的清真寺之一，也是伊斯兰文化与汉文化融合的结晶。而且，西北大学老校区邻近昔日唐朝的西市，当年这里聚集着上万名来自西亚的阿拉伯商人和波斯商人，门庭若市，人流如织。著名的旅游景区大雁塔则是唐朝僧人玄奘西土取经归来潜心译经的名刹。

东方所代表的亚非地区是世界古老文明的摇篮，这里有两河流域的美索不达米亚文明、尼罗河的古埃及文明、印度河的哈拉帕文明、黄河流域的华夏文明、吴哥的柬埔寨古文明等。这些古老文明书写了辉煌的历史画卷，启迪了古希腊的西方文明之烛。法国学者让·波特罗这样写道："我们文化的所有方面大体上均是由发端于［公元前］4千纪、繁荣于3千纪的美索不达米亚文明形成的。这一文明或许是世界上最古老的，它无愧于这一称号。在其整个生存期间，它向周边地区辐射，使其邻国激发灵感而丰富自身：以色列直接受其影响，模仿其闪族同伴并与后者共事；希腊人则是通过赫梯人和小亚细亚的前希腊人［即迈锡尼人和克里特人］而间接受其影响。"①当代德国哲学家卡尔·雅斯贝斯在《论历史的起源与目标》一书中曾提出了一个影响广泛的命题。他宣称，公元前800年至公元前200年之间，是人类文明的"轴心时代"。这一时期各个文明都出现了重大的思想创新：古希腊的文学、哲学，以色列的先知，波斯的祆教，印度的《奥义书》和佛教，中国的孔子、老子等；这些思想同化和接收了古老的高度文化并向周边传播，它们标志着人类开始意识到自身的整体存在及其局限，创造了至今人们仍在思考的基本范畴，促成了世界宗教的萌芽。②波斯、希腊、印度、中国并列成为世界四大文明中心，它们形成了"各自独特的哲学观念和社会制度"。③

然而，自近代以来，东方陷入了长期的衰落，这一过程涉及政治、经济、社会、军事、外交、文化等领域。借助其先进的科技和工业技术，西方世界迅速崛起，征服和控制了古老的东方世界，在这里建立了殖民地和半殖民地。第二次世界大战后，亚非国家先后获得了独立，但许多国家也经历了地区冲突、领土纠纷、发展瓶颈、债务危机等各种困难。20世纪50—60年代，部分拉美和东南亚国家经济增长明显，被称为新兴工业化国家。但

---

① Jean Bottero, *Mesopotamia: Writing, Reasoning, and the Gods*, English trans., Chicago and London, 1992, p. 28.
② 《卡尔·雅斯贝斯文集》，朱更生译，青海人民出版社2003年版，第133—141页。
③ ［美］斯塔夫里阿诺斯：《全球通史：从史前史到21世纪》，董书慧等译，北京大学出版社2005年第7版，第86页。

进入七八十年代之后，除亚洲"四小龙"外，上述经济体开始陷入经济停滞状况，各种危机缠身，落入了西方所称的"中等收入陷阱"。在所有的发展中经济体中，只有东亚"四小龙"通过自身努力实现了经济的快速增长，基本达到或接近发达国家的经济和社会发展水平。但"四小龙"的经济总量有限，对世界经济尚未产生根本性的影响。冷战结束后，随着苏联东欧社会主义国家的解体，西方世界再次踌躇满志，以"历史终结论"为代表的思想把矛头指向欧亚地区的社会主义和民族主义，宣称西方的自由民主制度是"人类意识形态发展的终点"和"人类最后一种统治形式"，"文明冲突论"则将儒家文明与伊斯兰文明列为可能对西方基督教文明构成威胁的主要文明。1997年爆发于东亚的金融危机似乎再次印证了西方关于东方文明存在种种不足的观点。

2001年的"9·11事件"，揭开了所谓"后冷战"时代的序幕，正当以美国为首的西方忙于全球"反恐战争"之时，历史发展的新坐标开始显现。同年，美国高盛公司首席经济师吉姆·奥尼尔首次提出"金砖四国"（BRIC）的概念，这一概念来自巴西、俄罗斯、印度和中国四国的英文国名首字母，其发音类似英文词汇"砖块"（brick）。2003年，奥尼尔在一份题为《与"金砖四国"共同梦想》的研究报告中预测，到2050年，世界经济格局将重新洗牌：中国将在2041年超过美国成为世界最大经济体，印度在2032年超过日本成为世界第三大经济体，巴西将于2025年取代意大利的位置，并于2031年超越法国；俄罗斯将于2027年超过英国，2028年超越德国；"金砖四国"合计的GDP可能在2041年超过除加拿大以外的西方六大工业国。此后，中国、印度、俄罗斯和巴西四个新兴市场经济国家开始受到世界广泛关注，"金砖四国"的概念风靡全球。一个新时代开始了，其主要标志如下：

第一，亚非拉国家以新的姿态群体性崛起。2001年至2008年，包括非洲国家在内的106个新兴经济体和发展中国家平均增速高于世界平均水平1个百分点，有73个新兴经济体和发展中国家平均增速高于世界平均水平2个百分点，有47个新兴经济体和发展中国家平均增速高于世界平均水平3个百分点。在短短的8年内，有10个新兴经济体的人均收入水平从中高收入组别晋升到高收入组别，有17个新兴经济体从中低收入组别晋升到中高收入组别，有20个新兴经济体从低收入组别晋升到中低收入组别，还有1个新兴经济体从中低收入组别晋升到高收入组别。而且，新兴经济体的崛起主要表现在新兴大国的崛起。经济总量最大的10个新兴经济体占全球经济的比重从2001年的14.1%上升到2010年的24.2%，提升了10.1个百分点，而同期整个新兴经济体和发展中国家的比重提高了12.8个百分点。在21世纪的第一个十年，前10大新兴经济体对世界经济增长的贡献为34.6%，相当于同期整个新兴经济体和发展中国家贡献的68.5%。[①] 2008年，新兴市场的GDP已占全球的50%，贸易量占40%，外汇储备占70%。根据中国社会科学院2011年发布的研究成果，到2020年中国经济总量将超越美国居世界第一。除"金砖四国"外，其他具有发展潜力的新兴经济体群体还包括："展望五国"（VISTA），包括越南、印尼、南非、土耳其和阿根廷；"新钻11国"（Next-11，简称N-11），包括巴基斯坦、埃及、印尼、伊朗、韩国、菲律宾、墨西哥、孟加拉、尼日利亚、土耳其、越南。

第二，新兴经济体的崛起具有可持续性。它们的迅速增长不

[①] 方晋：《新兴经济体崛起》，发展出版社2012年版。按照国际货币基金组织的测算（按购买力平价法），2010年金砖国家对世界经济增长的贡献率超过60%，其中中国对世界经济增长的贡献率超过30%，居世界第一。见《金砖国家经济社会发展报告（2011）》，社会科学文献出版社2011年版，第13页。

仅仅依赖廉价的劳动力，而是包括发展教育、技术创新、体制改革、融入世界经济、优化产业结构、完善分工体系等多种有效措施。美国《时代》周刊高级编辑、著名投资银行高盛公司资深顾问乔舒亚·库珀·雷默指出，"知识引导的变化（相对于意识形态引导的变化）已经成为改革后的中国的基本组成部分，其形式是经济学家所说的全要素生产率的快速增长"。①

方晋在《新兴经济体崛起》一书中指出，新世纪以来新兴经济体第二产业占 GDP 的比重以及外贸依存度无论是绝对水平还是增长速度均显著高于发达经济体，说明工业化以及积极参与全球分工很可能是新兴经济体本轮增长的主要动力。通过增长核算法对新兴经济体增长的来源进行分解后，作者发现全要素生产率对增长的贡献不断提升，要素投入的贡献不断下降，充分反映新兴经济体增长的合理性和可持续性。重要的是，新兴经济体群体性的崛起特别是新兴大国的崛起，使得新兴经济体之间相互带动作用不断提升。先发国家和后发国家之间，大国和小国之间，制造业出口国和初级产品出口国之间，形成了相互贸易和投资的良性循环，使得新兴经济体的增长可以不断持续下去。方晋高度评价新兴经济体的崛起，认为只有 19 世纪西欧国家的崛起才能与之相提并论，指出新兴经济体实现工业化、现代化，跻身发达国家行列，是完全可以预期的。

而且，亚非拉新兴经济体的崛起改变了全球化的发展态势。美国著名记者托马斯·弗里德曼在《世界是平的：21 世纪简史》一书中区分了全球化的三个阶段：全球化 1.0 版本，1492—1800 年，世界的规模从大号缩小到中号，全球化进程取决于一国的实

---

① 乔舒亚·库珀·雷默：《北京共识》，新华社译，2010 年 9 月 4 日，http://www.china-review.com/eao.asp? id =25235。全要素生产率最早由诺贝尔奖获得者罗伯特·索洛于 1957 年确定，它是推进经济超越由人力资本的增长和金融资本的增长所导致的发展水平的一个特殊原因，被定义为"不是由投入增长所导致的产出增长"。

力及其应用形式;全球化2.0版本,1800—2000年,世界的规模从中号缩小到小号,全球化进程取决于跨国公司;全球化3.0版本,2000年至今,世界的规模从小号缩小到微型,同时"平坦化了我们的竞争场地",全球化进程取决于个人在全球范围内的合作与竞争。他指出:"人类历史上从来未有这样的时刻:越来越多的人发现他们能够找到越来越多的合作对象和竞争对手,人们将和世界各地越来越多的人互相竞争和合作,人们将在越来越多的工作岗位上互相竞争和合作,人们的机会将越来越平等。"①同时,他也总结了"碾平世界的十大动力":柏林墙的倒塌和Windows操作系统的建立;互联网时代的到来;工作流软件;上传;外包;离岸经营;供应链;内包;搜索服务;大量移动通信终端的出现。

第三,亚非拉发展中国家形成了可以与西方相竞争的发展模式。在新兴经济体迅速发展的同时,它们的发展模式也日益受到西方国家的重视。早在几十年前,英国的史学大家汤因比就在其皇皇巨著《历史研究》中指出:"最近五百年来世界的西方化乃是西方一系列分立而竞争的地区性国家的产物。它们之间的竞争乃是西方扩张的主要动力;政治上的分裂乃是西方化进程给全球政治地图造成的主要特点之一。"②这种体制无法实现未来世界持续生存的三个前提:控制人口增长、避免资源过度消耗和核战争。而"经历了三千多年的经验的考验"、始终保持了大一统国家的中国给世界提供了一条出路:建立世界的"真正大一统国家"。③

---

① [美]托马斯·弗里德曼:《世界是平的:21世纪简史》,何帆等译,湖南科学技术出版社2006年版,第7页。
② [英]阿诺德·汤因比:《历史研究》(修订插图本),刘北成、郭小凌译,上海人民出版社2002年版,第287页。
③ 同上书,第287、288页。

进入21世纪以后,中国长期的经济高增长进一步引起西方世界的关注。乔舒亚·库珀·雷默在伦敦外交政策中心发表的一篇调查论文指出,中国通过艰苦努力、主动创新和大胆实践,摸索出一个适合本国国情的发展模式,并将其称之为"北京共识"。中国模式是一种适合中国国情和社会需要、寻求公正与高质量增长的发展途径,雷默将这种发展途径定义为:艰苦努力、主动创新和大胆实验;坚决捍卫国家主权和利益;循序渐进,积聚能量。创新和实验是其灵魂;既务实,又理想,解决问题灵活应对,因事而异,不强求划一是其准则。它不仅关注经济发展,也同样注重社会变化,通过发展经济与完善管理改善社会。雷默指出,中国的崛起正在通过向世界展示新的发展和力量原理重塑国际秩序。中国正处在建立全世界从未有过的"最伟大的不对称超级大国"的过程之中。尽管中国国内对"中国模式"的说法持低调态度,但在国际上,它已经明显削弱了"华盛顿共识"[1]的影响力。

另外,西方有不少学者对中国的国家形态很感兴趣。知名的美籍台湾考古学家张光直提出,东方式国家起源的代表是东亚的中国,也包括美洲的玛雅文明。它以人与人关系的改变为主要动力,在生产技术上没有大的突破,主要是通过政治权威的确立开创新的时代。其特征是人与自然的关系是连续的,它们的和谐关系没有受到破坏。在东方式的国家起源中,社会财富的积蓄主要是靠政治程序完成的。[2] 在文化上,中国主张存有的连续的古代宇宙观(天人合一)也完全不同于西方和中东的神凡对立的宇

---

[1] "华盛顿共识"盛行于20世纪90年代,主张走私有化、自由化和透明化的经济发展道路,其在发展中国家的实践结果暴露出严重的问题。

[2] 张光直:《考古人类学随笔》,三联书店1999年版,第55—56页。关于对张的批判性回应,参见刘军《张光直和马克思国家起源理论的比较研究》,《学术探索》2005年第2期。

宙观。①

　　另有一些西方学者则认为，中国是一个"文明国家"（civilization－state），指出中国的"民族国家"尚在形成之中，而"文明形态的国家"在中国却有数千年的历史，因此中国无法形成西方意义上的"民族国家"或"现代国家"。②整个20世纪中国的历程不过是一个不得不从"文明国家"变成"现代国家"的过程，用中国自己的政治话语来说，就是一个由"天下"变为"国家"的过程。美国知名政治文化学者白鲁恂（Lucian Pye）更是把现代中国描述成"一个文明伪装成的国家"（a civilization pretending to be a state）。然而，英国学者马丁·雅克于2009年出版的《当中国统治世界》一书却别有见地，他从正面论述了作为"文明国家"的中国："世界上有许多种文明，比如西方文明，但中国是惟一的文明国家。中国人视国家为监护者、管理者和文明的化身，其职责是保护统一。中国国家的合法性深藏于中国的历史中。这完全不同于西方人眼里的国家。"他同时提出，中国模式对其他国家产生了吸引力，尽管他推断中国今后可能在东亚以某种形式复活历史上存在过的朝贡体系。③ 针对上述观点，日内瓦外交与国际关系学院教授张维为在《中国震撼：一个"文明型国家"的崛起》一书中宣称，今天的中国已经是一个把"民族国家"与"文明国家"成功地融为一体的"文明型国家"（civilizational－state），它包含了被简称为"四超"和"四特"的八个特征："四超"即超大型的人口规模，超广阔的疆域国土，超悠久的历史传统，超深厚的文化积淀；"四特"是

---

① 张光直：《考古人类学随笔》，第56—57页。

② 参见 Joseph R. Levenson, *Confucian China and its Modern Fate: A Trilogy*, University of California Press, 1968.

③ Matin Jacques, *When China Rules the World: The End of the Western World and the Birth of a New Global Order*, Publisher: Penguin Press, 2009.

由此衍生的四个方面，即独特的语言，独特的政治，独特的社会，独特的经济。这其中的每一点都包含了传统"文明"与"（现代）国家"的融合。①

让我们把目光从东亚转到西亚，西亚的土耳其在经历了二战前凯末尔的世俗化改革后，开始重新探讨国家的现代化道路。1989—1993年担任土耳其总统的厄扎尔曾提出"土耳其—伊斯兰"一体概念，认为土耳其民族主义与伊斯兰教对土耳其的国际地位作出了决定性贡献，而奥斯曼帝国的历史遗产和伊斯兰文化成为现代土耳其国家"软实力"的来源之一。②厄扎尔的外交政策被称为"新奥斯曼主义"（Neo-Ottomanism）。具有浓厚宗教色彩的土耳其正义与发展党于2002年上台执政以来，其外交更是出现了"中东化"倾向，成为"新奥斯曼主义"的全面实践。按照该党领袖、埃尔多安总理的外交政策顾问（后任外长）、"新奥斯曼主义"的理论家、国际关系学者艾哈迈德·达乌特奥卢的说法，这是为了纠正向欧美一边倒的不平衡外交，而发展土耳其的"战略深度"，此即"战略深度主义"。

达乌特奥卢是一个学识渊博的学者，除了国际关系学外对哲学、经济学、历史、地理、文化等学科均有涉猎。他认为，20世纪前半期的早期现代化人士（暗指凯末尔等人）"力图通过民族或文明的自我保存来抗击殖民列强的进攻"，但他们主张的世俗化是"对非西方社会的自我认知的威胁"，而20世纪末的"文明复兴主义者"则要重新定义自身的本体论和历史的存在。而且，穆斯林文明不论是在哪个地区还是民族中，其具有的普世性表现为对共同的伊斯兰世界（乌玛）的承认，这超越了民族

---

① 张维为：《中国震撼：一个"文明型国家"的崛起》，上海人民出版社2011年版，第64—65页。

② Alexander Murinson, "The Strategic Depth Doctrine of Turkish Foreign Policy", *Middle Eastern Studies*, November 2006, Vol. 42, No. 6.

国家的模式，并表现为对殖民主义和现代性的共同回应。因此，土耳其作为奥斯曼帝国遗产的继承人，它具有明显的"战略深度"和"地缘深度"，必须改善与具有共同文化传统和历史的周边的中东、高加索和巴尔干国家的关系，主动影响上述地区的政治发展，以确保地区安全。当今的土耳其不再是东西方之间的"桥梁国家"，而必须担当"中心国家"的职责，在伊斯兰世界面临着经济、政治、文化和教育改革重任的今天，土耳其将发挥引领伊斯兰世界复兴的历史作用。在这里，达乌特奥卢从传统伊斯兰政治文化的角度同样提出了对西方民族国家观念的挑战。

与东方的崛起相比，西方的国际影响明显下降，而开始于2008年的全球金融危机加速了这一进程。按照国际货币基金组织的测算（按购买力平价法），发达国家对全球经济的贡献率从1990年的88.6%下降到2000年的76.6%、2008年的20.8%和2010年的约30%。[1] 乔舒亚·库珀·雷默在他的新著《不可思议的年代》中指出了新时代的来临："我们现在正处在几个世纪以来国际秩序可能发生的最重大变化的起点，这是从1648年威斯特伐里亚条约之后国家转变成主权秩序以来最大的变化。这一变化是无法抗拒的，并且它将迅速蔓延。它将传播到我们生活的每一个角落，改变我们的商业模式、银行账号，甚至影响我们的健康。我们正经历的不是一种单一的变化，甚至不仅仅是一场革命。我们正在经历的变化和二战的结束、苏联的解体、金融危机的爆发类似，是一场无法阻止的变化的突然爆发。这种变化使得过去那些不可撼动的机构变得虚弱和不稳，这种变化使得那些看似弱小的变化最终会变成强大的力量。不管我们是否心甘情愿，这个世界并非变得更加稳定，或是更容易理解。简而言之，我们

---

[1] 《金砖国家经济社会发展报告（2011）》，社会科学文献出版社2011年版，第13页。

正在进入一个革命的时代。"①

当然,亚非拉国家还远没有具备能够完全改变国际秩序的能力,但是,今天的世界与 20 世纪初的世界已经完全不一样了。拿破仑曾经说过一句名言:"中国一旦被惊醒,世界将为之震动。"今天,不仅仅是中国,而且是整个亚非拉世界的崛起,世界该感受到怎样的震撼呢?加强东方问题研究,此其时也。是为序。

2012 年 3 月 24 日

---

① Joshua Cooper Ramo, *The Age of the Unthinkable: Why the New World Disorder Constantly Surprises Us and What We can Do About It*, Little, Brown and Company, 2009, chap. 1.

序

奥斯曼帝国曾是彪炳于世界史册的庞大的封建军事帝国，存续时间长达500余年，历经36任素丹，鼎盛期的版图和疆域横跨欧亚非三大洲。及至16世纪末期，奥斯曼帝国一直是世界上最强大的帝国之一，它在军事、政治、宗教、法律和文化等诸多方面为人类的文明做出了巨大贡献。进入17世纪后，伴随西方的崛起和奥斯曼帝国对欧洲一系列战争的败北，以及帝国内部面临的各种危机，它开始走下坡路。

自18世纪初叶起，面对江河日下的衰微之势和振兴图强的美好愿景，奥斯曼帝国启动了绵延百余年的现代化改革。这种改革先从器物层面的军事改革肇始，逐渐向政治、经济、法律、教育和社会文化生活等多领域的改革拓展。尽管，奥斯曼帝国的改革是在其总体上趋于衰亡的大前提下实施的，而且也不可能阻止帝国不断被肢解的厄运，但它却有利于帝国内部资本主义因素的萌发和新兴社会阶层的产生。奥斯曼帝国在国家政体和法律上的改革，尤其是1876年第一部向君主立宪制过渡的奥斯曼宪法的颁布，不仅开辟了奥斯曼帝国向现代国家转变的道路，也为现代土耳其的宪政体制和世俗化奠定了基础。同时，它在教育、文化和社会生活上的改革则为第一次世界大战后土耳其共和国的创建及其向现代化的发展提供了舆论和思想准备。

关于奥斯曼帝国的现代化改革问题是国内学界长期关注和探

讨的一个重要课题，并有相当数量的研究成果陆续问世。一般来说，国内学者的研究视域和聚焦点大都集中在军事、政治、法律和社会经济等方面，并从相关维度来论述和解读奥斯曼帝国的现代化改革，以及它对奥斯曼帝国后期历史的影响。这成为国内关于奥斯曼帝国现代化改革问题研究的主流倾向。与此同时，国内也有一些研究者另辟蹊径，试图通过奥斯曼帝国后期帝国在文化、教育和社会生活方面与欧洲的互动性交往及其产生的酵母效应，来探讨它为帝国后期历史注入的思想活力和衍生的各种新变化，以便丰富或拓宽奥斯曼帝国现代化改革研究的内涵。事实上，奥斯曼帝国后期的现代化改革在很大程度上也是一场全方位的社会改造运动，它所涉及的内容必然囊括帝国社会的各个层面。因此，将文化交往作为新的切入点来研究奥斯曼帝国的现代化改革无疑也是一个正确选项。

田瑾撰写的《18 至 19 世纪奥斯曼帝国与欧洲文化交往研究》一书正是循此路径进行的一种尝试。概括起来讲，本书以奥斯曼帝国后期与欧洲文化圈中最具代表性的法国、英国和德国文化的互动性交往作为研究对象，主要探讨了以下几大问题：1. 奥斯曼帝国传统文化与欧洲文化构成及特点的比较；2. 两种异质文化交往的时代背景和主要内容；3. 法英德文化对帝国文化和社会变革的催化效应及结果；4. 帝国文化对欧洲文化的影响；5. 文化交往遗产对现代土耳其诞生的历史作用。本书通过对上述问题的探讨提出了一些独立见解：诸如，奥斯曼帝国后期帝国文化与欧洲文化的交往表现为"挑战—应战"的关系；欧洲多元文化与帝国单一文化是两种不同文化互动性交往的基本结构；强势文化与弱势文化的不对称态势，导致两种文化交往过程中欧洲文化的影响力远大于帝国文化，并对奥斯曼帝国社会形态的发展产生了错位性的冲击；两种异质文化交往的遗产是现代土耳其继承和革新的重要资源，等等。这些见解体现了作者对相关问题的深入思考和分析，是一种具有新意的探索。同时，也比较客观地反映了奥斯曼帝国后期两种文化互动性交往的基本轮廓和历史意义。

田瑾长期从事英语语言与文化的教学研究工作，曾先后获得英语语言文学学士学位和硕士学位。师从我攻读世界史专业博士学位，无异于一种自我超越的艰难旅程，其间付出的难以言表的辛劳和心灵的重重磨难，是不言而喻的。田瑾属于那种有志向有韧劲的求学者，她一旦认准了一个目标，就会持之以恒和全力以赴，直到胜利抵达彼岸。正是凭借这种执着、勤奋和进取的精神，她不仅顺利实现了专业角色的转换，而且迎来了收获的季节。在攻读博士学位的几年中，她陆续发表了《伊斯兰教、基督教和佛教的环境观分析》、《奥斯曼帝国后期中东与西方的文化交流》和《19世纪奥斯曼帝国与西方国家交往的特点》等多篇学术论文，从而为撰写博士论文奠定了坚实基础。另一方面，田瑾在治学方面也有自己的优势，她精通英语，并懂法语、德语和日语。这是从事世界史研究所必备的素养和条件。特别是在攻读博士学位期间，她又获准欧盟项目的资助，赴奥地利萨尔斯堡和维也纳大学留学深造一年。这使她能够近距离地观察、感受和认识西方文化，并成为她研究西方文化的重要资源。她在萨尔斯堡大学和维也纳大学查阅和搜集了大量有关奥斯曼帝国后期帝国与欧洲文化交往的图书文献史料，这些图书文献史料经过消化和吸收大都转化为她撰写博士论文的素材或提出论点的史实依据。即将出版的《18至19世纪奥斯曼帝国与欧洲文化交往研究》一书，就是在其博士论文的基础上，又经过几年的修改和补充而成，可谓近八年来她辛勤耕耘的结晶与回报！我作为她的老师亦感由衷的欣慰。当然，本书毕竟是一部处女作，书中有些章节，诸如奥斯曼文化对西方文化的影响这一章，仍需进一步提炼和完善，这也应该是本书后续研究的努力方向。

求学和治学历来是一个不断进取的过程，它需要勤奋、科学、严谨和扎实的学风，同时还必须发扬开拓和创新的精神。两者的结合是攀登治学高峰的一大要素。我相信，田瑾在今后的治学征途上，必会再接再厉，拓宽视域和升华治学的审美观，设定新的研究规划和目标，不断取得更大的成就。

王铁铮

2011 年 11 月

于西北大学中东研究所

目 录

序 …………………………………………………………（1）

绪论 ………………………………………………………（1）

第一章 交往主体之一：奥斯曼帝国传统文化的构成、
　　　　特征与成就 …………………………………（13）
　第一节 奥斯曼帝国传统文化的构成 …………………（13）
　　一 奥斯曼帝国文化中的伊斯兰因素 ………………（14）
　　二 奥斯曼帝国文化中的突厥文化因素 ……………（21）
　　三 奥斯曼帝国文化中的其他文化因素 ……………（24）
　第二节 奥斯曼帝国文化的特征 ………………………（26）
　　一 奥斯曼帝国文化的独特性 ………………………（27）
　　二 奥斯曼帝国对欧洲文化的宽容性 ………………（29）
　　三 奥斯曼帝国对欧洲文化的开放性态度 …………（40）
　第三节 奥斯曼帝国社会文化成就 ……………………（46）
　　一 奥斯曼帝国文化在建筑领域的成就 ……………（46）
　　二 奥斯曼帝国文化在文学领域的成就 ……………（48）
　　三 奥斯曼帝国文化在其他领域的成就 ……………（50）
第二章 交往主体之二：欧洲文化的构成、特征与
　　　　成就 …………………………………………（52）

第一节　欧洲文化的构成 …………………………… (52)
　　一　欧洲文化中的希腊罗马文化因素 …………… (53)
　　二　欧洲文化中的基督教文化因素 ……………… (57)
　　三　欧洲文化中的其他文化因素 ………………… (60)
第二节　奥斯曼帝国后期欧洲文化的特点 ………… (61)
　　一　基督教思想影响深远 ………………………… (62)
　　二　重商主义传统历史悠久 ……………………… (64)
　　三　扩张主义特征明显 …………………………… (68)
第三节　欧洲文化的成就 …………………………… (72)
　　一　欧洲文化在思想领域的成就 ………………… (72)
　　二　欧洲文化在科技领域的成就 ………………… (74)
　　三　欧洲文化在其他领域的成就 ………………… (75)

第三章　交往的时代特征：欧洲的强盛与帝国的衰落 …………………………………………… (78)
第一节　奥斯曼帝国所面临的来自欧洲的压力 …… (78)
　　一　上升中的欧洲工业文明对帝国形成挑战 …… (78)
　　二　"东方问题" …………………………………… (80)
　　三　欧洲国家对帝国的主要战争及文化交往 …… (84)
　　四　欧洲国家在战争中瓜分领土 ………………… (87)
第二节　奥斯曼帝国国内的状况 …………………… (89)
　　一　政治上于动荡之中求变革 …………………… (90)
　　二　军队改革的得与失 …………………………… (92)
　　三　经济贸易方面的发展与存在的问题 ………… (97)
　　四　帝国衰落的表现 ……………………………… (104)

第四章　改革年代的交往 ……………………………… (110)
第一节　穆罕默德·阿里改革及其对文化交往的

　　　　影响 …………………………………………………（110）
　　一　穆罕默德·阿里改革对帝国改革的启发意义 …（110）
　　二　穆罕默德·阿里改革的成就及其对帝国的
　　　　影响 …………………………………………………（111）
　第二节　谢里姆三世和麦哈迈德二世改革对文化交往的
　　　　影响 …………………………………………………（114）
　　一　改革的社会历史原因 ………………………………（114）
　　二　谢里姆三世改革的成就和局限 ……………………（115）
　　三　麦哈迈德二世改革的得与失 ………………………（116）
　第三节　坦齐马特改革及其对文化交流的影响 …………（119）
　　一　坦齐马特改革在军事方面的成就 …………………（120）
　　二　教育方面的改革成就 ………………………………（121）
　　三　改革所产生的文化方面的变化 ……………………（125）
　第四节　阿卜杜勒·哈米德二世改革及与西方文化的
　　　　交往情况 ……………………………………………（127）
　　一　改革的延续 …………………………………………（127）
　　二　改革的特点及对文化交往的影响 …………………（130）

第五章　欧洲文化对帝国文化的影响 ………………………（136）
　第一节　欧洲文化对奥斯曼帝国文化影响的
　　　　主要方式 ……………………………………………（136）
　　一　欧洲影响下的改革 …………………………………（137）
　　二　影响帝国文化的欧洲人员成分构成 ………………（138）
　　三　帝国主动寻求与欧洲文化的交往 …………………（140）
　第二节　欧洲文化对奥斯曼帝国文化影响的
　　　　主要表现 ……………………………………………（142）
　　一　欧洲文化对帝国文化影响的宏观层面 ……………（143）
　　二　影响的具体表现 ……………………………………（144）

3

第三节　法国对奥斯曼帝国文化影响的
　　　　主要表现 ……………………………………（155）
　一　法国文化对奥斯曼帝国文化的影响全面而
　　　深入 ………………………………………………（156）
　二　法国对奥斯曼帝国军队改革的影响 …………（158）
　三　法语的使用对奥斯曼帝国文化的影响 ………（159）
　四　教育方面法国文化对帝国的影响 ……………（162）
　五　法国文化对帝国文化其他方面的影响 ………（163）
第四节　英国对奥斯曼帝国文化影响的主要表现 ……（164）
　一　英国文化对帝国文化的影响后来居上 ………（164）
　二　英国在科学技术领域对奥斯曼帝国的影响 …（167）
第五节　德国对奥斯曼帝国文化影响的主要表现 ……（170）
　一　德国是欧洲国家在后期对奥斯曼帝国产生影响的
　　　重要国家 …………………………………………（171）
　二　德国对奥斯曼帝国军队建设的影响 …………（172）
　三　德国对奥斯曼帝国铁路建设的影响 …………（173）
　四　德国在后期加强与奥斯曼帝国全方位的关系 …（174）

第六章　奥斯曼帝国后期现代性的生成 ………………（176）
第一节　帝国后期现代性在物质文明上的体现 ………（176）
　一　农业的发展 ……………………………………（176）
　二　通信和交通运输的发展 ………………………（178）
　三　贸易的发展 ……………………………………（181）
第二节　帝国后期现代性在精神文明上的体现 ………（183）
　一　教育的发展提供了现代性的生成所需的劳动力和
　　　国民素质 …………………………………………（184）
　二　城乡精神面貌的新变化 ………………………（188）
　三　社会性质的悄然变化 …………………………（192）

目 录

第三节 伊斯坦布尔的变迁所反映的奥斯曼社会现代性
　　　特点 …………………………………………（197）
　一 城市建设方面对欧洲城市建设的仿效 ………（198）
　二 欧洲文化对伊斯坦布尔的影响 ………………（203）
　三 伊斯坦布尔的变化所反映的双方文化交往的
　　　特点 …………………………………………（207）

第七章 奥斯曼帝国文化对欧洲文化的影响 …………（208）
第一节 奥斯曼帝国国家管理体系对欧洲的影响 ……（208）
　一 欧洲国家相对分散的政权管理模式 …………（209）
　二 帝国宽容的民族宗教政策及其对欧洲国家格局的
　　　影响 …………………………………………（212）
第二节 奥斯曼帝国文化对欧洲文化其他方面的
　　　影响 …………………………………………（214）
　一 奥斯曼文化在诸多方面对欧洲文化产生了
　　　影响 …………………………………………（215）
　二 奥斯曼文化对欧洲文化影响的表现 …………（216）
第三节 奥斯曼帝国文化对欧洲文化影响的个案
　　　分析——咖啡的传播 ………………………（218）
　一 咖啡由帝国传入欧洲的过程 …………………（219）
　二 咖啡对欧洲人生活的影响 ……………………（221）
　三 咖啡的传播所显示的双方文化交流的特点 …（222）

第八章 奥斯曼帝国后期与欧洲文化交流的遗产对现代
　　　土耳其的影响 ………………………………（223）
第一节 奥斯曼帝国后期与欧洲文化交流对土耳其
　　　民族意识的影响 ……………………………（224）
　一 民族意识的觉醒和民族性的形成 ……………（225）

5

二　泛伊斯兰主义、泛奥斯曼主义与泛突厥主义 …（226）
　　三　由泛奥斯曼主义到泛突厥主义 ……………（233）
第二节　奥斯曼帝国后期与欧洲文化交往对土耳其共和国
　　　　国家管理模式的影响 …………………………（234）
　　一　帝国后期国家管理体制的逐步演化 …………（235）
　　二　青年土耳其时期国家管理体制的进一步改革 …（240）
　　三　共和国成立后国家管理体制与帝国时期管理体制的
　　　　有机联系 …………………………………………（242）
第三节　奥斯曼帝国后期与欧洲文化交流对土耳其共和国
　　　　教育的影响 ……………………………………（244）
　　一　效仿欧洲国家进行教育改革 …………………（245）
　　二　效仿基础上所作的适用于帝国模式的调适 …（246）
　　三　共和国时期教育改革的新任务 ………………（249）

结论 ………………………………………………………（250）

主要参考文献 ……………………………………………（260）

后记 ………………………………………………………（270）

绪　论

一　研究的目的及意义

作为人类文明的重要组成部分，奥斯曼帝国文明既不同于中华文明，又与古希腊罗马文明及古代西亚北非文明有着不同的内涵。因此，奥斯曼帝国与欧洲的文化交往既是世界文明交往史上的独特研究个案，又是一个富有理论意义与现实意义的学术命题。

第一，奥斯曼帝国作为一个庞大帝国，在它存在的近六个世纪里，与欧洲国家进行着各种交流。由于文化之间的交流不可能如具体事件那样有着严格的时间限度，它是在一个相对模糊的时间段内发生的，因此本书主要以18世纪末至19世纪末这样一个时间段来研究双方的文化交流。这一时期是世界历史发生重大变革的时期，也是作为东西方文化交流桥梁的中东地区发生重大变革的时期，而奥斯曼帝国是这一时期该地区各种变化和变革的重要载体。东西方文化交流促进了变化和变革的发生，而变化和变革又加强了文化的交流。在东西方之间交流最活跃和最频繁的时期，它对双方都有着深远的影响。

第二，以基督教信仰为特征的欧洲文化体系和以伊斯兰教为主体的奥斯曼文化体系之间存在诸多差异。需要指出的是，本书中的"欧洲国家"主要是指18世纪至19世纪的英国、法国、德国等国家；欧洲文化主要指以这几个国家为代表的文化；另外，书中的"西方文化"系指欧洲文化，因为当时的西方文化以欧洲文化为核心。对于奥斯曼帝国文化的讨论也主要集中在对其主流文化的讨论方面，即以安纳托利亚地区为中心所辐射出的奥斯曼伊斯兰文化，奥斯曼帝国巴尔干地区及其在中亚一些地区的非主流文化不是本书的主要讨论对象。作为近代国际秩序中的两个行为体，奥斯曼帝国与欧洲国家之间战争与和平交替，而两种文明体系交往的内容、方式、节奏、深度则呈现出丰厚的亮彩。因此，深入研究这两种不同文化体系的交往具有重要的学理价值。

第三，分析奥斯曼帝国与西方独特的文化交往模式将深化与拓宽中东现代历史研究的维度。奥斯曼帝国是中东历史上的最后一个帝国，它兴起于13世纪末，灭亡于20世纪初，在中东地区统治长达近六个世纪。作为地域横跨欧亚非三大洲、连接地中海及大西洋、黑海、红海、波斯湾和印度洋的交通要冲，境内有多个民族和多种宗教，经历了由中世纪到现代国家转型的奥斯曼帝国有着独特的历史背景及文化特色，而奥斯曼帝国后期欧洲各国已先后完成工业革命，经济上突飞猛进，意识形态方面完成了资产阶级思想的传播，民主观念已深入人心，整个欧洲社会正处于资本主义上升阶段。这一时期的西方社会的总体特点注定了它们要向外扩张，进行殖民活动。与欧洲国家毗连的奥斯曼帝国成为列强东扩的直接目标，而这一时期的奥斯曼帝国，素丹统治不力，经济停滞不前，民族宗教矛盾加剧，等等。另外，帝国统治集团内的政治精英和开明人士已深刻认识到帝国形势的严峻性，并力主变革，探索自救的道路，以期挽救衰落的局面。与这一时期中东和欧洲交往总体上加强相适应的是双方文化交流的日益频繁。在奥斯曼帝国与欧洲交往的过程中，我们可以得到哪些启迪和借鉴？不同文明之间的交往能够产生怎样的互动作用和影响？等等，这些都是本书研究的意义所在。

二 国内外研究现状综述

目前国内外关于奥斯曼帝国的研究已有不少成果，但有关奥斯曼帝国文化的专题，特别是涉及奥斯曼帝国后期中东与欧洲文化交往的研究十分薄弱。本书及其相关延伸研究还不够深入，而且这种研究与探索在国内外相对薄弱，有待于深入挖掘。如奥斯曼帝国在处于相对弱势的不利条件下是如何与当时的世界强国进行交流与学习的；它对于当今世界不同宗教、不同语言、不同民族国家之间的交往又有什么借鉴意义。因此本书将在研究奥斯曼帝国后期它与西方的文化交往方面做出努力。

（一）国外研究现状

国外对奥斯曼帝国的研究，有伯纳德·刘易斯的《现代土耳其的兴起》。[①] 该书一直是从事奥斯曼帝国研究学者的必读物，书中引用了大量奥斯曼时期的土耳其语及改革后的现代土耳其语关于奥斯曼帝国的文献史料，阐述了16世纪以来奥斯曼帝国受到西方挑战及其作出的一系列回应。值得一提的是，该书将现代土耳其的历史与奥斯曼帝国的历史紧密地联系起来，两者的有机结合符合奥斯曼帝国解体后形成的一系列民族国家中土耳其是继承者中最能体现其特点的这一客观史实。但该书用西方人所惯有的"居高临下"的心态来描述奥斯曼帝国的事务，因而不够公正和客观。

斯坦福·肖与恩策尔·肖合著的《奥斯曼帝国与现代土耳其》第二卷《改革、革命与共和：现代土耳其的兴起，1808—1975》[②] 中对奥斯曼帝国与土耳其共和国的传承关系及奥斯曼帝

[①] Lewis Bernard, *the Emergence of Modern Turkey*, Oxford University Press, London, 1965.

[②] Stanford J. Shaw, Ezel Kural Shaw, *History of the Ottoman Empire and Modern Turkey*, VolumeⅡ: *Reform, Revolution, and Republic: The Rise of Modern Turkey*, 1808—1975, Cambridge University Press, Cambridge, 1977.

国后期对土耳其共和国的影响作了很好的阐述。其中有大量针对谢里姆三世与阿卜杜勒·哈米德二世时期的研究,尤其是对于阿卜杜勒·哈米德二世统治时期奥斯曼帝国社会所取得的进步作了较为客观的论述,这相对于其他西方学者在奥斯曼帝国后期研究上的西方优越论有很大进步。但本书未能对双方的文化交往进行深入研究。

恩里克·措契的《土耳其现代史》[①]也是关于奥斯曼帝国研究的重要作品,书中有大量关于奥斯曼帝国后期的社会状况研究。该书对奥斯曼帝国后期自谢里姆三世起到哈米德二世时期的改革作了较为详细的分析,肯定了奥斯曼帝国这一时期改革所取得的成就,线索非常清晰。但该书主要以奥斯曼帝国本身的发展和变化为研究对象,缺乏对奥斯曼帝国与西方之间文化交往的分析。

《1839—1908年间奥斯曼帝国公共教育的现代化之路:伊斯兰化、专门化和规范化》一书对奥斯曼帝国后期在教育方面的改革及其借鉴西方教育的成功之处进行了论述,该书也论述了奥斯曼帝国教育的改革在向西方现代教育学习的同时也保留了适合自身文化特点的教育。书中对于政府在初级教育方面、在各省的教育方面以及外国在奥斯曼帝国开办学校、非穆斯林学校及哈米德二世时期的教育方面都有很好的描述。[②]

《天主教与素丹们:教会与奥斯曼帝国 1453—1923》[③]一书对奥斯曼帝国后期天主教势力在奥斯曼帝国的状况进行了描述,

---

[①] Erik J. ZÜercher, *Turkey, a Modern History*, I. B. Tauris & Co Ltd, London, 1998.

[②] Selçuk Aksin Somel, *The Modernization of Public Education in the Ottoman Empire 1839—1908, Islamization, Autocracy and Discipline*, Brill, Leiden, 2001.

[③] Charles A. Frazee, *Catholics and Sultans, the Church and the Ottoman Empire 1453—1923*, Cambridge University Press, London, 1983.

其中包括对19世纪至土耳其共和国成立之间在伊斯坦布尔的天主教徒们情况的介绍，以及对麦哈迈德二世统治时期之后马龙派的分析等。

《素丹的财富：西方银行家与奥斯曼帝国财政 1856—1881：对奥斯曼帝国和国际金融史的贡献》① 一书对奥斯曼帝国后期西方银行家与奥斯曼帝国金融之间的关系进行了探讨，奥斯曼帝国政府的借贷行为、战时的财政状况以及帝国政府与西方国家的金融交涉等都是该书内容的组成部分。

《衰落中的伊斯兰世界：从〈卡尔洛维茨和约〉到奥斯曼帝国的解体》② 一书从西方国家与奥斯曼帝国的对抗、几次主要战争、西方国家间错综复杂的相互关系以及它们对奥斯曼帝国的影响等几个方面讨论了与奥斯曼帝国文化交往的情况。对一些具体历史事件的描述较为详尽。

《遥远的联系：德国、奥斯曼帝国和巴格达铁路的修建》③ 一书摒弃了将巴格达铁路看做德国帝国主义在奥斯曼帝国扩张象征的传统观点，而是对铁路的修建所显示出的奥斯曼帝国与德国伙伴关系作了重新梳理。通过将该铁路看做帝国与德国的合作项目来进行分析而不是只将其看做德国单方面的想法与资本运营，对于巴格达铁路的修建及其在文化交流方面的作用有了新的认识。

---

① Christopher Clay, *Gold for the Sultan, Western Bankers and the Ottoman Finance 1856—1881: A Contribution to Ottoman and to International Financial History*, I. B. Tauris Publishers, London, 2000.

② Martin Sicker, *the Islamic World in Decline, From the Treaty of Karlowitz to the Disintegration of the Ottoman Empire*, Westport, 2001.

③ Jonathan S. McMurray, *Distant Ties: Germany, the Ottoman Empire, and the Construction of the Baghdad Railway*, Westport, 2001.

《奥斯曼帝国经济与社会历史，1300—1914》[①]一书对奥斯曼帝国后期英国、法国、德国等国家在军事、农业、加工业及交通运输业和进出口即国际贸易方面的情况进行了分析。较好地从实例和数据的角度解读了双方在这些方面的交流情况。

其他关于奥斯曼帝国后期与西方交往的文献如塞维克特·帕姆克的《奥斯曼帝国与欧洲资本主义，1820—1913：贸易，投资与产品》[②]以及伊凯迈勒丁·伊萨诺鲁的《奥斯曼帝国的科学，技术与学术：西方的影响，地方学校及知识的转换》[③]等都是针对奥斯曼帝国后期与西方交往中的某个方面来阐述的，属于专题性研究。《奥斯曼帝国的过去与今天的土耳其》[④]、《土耳其简史》[⑤]、《揭示奥斯曼帝国与土耳其历史》[⑥]这三本书虽然着重研究土耳其与奥斯曼帝国的传承关系，但里面也包含了许多关于奥斯曼帝国与西方文化交往的信息，与其他书籍相互呼应，是一种有益的补充。

另外，还有其他国外学者的著作，诸如斯塔夫里·阿诺斯的《全球通史》[⑦]、阿斯里·赛拉克曼的《从"世界恶魔"到"欧

[①] Halil Inalcik, Donald Quataert, *Economic And Social History of the Ottoman Empire*, 1300—1914. Cambridge University Press, 1994.

[②] Sevket Pamuk, *The Ottoman Empire and European Capitalism*, 1820—1913, *Trade, investment and production*, Cambridge University Press, Cambridge, 1987.

[③] Ekmeleddin IhsanoGlu, *Science, Technology and Learning in the Ottoman Empire, Western Influence, Local Institutions, and the Transfer of Knowledge*, Ashgate Publishing House, Hampshire, 2004.

[④] Jacob M. Landau, *Ottoman Past and Today's Turkey*, Hurst & Company, London, 2004.

[⑤] Roderic H. Davison, *Turkey, A Short History*, The Eothen Press, Huntingdon, 1988.

[⑥] Kemal H. Karpat, *Ottoman Past and Today's Turkey*, Brill, Leiden, 2000.

[⑦] ［美］斯塔夫里·阿诺斯：《全球通史——1500年以后的世界》，吴象婴、梁赤民译，上海社会科学院出版社2002年版。

洲病夫"：十六到十九世纪欧洲人对于奥斯曼帝国社会的印象》[1]等书中也有关于奥斯曼帝国的研究，但这些研究或多或少地带有西方中心论的烙印，西方优越论色彩太强，同时它们还将西方文明与奥斯曼伊斯兰文明对立起来，从而显示出这些著作的局限性。

（二）国内研究现状

相对于国外关于奥斯曼帝国后期的研究而言，国内这方面的研究成果还比较缺乏。对奥斯曼帝国历史进行总体研究的有黄维民著述的《奥斯曼帝国》，[2] 这本书是通史性质的，未能就奥斯曼帝国后期中东与西方的文化交流问题进行专门分析；此外，崔连仲主编的《世界通史》[3]、彭树智主编的《中东国家通史·土耳其卷》[4]、纳忠的著述《阿拉伯通史》[5]、李植枬的《宏观世界史》[6] 和吴于廑、齐世荣主编的《世界史·近代史编》[7] 等也有关于奥斯曼帝国历史的研究，但这些著作也是将奥斯曼帝国作为书中的一部分内容进行论述的，不可能针对奥斯曼帝国问题进行专门论述，更不要说双方的文化交流了；马克垚的《世界文明史》[8]、陈佛松所著的《世界文化史》[9] 中有关于奥斯曼帝国阿

---

[1] Asli Cirakman, *From the "Terror of the World" to the "Sickman of Eruope", European Images of Ottoman Empire and Society from the Sixteenth Century to the Nineteenth*, Peter Lang publishing, Inc., New York, 2002.

[2] 黄维民：《奥斯曼帝国》，三秦出版社2000年版。

[3] 崔连仲：《世界通史》，人民出版社2000年版。

[4] 彭树智主编、黄维民著：《中东国家通史·土耳其卷》，商务印书馆2002年版。

[5] 纳忠：《阿拉伯通史》，商务印书馆1999年版。

[6] 李植枬：《宏观世界史》，武汉大学出版社1999年版。

[7] 吴于廑、齐世荣，刘祚昌、王觉非分册主编：《世界史·近代史编》，高等教育出版社2001年版。

[8] 马克垚：《世界文明史》，北京大学出版社2004年版。

[9] 陈佛松：《世界文化史》，华中科技大学出版社2002年版。

拉伯文化的研究,但文化关系问题并不是这些书的研究重点。总之,国内对于这方面的研究还有待加强。应该指出的是,彭树智先生在《文明交往论》①一书中关于"土耳其研究的几个问题"一节中谈到了土耳其历史上在与西方国家交往中的问题及其对当代土耳其的影响,很有启发意义。

三 写作指导思想和方法

本书以马克思主义唯物史观为指导,从历史发展的角度,运用历史学、社会学、文化学等多学科的知识对奥斯曼帝国与西方的文化关系进行研究。在研究方法与写作方法上遵循以下原则:

(一) 以历史学为主,同时吸收和借鉴其他学科的研究方法

历史分析方法就是按照事物发展的过程,把过去发生的事情置于特定的历史背景下进行分析研究。世界上一切事物都有其产生、发展的过程,并且其过程有一定的规律。研究文化交往的过程,就是要考察两种文化的特点以及历史交往的过程。由于文化交往是一个涉及面很广的过程,因此本书在运用历史学的基础上,采用了社会学、文化学等诸多学科的研究方法,从而多视角、更全面地了解文化关系的内容和本质。

(二) 对文化关系理论的初步探讨

对于文化问题的研究,国内外学术界的成果非常丰富。但对奥斯曼帝国后期与西方的文化交往问题的理论探讨还是较少。后殖民理论的出现本身就是对19世纪后期到殖民体系解体的理论上的新思考。本书借鉴这一理论反思奥斯曼帝国与西方的文化关系,这也是本书拟创新之处。

作为当今世界广为关注的一个问题,文化的定义数不胜数,人们根据研究的不同侧重点而对文化的定义进行了不同的阐释。

---

① 彭树智:《文明交往论》,陕西师范大学出版社2002年版。

有人将文化的概念归纳为包含物质文化、非物质文化和象征文化等几个方面。① 更有人认为文化是指一群人通过个人或群体世代努力所获得的一切的沉积物，包括知识、经验、信仰、价值观、行动、态度、意义、等级制度、宗教、时间概念、角色、空间关系、宇宙观、制造物等。② 有人将文化分为广义文化和狭义文化两种，这也是国内许多学者对文化概念的一种界定。这种界定认为文化包含了以下几个层面，（1）精神层面包括精神信仰、哲学体系、思想意识、价值观念、审美情趣、民族性格、伦理观念等因素；（2）行为层面包括生活方式、生产方式、家庭模式、行为礼仪、节日庆典、人际关系等因素；（3）制度层面包括政治体制、经济模式、社会组织、法律典章等因素；（4）物质层面指人类劳动与自然物质相结合的产物，包括服装饮食、居住条件、交通工具、劳动器具、工艺技术等物化的文化现象。也就是说，广义文化是指作为社会群体的人类在长期的社会实践活动中所创造的物质财富的凝结和精神财富的积累；狭义文化则是包含一切意识形态在内的人类社会的精神现象。③ 但无论如何，这些定义中都包含着共同的东西，即文化是人们在社会生活中逐步形成的、与人们的生产生活密切相关的或有形或无形的东西。随着对文化问题研究的不断深入，越来越多的人倾向于将文化看成是与人类社会生活和生产发展密切相关的东西，而不是什么抽象而遥远的事物。文化的内容涵盖了制度、物质、技术、器物、精神、艺术等；这样说并不是认为文化就是一个无所不包的杂货铺，而是只有这样才能较为客观准确地反映出文化的内涵，也只

---

① 参见杨善民、韩锋《文化哲学》，山东大学出版社 2002 年版，第 76—84 页。
② See Larry A. Samovar, Richard E. Porter, *Intercultural Communication*, Eighth Edition, Wadsworth Publishing Company, California, 1997, p. 12.
③ 张骥、刘中民：《文化与当代国际政治》，人民出版社 2003 年版，第 28—29 页。

有这样才能对不同文化间的交流有一个全面客观的认识。正因为文化具有多样性特征，不同文化交往中的冲突、融合等相互作用在所难免而且经常发生，因此，研究文化问题时不应该将其分为三六九等区别对待，而应从客观而公正的角度出发对其进行分析研究。由于研究需要，本书中的文化概念所指就是包括军事、经济、教育、外交、艺术、语言、习俗等对奥斯曼帝国后期与西方之间文化交往产生影响的诸多方面，即偏向于使用物质文化和精神文化的概念对本命题中的文化交流进行探讨。

由于文化的独特属性使得文化在人类社会的重要性自不待言，文化的交往影响着不同文化间人们的交往。文化交往的形式和途径多种多样，其交往效果也因具体情况的差异而不尽相同。比如，有时表现为一种文化在多角度多层面上借鉴另一种文化更多一些；有时表现为一种文化在某一方面或某些方面借鉴的更多一些，而其他方面则影响不大，主要保持了原有文化的特点；有些文化交往是自觉的或主动的，有些则是自发的或被动的；有些文化交往对双方带来正面影响多一些，而有些交流则会形成除了带来正面影响之外，也会带来一些负面影响；等等。

四 本书主要内容和特色

在吸收和借鉴国内外在该领域研究成果的基础上，本书主要有以下特色：

（一）对奥斯曼帝国后期不同阶段与欧洲文化交往特点的具体分析

奥斯曼帝国后期与欧洲文化的交往呈以下特点：第一，奥斯曼帝国后期与欧洲文化的交往经历了一个由盲目的简单模仿到逐渐有鉴别的吸收和引进的过程，直到最后民族意识觉醒，对西方文化作理性的对待。第二，在对待西方文化的问题上，帝国的领导阶层与社会精英和知识分子担当起了义不容辞的引领作用，他们逐步带动了广大普通民众对于西方文化的认识以及使双方的文化交往在较大范围内得以深入进行。第三，帝国与西方文化交往并不是一帆风顺的，而是一个充满了挑战与应战、冲突与融合的循序渐进的过程。

（二）对奥斯曼帝国后期与欧洲文化交往中的不同时期的特点进行分析与总结

奥斯曼帝国后期与欧洲文化的交往可以分为谢里姆三世和麦哈迈德二世时期的初创阶段；坦齐马特改革时期的全面深入阶段；哈米德二世时期的保守推进阶段等几个大的时期。埃及穆罕默德·阿里的改革和与欧洲文化的较量开始较早而且对奥斯曼政府全面铺开改革及与欧洲文化的交往带来了刺激并相辅相成。

（三）从理论方面初步探讨了该论题中的两大交往主体——奥斯曼文化和欧洲文化（严格地讲，欧洲文化在那一时期也可被理解为西方文化）的关系

在爱德华·萨义德的《东方学》中，可以看到奥斯曼帝国后期西方对东方，特别是中东地区的描述。东方不能述说自己，只能被西方所述说。这种叙述中所存在的知识与权力的关系，使我们重新认识了两种不同文化间的交往。纵观西方关于东方的描述，当然也包括对奥斯曼帝国的描述，我们不能说它们是完全客观而公允的。作为一个出生在中东并在此度过了青少年时期而后又移居美国的优秀知识分子，他对东西方两种文化都有着深刻的认识，对于西方社会给予东方文化的冷漠甚至是偏见或敌视深有感触。作为一个有良知的文化学者，他强烈抨击了这种褊狭的文化态度，并以公正的态度阐明了东方文化的可贵之处，还其以应有的意义。正因为如此，萨义德的这种文化态度用于奥斯曼帝国后期与西方的文化交往分析方面有着重要意义。彭树智先生的文明交往理论对于研究文化交往有一定的指导意义。正如他所指出的："现在文明交往中最大的文化壁垒是欧美文化中心论。欧美

文化中心论使世界上别的文化都变成了少数民族文化。欧美的价值判断成为第一判断，欧美的审美标准成为第一标准。"① 在奥斯曼帝国后期的文化交往中，这一现象表现为以欧洲文化为主导地位的西方文化中心论对奥斯曼伊斯兰文化的居高临下，这不是文化交往应有的、合理的态度。不仅如此，《文明交往论》一书还指出人类文明交往的基本内容包括物质文明、精神文明、制度文明和生态文明等几个方面。应用于文化交往方面，也同样是指包括了物质、精神、制度、生态等诸多方面的交流活动。本书以萨义德和彭树智先生对文化的态度和文化交往的理论为指导，探讨奥斯曼帝国后期与欧洲的文化交往问题，力求避免陷入欧洲中心论和文化优劣论的误区之中；讨论的重点包括物质、技术、经济、教育等方面的交往活动。

---

① 彭树智：《文明交往论》，陕西人民出版社2002年版，第520页。

第 一 章

交往主体之一：奥斯曼帝国传统文化的构成、特征与成就

奥斯曼帝国由最初的游牧部落发展而来，在其存续的500多年里经历了逐步发展壮大、强盛、衰落的过程，从中亚的游牧部落到横跨亚、非、欧盛极一时的世界帝国再到最后它从大部分领土上的退出，其文化也在伴随着政治、经济和社会的变化而变化，并且演绎了自身文化与外来文化不断地相互融汇的过程。

第一节 奥斯曼帝国传统文化的构成

奥斯曼帝国所处的独特地理位置决定了它经历了人类历史上众多文明的洗礼和文明间的交往，因而它呈现出在不失自身文明特点的同时能够吸纳外来文明的开放态度和具有多元文化的特点。以下论述证明了这一特点："奥斯曼帝国素丹统治的区域曾经是产生各种古代文明的王国故地，它们是埃及、巴比伦、希提、查尔顿、亚述、克里特、以色列、波斯、叙利亚、希腊、拜占庭、阿拉伯和塞尔柱帝国或王国等。"[1] 这些文明都以这种或

---

[1] Wilfred T. F. Castle, M. A., *Grand Turk*, *A Historical Outline of Life and Events, of Culture and Politics, of Trade and Travel during the Last Years of the Ottoman Empire and the First Years of the Turkish Republic*, Hutchinson & Co., Ltd, London, 1945. p.10.

那种形式存在于奥斯曼帝国文化中,但相较其他文明而言,对奥斯曼帝国后期文化产生主要影响的有阿拉伯伊斯兰的源流、地方性源流、拜占庭的源流等。这里将以这三个源流为例分析奥斯曼帝国文化的构成特点。

一　奥斯曼帝国文化中的伊斯兰因素

在文化研究中,宗教往往占有重要地位,它是文化的一个有机组成部分。有人甚至按照宗教信仰的不同将世界文化分为天主教文化、基督教文化、犹太教文化、伊斯兰教文化、佛教文化、儒教文化等几个大的文化类别,这反映出了宗教对文化的标志性特征。这一观点也表明了宗教对于文化特征的作用是显而易见的。"宗教是文化基因的价值核心和内在精神,所有民族文化的各门类,都体现了该民族文化的宗教精神。同时,宗教的具体表现形式又与文化的各种表现形式并列,从而成为文化的一部分。宗教与文化的密切联系,使之成为文明交往的基本要素。"[1] 因此,分析奥斯曼帝国的伊斯兰属性是对其文化基本属性的一种剖析。奥斯曼帝国文化是继阿拉伯帝国之后伊斯兰文化的一个主要承袭者,这一点毋庸置疑,正如伯纳德·刘易斯在《现代土耳其的兴起》一书中所说的:"截至十九世纪为止,土耳其人(奥斯曼土耳其人——作者注)一向是把自己主要作为穆斯林来看待的;他们的忠诚,根据不同阶层的不同情况,分别属于伊斯兰教、奥斯曼王室和奥斯曼国家。"[2] 在同一书里,他还写道:"奥斯曼帝国,由奠定直到灭亡,始终是一个致力于促进或保卫伊斯兰教权力与信仰的国家。六百年来,奥斯曼人和基督教的西方几

---

[1] 彭树智:《文明交往论》,陕西人民出版社2002年版,第24页。
[2] [英]伯纳德·刘易斯:《现代土耳其的兴起》,范中廉译,商务印书馆1982年版,第8页。

第一章 交往主体之一：奥斯曼帝国传统文化的构成、特征与成就

乎经常都在进行着战争。最初，他们企图把伊斯兰的统治强加于欧洲的某些地区，这一点他们基本上是成功的；随后，他们又在长期拖延不决的保卫行动中，设法阻止或延缓了西方毫不留情的反攻。对于奥斯曼土耳其人来说，他们的帝国，包括所有早期伊斯兰的各个心脏地带在内，便是伊斯兰本身。按照奥斯曼编年史的说法，帝国的领土便是'伊斯兰的领土'，帝国的君主便是'伊斯兰的巴底沙（Padishah，国王）'，帝国的军队便是'伊斯兰的士兵'，帝国的宗教首领便是'伊斯兰的谢赫（教长）'；帝国的人民首先想到的就是他们自己是穆斯林。正如我们已经知道的那样，无论是奥斯曼人的名称或者土耳其人的名称，都是比较晚近才有人采用的，而奥斯曼土耳其人却在过去便已经比任何其他伊斯兰人民也许更进一步地使自己和伊斯兰等同了起来。"[①]

皈依伊斯兰教是奥斯曼人早期发展和壮大的一个极大的有利因素，是奥斯曼人在由游弋的游牧社会向定居的农耕社会转化过程中的重大举措，也是日后奥斯曼社会发展和稳定的一个有力推动因素，它帮助奥斯曼社会逐步形成其社会建构和文化内涵。对于游牧的奥斯曼突厥人而言，皈依伊斯兰教是向更高一级文明迈进的重要一步。而且，这一过程进行得很顺利。"突厥人的伊斯兰化过程十分顺利，因为对于这个在当时存在着各种宗教、礼邦、信仰和迷信等大杂烩的游牧民族来说，伊斯兰教给他们带来了一种新的活力，使得突厥人的社会生活和文化生活都发生了翻天覆地的巨大变化。伊斯兰教关于只有一个万能真主的观念，人类平等和兄弟情谊的教义，使突厥人过去的那种愚昧落后的精神面貌完全革命化了。尤其是伊斯兰教信仰在那些正式入教的突厥人中，起到了一种新的纽带作用，使得过去庞大杂乱的突厥游牧

[①] ［英］伯纳德·刘易斯：《现代土耳其的兴起》，范中廉译，商务印书馆1982年版，第21页。

部落，在他们的历史上，第一次在一个共同的信仰和理念之下联合在一起了，并迅速成为世界伊斯兰文化圈中最重要的组成部分和生力军。"①

奥斯曼帝国文化的伊斯兰源流是根深蒂固的，即使是到了现代的土耳其共和国，作为奥斯曼帝国文化的主要传承者，尽管进行了世俗化改革和一系列政治文化方面的体制改革，但它自奥斯曼帝国时期以来的伊斯兰文化特性仍然顽强地保留了下来。奥斯曼帝国文化的伊斯兰特征涵盖了它的社会生活的方方面面，帝国的伊斯兰化也是同时代伊斯兰社会的集大成者。"奥斯曼帝国也是一个具有伊斯兰性质、政教合一的君主神权国家，伊斯兰教在帝国的政治生活中，具有重要的作用。因此，在国家政权机构中，同行政机构平行的是伊斯兰教机构。伊斯兰教机构也是奥斯曼帝国社会统治的一个重要组成部分。身居帝国最高统治地位的素丹，把这两个机构统一掌握在自己的手中，为自己的统治服务。"② 下面主要以伊斯兰教在奥斯曼帝国国民教育中的作用、在政治、经济以及司法等社会生活各方面中的作用为例分析奥斯曼帝国的伊斯兰特征。

当然，奥斯曼帝国的伊斯兰因素首先的也是最重要的体现是伊斯兰教本身。奥斯曼帝国的伊斯兰教与阿拉伯帝国的正统伊斯兰教是一脉相承的。"公元1055年，在首领图格鲁尔·贝格的领导下，突厥塞尔柱人攻陷了伊斯兰阿拉伯帝国首领哈里发政权的首都巴格达，侵入到正统伊斯兰教徒定居的核心地区，并在伊斯兰教的腹地建立起了一个新的帝国。虽然他们恢复了哈里发的尊严，表示要为哈里发服务，因为哈里发仍然是伊斯兰教世界的最高宗教领袖，但此时的实权，已经落入突厥塞尔柱人首领图格鲁

---

① 黄维民：《奥斯曼帝国》，三秦出版社2000年版，第11页。
② 同上书，第165页。

尔·贝格及其后嗣的手中,并被授予素丹的称号。到这时为止,突厥人不但完全接受了伊斯兰教,而且他们自己也成了古老伊斯兰教世界主要地区的统治者。他们建立的政权以伊斯兰法和伊斯兰教的征税原则为基石,以军人这个替国家服役、并以土地分封形式获得报偿的阶层为支柱,代表军官、官僚和宗教贵族行使职能。"① 突厥塞尔柱人不仅很快进入了正统伊斯兰教生活的核心区,而且也将伊斯兰教的传统继承过来。因为这种新型的宗教在很多方面远比他们原先的信仰先进很多,也文明很多,而且有利于他们进行新的征服和统一活动,因此,伊斯兰教在突厥塞尔柱人当中的传播是自发的,而不像别的一些民族是在被强迫的情况下改信伊斯兰教或皈依伊斯兰教的。借助于伊斯兰教的武器,突厥塞尔柱人加快了扩大版图的步伐,"这时,安纳托利亚变成塞尔柱人的中东帝国的一个省,使得这块土地逐渐打上了伊斯兰教传统生活方式的烙印。穆斯林的政客和文人,法学家和神学家,商人和工匠,都迁进这块新取得的领土,并把古典伊斯兰旧有的高度都市文明也一并带了进来。边界继续向西移动,一旦时机成熟,那些由奥斯曼边疆地区人民在西安纳托利亚和巴尔干所取得的新领土,便也都变成了一个新的穆斯林帝国。正如在塞尔柱人统治下的色瓦斯和科尼亚一样,这时在奥斯曼人的统治下,首先是布鲁萨,其次是亚德里亚那,以及最后的君士坦丁堡,也都相继变成穆斯林的城市,变成穆斯林生活与文化的中心,同时也全都披上了正统伊斯兰教的全副甲胄"②。

除了奥斯曼帝国自觉地认同自身的伊斯兰传统之外,它也从事实上继承了伊斯兰传统。在由英国学者弗朗西斯·鲁滨逊所著

---

① 黄维民:《奥斯曼帝国》,三秦出版社2000年版,第13页。
② [英]伯纳德·刘易斯:《现代土耳其的兴起》,范中廉译,商务印书馆1982年版,第20—21页。

的《剑桥插图伊斯兰世界史》一书中,作者从伊斯兰世界发展和演变的角度客观而准确地定位了奥斯曼帝国的伊斯兰属性,奥斯曼帝国的历史明白无误地与伊斯兰传统紧密相连。该书在梳理伊斯兰历史时对奥斯曼帝国的伊斯兰属性有着清晰的阐述。下面仅举其中几处为例。例如该书的第58页写道:"巴耶济德在监狱中去世后,接踵而来的是他的儿子之间的内战,只是在穆罕默德一世统治时期(1413—1421),该帝国才重新得到先前的边界。突厥人继续在巴尔干扩张,1453年穆罕默德二世(1451—1481年在位)经过艰难的围困战之后,才拿下君士坦丁堡。夺取了君士坦丁堡,并改名为伊斯兰堡('充满伊斯兰'之意)或伊斯坦布尔,被看做是自公元7世纪以来一直流传的启示预言的实现,因为阿拉伯人曾于668年首先保卫过该城。"①

再如"奥斯曼夺得加利波利和君士坦丁堡,其中包含有船舶修造厂,于是自法蒂玛王朝衰落以来,穆斯林的船队首次在东地中海居于主导地位。15世纪奥斯曼在巴尔干和爱琴海的成功——包括在较早时候征服的保加利亚和马其顿,再加上希腊、波斯尼亚、黑塞哥维纳和阿尔巴尼亚,这些成功可以被看做是对穆斯林在西班牙失去最后一个立足点的一种补偿。"②

奥斯曼帝国的伊斯兰属性贯穿了它的整个历史。该书写道:"1923年土耳其成为共和国;1924年废除了哈里发制度。土耳其政府实施了以欧洲为模式的成文宪法,以新法典取代了伊斯兰的法律制度;伊斯兰不再是国教。西方化还意味着禁止颁布教令,废除'费兹'帽,实行家庭姓氏,用罗马字母取代阿拉伯字母。尽管大众的压力终于迫使政府及时地从严格的世俗化后

---

① [英]弗朗西斯·鲁滨逊主编:《剑桥插图伊斯兰世界史》,安维华、钱雪梅译,世界知识出版社2005年版,第58页。
② 同上书,第60页。

第一章　交往主体之一：奥斯曼帝国传统文化的构成、特征与成就

退，允许伊斯兰逐渐地重新进入公共场所，但是土耳其仍然设法保持法律对它的伊斯兰的过去铸就的这种世俗的认同。"① 从以上论证不难看出，奥斯曼帝国自始至终就是一个伊斯兰的国度。

因此，奥斯曼帝国是阿拉伯帝国之后对伊斯兰教的直接继承者，也是它伊斯兰源流的重要方面。阿拉伯帝国之后，以奥斯曼帝国为主的伊斯兰教世界与西方基督教世界间是进行着这样或那样的沟通或碰撞、冲突或融合的文化交流活动的。

伊斯兰文化因素还体现在奥斯曼帝国的教育中。帝国素丹兼哈里发是穆斯林世界的最高头领，他们是虔诚的穆斯林，也对圣城负有保护责任。伊斯兰教的教权阶层乌里玛既是负责传播和讲授伊斯兰教的教师，也是布道者，同时起法官的作用，进行相关的司法解释。广大奥斯曼穆斯林接受伊斯兰教育并按照伊斯兰教教规进行信仰活动。因为"当然，宗教训练是每个奥斯曼人的受教育的一个基本部分，不管他们属于哪个团体，都是以乌里玛成员作为教师、导师，甚至高级军官的顾问，这也一直影响着其他团体。乌里玛有权宣布任何命令或行政行为无效，在日复一日的国务活动中，这一权力使他们拥有相当大的威信和权力。在穆斯林米勒特内部，对教育的垄断使他们一直控制着统治阶级很多成员和广大民众的思想。"② 因此，伊斯兰教的宗教教育在奥斯曼民众的教育中具有重要地位。除了清真寺所进行的日常宗教教育之外，伊斯兰教教育机构中还包括了大量普通清真寺所开办的学校，以及大清真寺所开办的高级学校"米德雷色"（mederese），这些学校的经费包括图书馆、食堂以及老师和学生的日常费用都来源于宗教基金——瓦克夫（vakif），素丹、一些政府高

---

① [英] 弗朗西斯·鲁滨逊主编：《剑桥插图伊斯兰世界史》，安维华、钱雪梅译，世界知识出版社 2005 年版，第 105 页。
② [美] 斯坦福·肖：《奥斯曼帝国》，许序雅、张忠祥译，青海人民出版社 2006 年版，第 354 页。

级官员和其他富有的个人也会参与到对这些教育机构的资助中去。这一整套的宗教基金和教育运行保障了奥斯曼帝国臣民能够受到应有的宗教教育。

司法方面，奥斯曼帝国主要沿用了阿拉伯帝国伊斯兰司法体系中的相关规定。"奥斯曼帝国的司法制度，严格地讲，是沿袭和继承了阿拉伯帝国的法律制度，主要由四种不同的法体或法源所组成。首先，居于其他三种之上的是伊斯兰法。伊斯兰法也称'沙里阿法'。'沙里阿'在阿拉伯语中的原意是'通向水源之路'，意思即'生命的源泉'。在宗教方面，引申为'通向先知的大道'。伊斯兰法是有关伊斯兰宗教、政治、社会、家庭和个人生活准则的总称。其内容包括信仰、道德、崇拜仪式、民事和刑事，以合法和不合法的律例形式的表达，经过长达数世纪的时间而逐步形成的。其目的在于使伊斯兰宗教信仰、礼仪同民法、刑法等相结合，成为伊斯兰教信徒的宗教职责。与一般意义上的法有所不同，伊斯兰法是一种宗教法，它对非穆斯林不具有约束力。奥斯曼帝国对伊斯兰法的解释是以正统的哈乃斐派的说法为依据的，并且素丹、法官和各级政府官员，以及所有司法人员的行为都要受到伊斯兰法的约束，蔑视它是要遭殃和受到惩罚的。"[1] 其他三种都是对伊斯兰法某些方面的补充或是对其他信仰的民族法律的尊重，它们都可以按照素丹的意志得到修改，在不与伊斯兰法相关规定冲突的情况下得以实行。另外，乌里玛也在帝国司法体系中扮演了重要角色。"只有乌里玛拥有全国范围的司法区（kazas）的组织，其管理者是能够承担皇亲国戚和金融阶层的代理人的穆斯林法官（kadi）及其助手。"[2] 奥斯曼帝

---

[1] 黄维民：《奥斯曼帝国》，三秦出版社2000年版，第161页。
[2] ［美］斯坦福·肖：《奥斯曼帝国》，许序雅、张忠祥译，青海人民出版社2006年版，第355页。

第一章 交往主体之一：奥斯曼帝国传统文化的构成、特征与成就

国征服了大量地区，领土急剧扩大，尤其是在取得对阿拉伯半岛及周边地区的统治权之后，奥斯曼素丹拥有了对三圣城——麦加、麦地那和耶路撒冷的控制权和守护权，又由于拥有哈里发头衔之后，奥斯曼帝国素丹从此正式成为全体穆斯林的最高首领，同时成为正统逊尼派的捍卫者和伊斯兰法——沙里阿法的解释者，在伊斯兰法中具有了权威的地位。在奥斯曼帝国如同在阿拉伯帝国一样，穆斯林之间是适用伊斯兰法的。"在奥斯曼帝国这样一个庞大的帝国里，作为乌玛（umma）——先知的子民的所有穆斯林都应该遵循伊斯兰法，他们之间的争议需要在穆斯林法庭上得到解决。"①

当然，除了上述重点讨论的奥斯曼帝国在几个主要方面所显示出的伊斯兰因素之外，帝国在政治、经济等方面的伊斯兰特色，就不一一列举了。

二 奥斯曼帝国文化中的突厥文化因素

土耳其这个名称更多地用于对现代土耳其国家的称呼，而突厥则是对现代土耳其主体民族历史上的广义称谓，两者有时仅是翻译上的不同而已，可以互用，在有些书里，突厥即指土耳其，土耳其也指突厥，只是侧重点不同而已。英文"Turk"一词，可译为突厥，指与突厥民族相关的文化等方面；也可译为土耳其，更多的时候指突厥或土耳其人的国家。突厥人是以部落的形式存在的，其中有后来建立奥斯曼帝国的奥斯曼突厥或奥斯曼土耳其人，有些则直接使用奥斯曼突厥人或奥斯曼土耳其人的说法。而现代土耳其在主体民族渊源方面正是自古代以来就被称为突厥的民族。本书将采用更细致的分类法和国内学界通行的观点对奥斯

---

① Roderic H. Davison, *Essays in Ottoman Empire and Turkish History*, 1774—1923, *The Impact of the West*, University of Texas Press, Texas, 1990, p. 12.

曼帝国文化中的突厥因素进行分析。

突厥人作为奥斯曼帝国的主体民族,其文化在奥斯曼文化中扮演了重要角色。奥斯曼帝国从最初的中亚小部族发展壮大为一个地跨亚非欧三大洲的帝国,突厥部族的文化精神功不可没。根据斯坦福·肖教授的说法:"奥斯曼出现在历史舞台的最初一个世纪,是他们的英雄时代。该王朝的建立者们作为加齐(意为'圣战者','信仰战士')的领袖,大部分时间生活在马背上,他们仅仅是突厥人原始部落的首领而已,这些部落袭掠和征服身边异教徒的土地。"① 这一说法证明了,首先,奥斯曼帝国的缔造者是突厥人。正如《奥斯曼的历史与今天的土耳其》一书中所说的:"早期奥斯曼国家是由突厥部族领导所建立起来的。可以说,在它的早期征战时期,也就是说,直到穆罕默德一世(Mehmed I,1413—1421)统治时期为止,虽然还没有形成完整意义上的国家,但它的统治阶层实际上已经拥有一定程度上的突厥民族归属意识。而'奥斯曼'(Ottoman)一词是来源于它的突厥伊斯兰语名称'Osman'的。而'Osman'(奥斯曼)正是这个完整意义上的国家的缔造者的名字。"② 其次,突厥人是一个善于征战的部族。也正是在早自12世纪左右,下至16世纪左右的几百年时间的征战中奥斯曼帝国才得以将其版图迅速扩大。早期的曼齐克特之战(1071)以及后来的君士坦丁堡之战(1453)等众多战役都是奥斯曼帝国征战史上的著名战例。

但是,作为一个世界型帝国的奥斯曼帝国之所以能够在历史上存在长达五六百年,绝不是仅靠武力征服,帝国同样很重视文

---

① [美]斯坦福·肖:《奥斯曼帝国》,许序雅、张忠祥译,青海人民出版社2006年版,第19页。

② Kemal H. Karpat, *Ottoman Past and Today's Turkey*, Brill, Leiden, 2000, p. 5.

第一章 交往主体之一：奥斯曼帝国传统文化的构成、特征与成就

化方面与其他民族的交往，因而才能不断改进自身，取得长治久安。"突厥人在安纳托利亚接管并部分反映了充满生气的基督教文化和传统。在突厥人占领安纳托利亚的过程中，尽管有一些基督徒被赶出家园，一些人被杀，但大多数基督徒都留在原来的家园，保留了原有的传统与宗教，其中有些人还改信伊斯兰教，并与突厥人在血缘和文化上相互融合。他们的生活方式和统治方式也被游牧民在定居过程中所吸收。"① 一种文化要很好地生存和发展，与其他文化的交往是必不可少的，只有这样，才能扬长避短，发展壮大。突厥文化在其发展过程中正是遵循了这样的交融特点。"突厥游牧部落在大量迁徙涌入小亚细亚之前，居住在中亚时，就因与这一地区广大穆斯林经济上和文化上的交往，而逐渐地皈依了伊斯兰教。人们一般认为，伊斯兰教在突厥人中兴旺，使他们最终皈依伊斯兰教，主要是通过与穆斯林的广泛接触而造成的。"② 不仅如此，大量突厥人在涌入小亚细亚之后，在皈依伊斯兰教的基础上，融合自身的文化特点，加强了与包括希腊人、亚美尼亚人、犹太人等民族在内的当地人民的交流和融合，形成了新的突厥民族，从而揭开了小亚细亚地区伊斯兰化和突厥化的漫长历史发展过程。其实，突厥人有着悠久的与异质文化交往的历史和传统，奥斯曼帝国的前身，中亚的各王国和部族都表现出这一特点，这从以下论述中也可看出。"这些新兴的部族没有一个达到过突厥汗国的规模，也没有一个比突厥汗国更持久，但他们全都显示出与南方先进的伊斯兰文明接触所带来的变化。于是，两种文化沿乌浒河相互接触达两个世纪，传统的中东定居文明在伊拉克和伊朗的穆斯林帝国、突厥汗国及其后继者的

---

① ［美］斯坦福·肖：《奥斯曼帝国》，许序雅、张忠祥译，青海人民出版社 2006 年版，第 16 页。
② 黄维民：《奥斯曼帝国》，三秦出版社 2000 年版，第 7 页。

游牧文明中得以体现。"① 这一点也与突厥人长期以来生活的地方为历史上的交通要道和交往频繁之地有关。按照凯末尔·H.卡尔帕特教授的说法："由于突厥人具备了前火药时代最高的军事'技术'，并且由于其位于世界上最重要的交流路线——丝绸之路沿线，他们以能够传播多种文化为世人所知。"② 这正是突厥文明不仅在帝国创立初期以及整个奥斯曼帝国时期能够在世界文明中拥有一席之地的原因。奥斯曼帝国文化中突厥因素的作用不容低估。

三 奥斯曼帝国文化中的其他文化因素

除了以上两种主要来源外，奥斯曼帝国文化还有其他文化来源，如基督教文化，东正教文化，波斯、印度以及拜占庭文化等。这些文化成分虽然没有前两种文化成分的影响大，但也与它们一起构成了奥斯曼帝国多元文化的特色，为奥斯曼帝国多姿多彩的文化作出了贡献。奥斯曼帝国多元文化的特点是建立在坚实的社会基础之上的，米勒特制度就是其中之一。"为了对奥斯曼帝国境内不同种族，不同宗教信仰的人进行有效的统治，使他们能够在政治、经济、文化等领域进行和谐有序的相互交往，奥斯曼帝国政府采用了米勒特制度。米勒特制度是奥斯曼帝国最具自身特征的一种社会制度。从奥斯曼人早年皈依了伊斯兰教以后，奥斯曼人遵照古老的伊斯兰世界的传统，对待被征服的非穆斯林人，一直采取一种非常宽容的宗教政策，基督教和犹太教的团体，可以充分享有信仰自由和文化自由。"③ 下面以拜占庭文化为例说明其他文化在奥斯曼帝国文化中的构成因素及与奥斯曼帝

---

① 黄维民：《奥斯曼帝国》，三秦出版社2000年版，第5页。
② Kemal H. Karpat, *Ottoman Past and Today's Turkey*, Brill, Leiden, 2000, p. 31.
③ 彭树智主编、黄维民著：《中东国家通史·土耳其卷》，商务印书馆2002年版，第90页。

第一章　交往主体之一：奥斯曼帝国传统文化的构成、特征与成就

国文化的交往。

伯纳德·刘易斯教授在《现代土耳其的兴起》一书中说："土耳其从拜占庭继承下来的遗产，一度被过分地夸大了。有些历史学家几乎把奥斯曼国家和奥斯曼社会的每一件事都追溯到这个或那个拜占庭的来源上去。"① 但他接下来又说："如果说土耳其文化中的拜占庭成分被夸大了，年代被搞错了，但不管怎样，土耳其文化中具有这种成分总还是事实。"② 看得出来，在这里，刘易斯教授不仅指土耳其文化，也指奥斯曼文化，在这一点上，他把两者几乎等同起来了，也就是说，他认为适用于土耳其文化与拜占庭文化关系的观点也同样适用于奥斯曼帝国文化与拜占庭文化的关系。我认为，这一点是可以接受的，因为虽然奥斯曼帝国文化比土耳其文化在先，其涵盖范围也比土耳其的范围大，但就土耳其与奥斯曼帝国的具体情况而言，他的这一说法仍然可以适用于奥斯曼文化。另外，他对于土耳其文化或者说奥斯曼文化中的拜占庭成分的论述也是恰当的。即拜占庭文化对奥斯曼帝国文化的影响不能被过分夸大，但也应该承认其对奥斯曼文化是有一定影响的，奥斯曼文化中的拜占庭成分是客观存在。

拜占庭文明对奥斯曼文明的影响主要体现在物质文明和制度文明方面。正如伯纳德·刘易斯教授所说的，"土耳其清真寺中的拜占庭成分既然表现得如此具有普遍性和持久性，特别是在一个处处打着宗教旗帜的伊斯兰社会里，那就必然有它更深的社会和文化的根源"③。这里可以将其理解为，在奥斯曼帝国这样一个伊斯兰教氛围浓厚的国度，典型的拜占庭建筑在帝国境内大量出现，无不显示出奥斯曼文化与拜占庭文化交流的成效。他甚至

---

① ［英］伯纳德·刘易斯：《现代土耳其的兴起》，范中廉译，商务印书馆1982年版，第12页。
② 同上。
③ 同上书，第13页。

说，其实奥斯曼文明与拜占庭文明的交往远比人们想象的时间要久远得多，而且那时双方是互相影响的，在阿拉伯文明的高潮时期，伊斯兰文明的有些成分已经传到了拜占庭所在的地区，而后又以一种新的形式与奥斯曼文明进行了交往。这是文明交往的正常状态。一种文明可以在其强盛时将先进的东西传入其他文明，而其他文明中的优秀成分亦可被强势文明所吸纳。斯坦福·肖教授也对奥斯曼文化中的拜占庭文化成分作了论述："最后就是拜占庭传统。通过与安纳托利亚和欧洲的一个生气勃勃的拜占庭社会的同化，奥斯曼人不可避免地继承了拜占庭人做事的方法——拜占庭的采邑、税收、礼仪、官员和管理者。在很多情况下，这些机构由于赋予了穆斯林名义而蒙上了高度发达的伊斯兰文明的外衣，但其实质仍是拜占庭的，至少在阿拉伯世界征服前的两个世纪里。在整个奥斯曼帝国，高度发达的伊斯兰文明扮演了一个更为重要的角色。宫廷礼仪和中央行政管理都受到了拜占庭方式的影响。"[1] 他还指出，拜占庭的法律体系为奥斯曼帝国的律法的制定作出了重要贡献。"在法典的编纂方面，奥斯曼帝国完全承袭了罗马—拜占庭法律传统。拜占庭帝国的皇帝赛奥多西斯二世（Theodosius Ⅱ，408—450年）和查士丁尼（Justinian，527—565年）制定的法律条文为穆罕默德二世编撰法典提供了蓝本。"[2]

第二节 奥斯曼帝国文化的特征

奥斯曼帝国文化由于其所处的地理位置和历史文化遗产而呈

---

[1] [美]斯坦福·肖：《奥斯曼帝国》，许序雅、张忠祥译，青海人民出版社2006年版，第36页。

[2] 同上书，第84页。

现出开放性和多样性的特征。奥斯曼帝国所处的位置历史上是一个各种文明交往频繁的地区，这种得天独厚的条件决定了奥斯曼文化所具有的独特气质。

一　奥斯曼帝国文化的独特性

由于奥斯曼帝国形成的特殊性，其文化有着独有的特征。第一，奥斯曼帝国文化保留了阿拉伯伊斯兰文化印记，并在一定程度上区别于阿拉伯帝国时期的伊斯兰文化。阿拉伯帝国在其存续的六七百年时间里，已经将伊斯兰教信仰以及由此带来的相关文化深深地印在统治地区人民的生活中。奥斯曼帝国的统治区域大致与阿拉伯帝国的统治区域相同，这些地区人民中存在的根深蒂固的阿拉伯伊斯兰文化很难在短时间里发生根本改变，因此奥斯曼帝国早期的文化主体上还是阿拉伯文化。当然由于种种原因这种文化已经不是纯粹的阿拉伯帝国时期的阿拉伯文化。这里需要指出的是，在阿拉伯帝国灭亡之后奥斯曼帝国诞生之前的一段时间里，蒙古人在中东一些地区的统治并未改变该地区的主流文化。原因有三：首先，他们统治这一地区的时间较短；其次，蒙古人的统治从本质上讲是一种武力征服，留驻的蒙古人主要是一些武士。其次，在这幅员辽阔的土地上，并未有（也许是时间不允许）足够的普通蒙古劳动大众，而某一文化的传播正是要借助广大劳动人民在这一地区的长期存留、生产劳动与文明交往才能实现。最后，在到达这一地区后，他们本身开始接受该地区的主流文化，即伊斯兰文化。[1]

第二，保留伊斯兰传统是奥斯曼帝国文化的第二个特点。在奥斯曼帝国崛起的过程中，"土耳其人凭借奥斯曼帝国的力量，

---

[1] 田瑾：《奥斯曼帝国后期中东与西方的文化交流》，《西北工业大学学报》2005年第9期。

逐渐成为伊斯兰世界的领导力量。作为征服者的土耳其人,将伊斯兰教向西带到了伊比利亚半岛的大西洋沿岸,向东则传播到了中国的边疆地区。伴随奥斯曼征服而来的是一些地区的伊斯兰化,许多基督徒在物质利益的诱惑或暴力的胁迫下皈依伊斯兰教;奥斯曼征服的另一个后果就是人类文化中无与伦比的一个组成部分——伊斯兰文化的传播"①。毋庸置疑,伊斯兰文化最直接、最深刻地影响了土耳其文化。因此,土耳其人几乎全部接受并传承了大部分伊斯兰文化也就很自然了。"奥斯曼土耳其素丹在开始享有对中东的统治权的同时也接受了哈里发一职,继承了阿拉伯世界穆斯林对伊斯兰教的最高职责;《古兰经》仍以阿拉伯文为唯一承载语言,学校教育也都是以传授伊斯兰教为内容的宗教教育。奥斯曼帝国内伊斯兰教居于统治地位;素丹为帝国最高元首,统辖军队;帝国宰相听命于素丹,总揽国政;许多大臣分管行政、司法、财经和宫廷事务。地方诸州,各设有军事、民政和财政长官;遍布各地的素丹耳目和四通八达的邮递驿站,使全国处于素丹的严密统治下。"②"奥斯曼帝国的整体有一条维系其生存和发展的线索,这就是伊斯兰传统——奥斯曼帝国是一个封建军事专制的、具有伊斯兰性质的君主神权国家。位居奥斯曼帝国顶端和社会各阶层最高峰的是素丹,素丹既是帝国的最高世俗统治者,也是帝国的最高宗教领袖,集帝国的政治、经济、军事、宗教大权于一身,自称是'真主在大地上的影子',对臣民拥有无限的权力。"③ 在奥斯曼帝国前期,由于它承袭了原阿拉

---

① 刘文龙、袁传伟:《世界文化史·近代卷》,浙江人民出版社1999年版,第278页。

② Eric J. Zuecher, *Turkey: A Modern History*, I. B. Tauris & Co., Ltd, London, 1998. p.243.

③ Charles A·Frazee, *Catholics and Sultans, The Church and the Ottoman Empire*, 1453—1923, Cambridge University Press, 1983, p.155.

伯帝国所统治的地区，也由于社会政治、经济未发生根本性的改变，因此它的伊斯兰传统是不言而喻的。

第三，在西方殖民主义势力入侵中东以后，阿拉伯伊斯兰文化受到极大的冲击。中东地区文化受西方文化的影响之深从中东的名称本身就可以表现出来。"中东"这一名称就是近代欧洲资本主义国家在抢夺世界原料产地和市场的产物。欧洲人根据东方国家距离自身的远近而将它们称为"近东"、"中东"和"远东"等。由于"近东"和"中东"相距不远，通常也将中近东称为中东。因此，中东这一约定俗成的地理称谓后来又被国际社会广泛使用。"近东"和"中东"泛指中东国家所处的地区。奥斯曼帝国的后期正是这一过程的产生、发展时期。因此，这一时期的文化不可避免地被打上了中东文化与西方文化、奥斯曼文化与基督教欧洲文化的冲突与融合的烙印。这一时期以拿破仑入侵奥斯曼帝国在北非的属地埃及开始，一直持续并贯穿于奥斯曼帝国的始终，当然也包括奥斯曼帝国瓦解后，中东地区出现独立民族国家以及直到目前为止仍在进行的文化冲突与交往。

二 奥斯曼帝国对欧洲文化的宽容性

奥斯曼帝国时期的伊斯兰文化继承了传统伊斯兰教对其他宗教文化的宽容性。由于时代的变迁，奥斯曼帝国后期的伊斯兰教在某些方面的宽容性甚至超过了伊斯兰教在此前的各个时期。又由于它强烈的入世参政特点，奥斯曼帝国后期的伊斯兰教表现出社会政治文化的包容性与多元性特征。其实这也与奥斯曼帝国所在地区历史上就是多种文化交汇的地区有关。"奥斯曼帝国于1923年灭亡，它是昔日的辉煌国家中唯一一个可以与尼尼微和提尔相提并论的国度。它实际上可以同时被看做是这两者、甚至是古代世界每一个帝国的继承者。因为就它的统治区域而言，包括了我们这个星球上被所有地中海地区人们称为'文明世界'

("the Civilized World") 的那部分。奥斯曼素丹们统治之下的地区包括了历史上曾经是埃及、巴比伦、希提、查尔丁、亚述、克里特、以色列、波斯、叙利亚、希腊、拜占庭、阿拉伯和塞尔柱帝国或王国所统治的地区。在亚得里亚海和高加索之间、在苏丹和克里米亚之间的这个国度充满了从希腊文明到奥斯曼突厥文明一系列文明的遗存。"① 因此,奥斯曼帝国文明具有多元文化的特征,它更容易接纳和包容外来文化。"由于奥斯曼帝国的政治体系显然比欧洲的政治体系更加能够接纳宗教少数派,它不强迫其他信仰的人们转信伊斯兰教,并且提供给非穆斯林进入奥斯曼帝国高级政府机构的机会,因此没有理由指责奥斯曼帝国威胁到其他非穆斯林民族文化或者说非土耳其民族兰文化的连贯性。"② 总体上讲,成为奥斯曼帝国新公民的人们会发现他们比原来缴纳的税额要少得多。"奥斯曼帝国对基督教徒和犹太教徒非常宽容与温和。对于巴尔干地区的几百万基督徒而言,奥斯曼帝国不仅保持了他们的教会组织,而且还保持了他们在被征服之前的习俗、税收及当地机构。配合帝国征服者的希腊、塞尔维亚、保加利亚及阿尔巴尼亚的军人阶层甚至被编入奥斯曼军队,通常享有他们在被征服之前所享有的优越性。他们也不必转信伊斯兰教,伊斯兰化只是作为他们社会化的一个过程。"③

在由布鲁斯·马思特斯教授所著的《在奥斯曼阿拉伯世界里的基督徒与犹太教徒》一书中谈到奥斯曼帝国文化宽容性时,他这样写道:"苏丹王(素丹——作者注)遵奉伊斯兰经典精

---

① Wilfred T. F. Castle, *Grand Turk, An Historical Outline of Life and Events, of Culture and Politics, of Trade and Travel during the Last Years of the Ottoam Empire and The First Years of the Turkish Republic*, Hutchinson & Co., Ltd, 1980, p. 14.

② L. Carl Brown, *Imperial Legacy, The Ottoman Imprint on the Balkans and The Middle East*, Columbia University Press, New York, 1996, p. 14.

③ Ibid., p. 24.

第一章　交往主体之一：奥斯曼帝国传统文化的构成、特征与成就

神，以严明法制管理帝国领地。在这一片人类文明最古老的土地上，世代生活着数百种不同的民族和各种宗教文化，在一个伊斯兰政府统治之下，受到承认和礼遇，各得其所。今日的学者们看到现代世界的许多地方大开杀戒，种族灭绝大屠杀，层出不穷，比之古代未开化的野蛮人，有过之而无不及，因此联想到在20世纪初才结束的奥斯曼古老帝国，而对帝国的民族宽容政策感到浓厚兴趣。"[1]因此，奥斯曼帝国文化对异己文化的宽容性对于解决当今世界许多种族迫害或种族歧视等相关问题无不具有参考价值。

另外，奥斯曼帝国对当地的居民，只求他们稳定和与他们通商。帝国选派当地人担任地方官员，对他们的信仰和习俗从不干涉，从来没有发生过集体被迫归信伊斯兰教的事件。犹太人、基督徒、拜火教、佛教，以及信仰伊斯兰教的各种派别和教团同时共存，帝国政府没有下过将信仰或教派相统一的命令。在许多地方，居民们一年之中可以参加多种宗教的节日活动，社会和谐，文化和习惯互相影响，互相交织和融入，政府管理超然于民间生活之外。帝国之内各族居民自由旅行、迁移和经商，没有种族歧视，没有宗教迫害，这是一个成功的伊斯兰社会实践。伊斯兰教是帝国的"国教"、精神支柱、法制根据、教育和文化的主流。因此，虽然穆斯林选拔官员的标准有明显的倾向性，但却不失总体的公允性。在众多的信仰和民族中也存在区别对待的政策，例如帝国政府比较重视团结希腊东正教的民族，因为首都伊斯坦布尔周围的东正教徒最多，南欧斯拉夫民族和希腊人中多为东正教信徒，所以在帝国统治稳定的地区和欧洲部分，东正教信徒是社会治安的盟友。其他宗教和种族也都享有礼貌的平等待遇，帝国

---

[1] Bruce Masters, *Christians and Jews in the Ottoman Arab World: The Roots of Secarianism*, Cambridge University Press, Cambridge, 2001, p.235.

民族政策只求多民族平静和社会稳定，各族人民的信仰、文化和习俗均任其自由发展。

事实上，这种对被统治民族在政治、经济、宗教等方面较为宽松的政策得到了长期的贯彻。奥斯曼帝国早期对非穆斯林的宽容政策表现在它继承了正统伊斯兰教在这方面的教义。因为伊斯兰教甚至在创立之初的先知穆罕默德时期就对基督教徒和犹太教徒在信仰各自宗教方面给予自由并且可以作为自治的人群生活在伊斯兰国家里。在奥斯曼帝国疆域逐步扩大的过程中，仍然执行了类似的政策。在帝国的极盛时期及稍后的一段时间里，由于国家间交往的加强，帝国也同意了由法国作为天主教世界代表与帝国进行有关宗教问题的解决的请求。1569年帝国与法国签订了宗教条约，根据条约规定，奥斯曼帝国给予法国代表其他天主教团体在处理奥斯曼帝国境内与天主教徒有关事宜的权力。到了后来的坦齐马特改革时期，对非穆斯林的平等问题是一个重要内容。"土耳其人在自己广阔的领土上，过去是，现在仍然是一个占优势的少数集团，他们没有企图在阿拉伯人的地区殖民。但是，他们与非穆斯林的妇女结婚，以便他们的血统得以保持新鲜，同时对任何一个臣民，只要他信仰伊斯兰教，说土耳其话，并参加土耳其宫廷，他们就承认他有充分的公民权……被征服人民中最有才能的人物，有些被吸收并集中到首都来，加以伊斯兰化和土耳其化，然后利用他们去促进帝国的繁荣和进步。塞加西亚人、希腊人、阿尔巴尼亚人、斯拉夫人、意大利人，甚至亚美尼亚人，都有被提升到帝国最高职位的，还有一品当朝为宰相的。"[1] 作为一个多民族、多宗教、多语言的国度，奥斯曼帝国在其存在的大部分时间里都能很好地保持其与不同民族、宗教等

---

[1] ［美］希提：《阿拉伯通史》下册，马坚译，商务印书馆1979年版，第857页。

第一章　交往主体之一：奥斯曼帝国传统文化的构成、特征与成就

各个成分之间的平等相处。这对当代社会由于通信交通等高科技带来的人口大规模快速流动及其移民问题等所产生的前所未有的冲突的解决有一定的启发作用。

奥斯曼帝国对信仰其他宗教如犹太教和基督教的臣民的平等对待及宽容态度不仅表现在经济方面，同时还表现在帝国政治生活中给予非穆斯林以平等的在政府任职的机会。尤其是帝国后期，犹太教徒和基督教徒同样可以在帝国政府中担任各种职务。"奥斯曼人还聘请希腊或塞尔维亚的基督徒和犹太教徒作为簿记和税收人员或从事其他的国家事务。希腊语、拉丁语、匈牙利语和塞尔维亚语都被用在奥斯曼帝国官方沟通方面。"① 另外，"奥斯曼帝国始终都是一个伊斯兰帝国。在这样一个帝国里，基督教徒与犹太教徒可以自由地生活，自由地发展，但一般不能参与国家的管理。而19世纪晚期的奥斯曼帝国政府改变了这一状况。既然基督徒可以参与选举，那么他们就能够而且事实上确实在议会中拥有了重要地位。更加值得一提的是，基督徒在官僚体系中也占据了一定位置。就这方面而言，外交部的情况最能说明问题，非穆斯林占到了25%以上的比例。在其他部门比例虽然比较小，但也有相当数量的非穆斯林人员：司法部有超过10%的非穆斯林，内务部有超过5%的非穆斯林。在1880年到1892年之间，国家事务管理学校（School of Civil Administration）——为未来的官僚机构培养人才的学校中7%的学生是非穆斯林。当然这些数字比非穆斯林人口在总人口中的比例要小得多，但必须清楚的是基督徒在文职系统之外有着更多更丰厚的从业机会。"②在奥斯曼帝国统治之下，被征服者和征服者之间保持着充分的社

---

① L. Carl Brown, *The Ottoman Imprint on the Balkans and the Middle East*, *Imperial Legacy*, Columbia University Press, New York, 1996, p. 24.

② Justin McCarthy, *the Ottoman Peoples and the End of the Empire*, London, 2001, p. 35.

会和文化交往。这体现了奥斯曼帝国对非穆斯林的宽容态度,因为给予大量非穆斯林以进入奥斯曼帝国政府的机会本身就是一个巨大进步。非穆斯林中的优秀分子被吸收到政府部门,从而使他们能够与穆斯林共同治理国家。

奥斯曼帝国继承了早期伊斯兰对异教徒的宽容精神,这对于所处国际形势及国内状况都发生了巨大变化的奥斯曼帝国而言是难能可贵的。"奥斯曼帝国的政治体系要求它的政府机构管理人员以及军队中的军官保护他们臣民的宗教信仰,无论这些信仰是伊斯兰教、犹太教还是基督教甚至是各大宗教中的不同教派如逊尼派、什叶派、希腊教派、亚美尼亚教派或叙利亚东正教以及天主教等。这种要求是建立在伊斯兰教对于'有经典的人'的宽容的信条之上的,'有经典的人'指犹太教徒和基督教徒。"[1] 奥斯曼帝国政府认为自己有责任保护臣民的宗教信仰。这种在宗教信仰方面宽容的信条几百年来一直影响着帝国不同宗教信仰臣民之间的和谐相处,虽然在帝国存在的最后时期不同信仰的人们有些冲突,甚至矛盾激化。一方面这是那一时期世界范围内民族独立运动发展所致;另一方面,它也反映了那一时期帝国内部矛盾的复杂性。但总体上讲,在奥斯曼帝国存在的大部分时间里,它给世界上其他地区提供了多宗教政治体系国家管理的有效模式。

奥斯曼帝国对待非穆斯林的宽容与平等态度也明显体现在日常生活中。当我们审视奥斯曼帝国对非穆斯林的态度时发现:"对奥斯曼帝国境内不同信仰人群兴趣的增加与对帝国不同地区的研究同时进行,奥斯曼帝国的多元文化特征使得奥斯曼统治的到来并不像民族主义者曾经设想的那样,奥斯曼帝国的统治使得

---

[1] Donald Quataert, *the Ottoman Empire*, 1700—1922, Cambridge University Press, Cambridge, 2000, p. 6.

第一章 交往主体之一：奥斯曼帝国传统文化的构成、特征与成就

非穆斯林或非突厥文化转入地下甚至被湮没。尤其是奥斯曼帝国境内的犹太人群享受了一个比在西欧和东欧地区的犹太教徒宽松的环境。"① 首先，几百年来奥斯曼帝国境内穆斯林与非穆斯林可以比较和谐地居住、生活在一起。同一社区里，穆斯林会尊重非穆斯林的信仰甚至互通有无。比如在穆斯林非常重要的节日"开斋节"里，"许多非穆斯林应邀来到帝国皇宫举行仪式，这一在皇宫举行的开斋仪式为帝国其余地区确立了基调和范本，并得到穆斯林的响应。因而，在帝国全境形成了一种风气：穆斯林为他们的非穆斯林邻居和朋友们打开门户来共同举行开斋仪式。因此开斋节不仅增强了穆斯林的身份意识，而且也促进了穆斯林与非穆斯林之间的社会联系"②。穆斯林与非穆斯林的交往是一个相互学习和融合的过程。"在许多农村地区，土耳其托钵僧和西帕希会拜访基督徒，甚至与他们住在一起，这带来了穆斯林与基督徒之间在习俗和信仰上的广泛交流，以至于在巴尔干人中的伊斯兰信仰已经变得与在城市地区所信仰的保守的伊斯兰有了很大差别。同时，奥斯曼人还尊重不同信仰的人们对各自宗教的自主权，这一制度称为米勒特（Millet）。这样一来也产生了一个后果，那就是巴尔干的基督教国家会发展他们自己的民族运动并最终在19世纪的时间里先后形成了自己的独立国家。奥斯曼帝国长期以来对不同宗教人群——穆斯林的或者非穆斯林的高度自主性政策对这一变化起了推动作用。"③

教育方面，帝国境内的非穆斯林也享有开办各自学校的权

---

① Colin Imber & Keiko Kiyotaki, *Frontiers of Ottoman Studies*, Volume I, I. B. Tauris & Co., Ltd, London, 2005, p. 3.

② Donald Quataert, *the Ottoman Empire*, 1700—1922, Cambridge University Press, Cambridge, 2000, p. 166.

③ L. Carl Brown, *The Ottoman Imprint on the Balkans and the Middle East*, *Imperial Legacy*, Columbia University Press, New York, 1996, p. 24.

利。以犹太教为例:"19 世纪 60 年代开始兴起了'以色列学校联盟'(L'Alliance Israelite Universelle)的办学活动,这一活动逐渐在奥斯曼帝国全境展开。在这些现代化的犹太教学校里有着不同宗教间的相互接触。很多土耳其人、阿拉伯人、奥斯曼基督徒及西方人都想进入该联盟中的学校。在巴勒斯坦,新兴希伯来学校也吸引了许多异教徒学生,这显然是由于它们有较高的水平,也由于它们是为数不多的现代化学校。后来,这种在学校的接触成为犹太教女性更多接受外界影响的一个渠道。"①

在法律事务方面,伊斯兰教在许多方面有利于不同社会成员之间的公平,比如在继承财产方面,伊斯兰教规定不同家庭成员都有相应的机会。因为穆斯林法令通常能够提供给犹太教徒和基督教徒他们自己的法令中并不具备的有关规定,许多犹太教徒和基督教徒在遇到法律问题时往往会求助于伊斯兰教的法令,以此解决争端,达到公平。如果非穆斯林求助于伊斯兰教的法令,那么伊斯兰教法令具有优先权。很多非穆斯林会在出现财产争端时诉诸伊斯兰法令,因为根据伊斯兰法的规定,不同家庭成员都不同程度地享有财产继承权,因此对于基督教中不利于女子财产继承权的问题发生时,他们会到伊斯兰法庭寻求解决。再比如,在犹太教和基督教中,女子不得不服从已经为自己安排好的婚姻,而伊斯兰教规定,对于婚姻的安排应该征得女子的同意,因此,很多不满别人对自己婚姻安排的犹太教和基督教女子可以到伊斯兰法庭得到有利于自己的判决从而避免强加于自己的婚姻安排。

生活在同一社会中的人们的居住模式最能反映这一地区社会人们之间的融合情况。从奥斯曼帝国内部不同宗教信仰人们之间

---

① Adigor Levy, *Jews, Turks, Ottomans, A Shared History, Fifteenth through the Twentieth Century*, Sypacuse University Press, 2003, p. 149.

第一章　交往主体之一：奥斯曼帝国传统文化的构成、特征与成就

混合居住的模式方面也可看出奥斯曼帝国穆斯林对非穆斯林的宽容以及彼此融合的特点。以19世纪中后期萨洛尼加城中犹太教徒、穆斯林以及基督教徒的分布情况为例，"三种信仰的居民区散布在城区，往往属于一种信仰的居民区会处于另外一种信仰的居民区的中间。因而形成了一个希腊东正教社区位于一系列犹太教社区或穆斯林社区中心的情况。另外，我们也不能断定被称为犹太教社区、希腊东正教社区或穆斯林社区的地区是否有其他宗教的信徒居住。也就是说，我们不知道在萨洛尼迦是否有大量的基督教徒或穆斯林居住在'犹太社区'，但我们可以肯定的是在帝国其他地区情况确实如此"[①]。总体上讲，在奥斯曼帝国后期，不存在不同信仰的人在居住方面完全隔离的情况。萨洛尼迦等个别欧洲城市有不同教派居住区的名称，但实际上他们并不是截然分开居住的，而大多数城市不存在不同教派的居住区的区分情况，不同教派的人们比邻而居。比如在伊斯坦布尔，居住区主要呈现出以财富的多少来划分而不是以不同教派来区分的特点，各教派中较富有的家庭往往居住在皇宫周围。在安卡拉和阿勒颇，不同教派的人们长期杂居在一起，不存在某个居住区仅住有某一种信仰的居民的情况。虽然有些居住区会以宗教派别的名称来命名，但"这种以宗教派别而命名的居住区具有很大的欺骗性：所谓的犹太教社区里只有一小部分犹太教徒居住，其余大部分居住的是穆斯林。库尔德社区当时已经不再有多少库尔德人居住其中了，只是因中世纪马木路克时期他们曾经在此居住而得名并一直沿用所致。实际上，在20世纪早期，所谓的库尔德社区中93%的居民是基督教徒、穆斯林和犹太教徒。在阿勒颇，犹太家庭会住在清真寺的旁边，而穆斯林家庭的房屋会与犹太教会堂相

[①] Donald Quataert, *The Ottoman Empire*, 1700—1922, Cambridge University Press, Cambridge, 2000, p. 176.

比邻"①。总而言之，在奥斯曼帝国后期，不同宗教信仰的人们并不是老死不相往来，而是居住生活在一起。虽然穆斯林人口占了大多数，但他们能够与其他信仰的人们共同生活并且相互帮助，相互影响。通过上表1—1、表1—2我们可以对帝国后期各民族在帝国的成分有所了解。

在工作场合中，不同信仰的奥斯曼帝国公民也能很好地相处，共同供职于同一单位。在工会出现之前奥斯曼帝国后期的工人组织是行会。无论是行会时期还是工会时期，一个普遍现象就是不同信仰的人们在一起工作。"19世纪早期的一个调查显示伊斯坦布尔的行会里大约一半的人员构成都是混合型的，既有穆斯林员工，也有非穆斯林员工。到了19世纪80年代开始出现的工会时期，很少有由单一信仰的工人组成的工会。例如穆斯林和基督教徒最初分别在1908年组成了自己的商业工会，而短短几周内两个工会就合并了。"② 通常情况下，这些工会的成员都会是不同宗教的信徒，既有穆斯林，也有基督徒和犹太教徒。而且重要行业的工会一般都是形成于外资企业中，比如铁路业工会，烟草业工会以及各种实业工会等。这也同时显示了外国尤其是西方国家对奥斯曼帝国的影响已经深入到了广大劳动人民的日常生活当中。

总之，奥斯曼帝国文化是在伊斯兰文化和突厥文化的基础上充分吸收融合和其他多种文化而形成的，它对其他文化的开放态度使得它本身独具魅力而又多姿多彩。这些都是建立在长期与其他民族和文化交往的基础上的。

---

① Donald Quataert, *The Ottoman Empire*, 1700—1922, Cambridge University Press, Cambridge, 2000, p. 178.

② Ibid., p. 182.

第一章 交往主体之一：奥斯曼帝国传统文化的构成、特征与成就

表1—1　　　　1897年奥斯曼帝国人口构成　　　单位：人（%）

米列特	男性人口	女性人口	总人口	百分比
穆斯林	7499798	6612147	14111945	74.07
希腊人	1341049	1228863	2569912	13.49
亚美尼亚东正教徒	546030	496344	1042374	5.47
保加利亚人	449286	380903	830189	4.36
天主教徒	65912	54567	120479	0.64
犹太教徒	117767	97658	215425	1.13
新教教徒	22963	21397	44360	0.24
拉丁后裔	12280	10055	22335	0.12
马龙派	15262	17154	32416	0.17
克尔达尼派	3866	1902	5768	0.03
叙利亚人	19500	16054	35554	0.18
吉卜赛人	10309	9241	19550	0.10
总数	10104022	8946285	19050307	100.00

资料来源：Stanford Shaw, Ezel Kural Shaw, *Hisory of the Ottoman Empire and Modern Turkey*, Volume II : *Reform, Revolution, and Republic*: *The Rise of Modern Turkey*, 1808—1975, 1977, p.240.

表1—2　以宗教划分的奥斯曼人口构成：（1884—1897年）　　单位：人

年份	穆斯林	非穆斯林	总数
1884	12590352	4553507	17143859
1885	12707638	4578774	17286412
1886	12824924	4603041	17427965
1887	12942210	4637308	17579518
1888	13059496	4661579	17721075
1889	13176782	4685842	17862624
1890	13294068	4701109	18400177
1891	13411354	4734376	18145730
1892	13411361	4763381	18174742
1893	13578647	4776738	18316295
1894	13645903	4804942	18450845
1895	13763249	4832149	18595398
1896	13890910	4848849	18739759
1897	14111945	4938362	19050307

资料来源：Stanford Shaw, Ezel Kural Shaw, *Hisory of the Ottoman Empire and Modern Turkey*, Volume II : *Reform, Revolution, and Republic*: *The Rise of Modern Turkey*, 1808—1975, 1977, p.240.

三 奥斯曼帝国对欧洲文化的开放性态度

在奥斯曼帝国时期,一如在其他阿拉伯帝国时期一样,以伊斯兰教为信仰的宗教因素往往深入到社会生活的各个领域。人们长期以来以伊斯兰信仰为纽带,形成了强烈的文化认同感和归属感,加深了彼此之间对自己悠久文化的共同感悟。正如黄维民先生所著的《中东国家通史·土耳其卷》中所说:"总之,在世界文化发展史上,光彩夺目的奥斯曼帝国的社会文化,由于遵循敞开大门与世界沟通的开放精神,因此显得开阔、明亮,一片生机,在人类社会的文明交往过程中,占有举足轻重的地位,对世界历史发展的路径取向,有着不可估量的巨大影响。"[①] 18 世纪末以来的奥斯曼帝国,对于西方世界文明的态度经历了由被动挨打到主动借鉴其中可为自己所利用的先进成分的过程。在这一艰难而曲折的借鉴过程中充满了矛盾与斗争,在宗教方面,其中一个典型的例子就是印刷机在帝国的引进和应用。土耳其人在皈依伊斯兰教后,赋予伊斯兰文明以至高无上的地位。他们以阿拉伯字母拼读自己的语言,而且只许将阿拉伯文作为宗教语言使用。《古兰经》的经文及其他宗教文本只能是手抄形式,不可以借助印刷术来制作发行。加之奥斯曼帝国在当时认为自己的文明程度依然高于西方社会的,因此并不认为应该从西方引进技术。因此印刷术的引进颇经历了一番周折。但是西方文明的优势和奥斯曼帝国的颓势已越来越明显而且似乎是不可逆转的趋势,这也促使奥斯曼帝国的一些精英们开始认真对待西方文明的成果并吸取其中有益的成分,并带动广大劳动人民逐步转变观念,正视西方文明中能为其所用的成分。

[①] 彭树智主编、黄维民著:《中东国家通史·土耳其卷》,商务印书馆 2002 年版,第 98 页。

第一章　交往主体之一：奥斯曼帝国传统文化的构成、特征与成就

实际上，在奥斯曼帝国内部已经逐渐产生了一批具有长远眼光、能够客观地对待西方文明和奥斯曼伊斯兰文明的有识之士。他们在吸收西方工业文明先进性的同时对它的破坏性弊端采取了批判的态度。同时，他们努力协调西方文化与奥斯曼帝国文化之间的关系，并且让西方文化借助于伊斯兰文明在奥斯曼社会中所形成的传统优势为社会的改革和发展服务，坦齐马特改革时期的几位主要改革派人物是这方面的代表。"四位奥斯曼政治人物——拉希德、阿里、福阿德和米德哈特发起并完成了这一时期那些改革措施中的大部分。他们中的每个人都至少两次担任大维齐（grand vezier），而且每个人都在他们生命中大部分时间里身居政府高位。虽然他们在个性上有很大差异，但每个人都对西方社会政治文化非常了解，都有着在欧洲社会文化氛围中生活的经历。每个人都在治理国家的过程中逐渐认识到一定程度的西化对于国家的强大是十分必要的。"[1] 作为奥斯曼帝国后期改革派的代表，这四位人物同时拥有西方文化的知识和在西方国家生活的经历及对奥斯曼社会问题的深切体会，他们的亲身经历使他们形成了对待西方文化的上述态度，这也在一定程度上代表了那一时期奥斯曼帝国公民对这一问题的态度。

奥斯曼帝国后期一直存在着如何解决这一矛盾的问题。而且如何处理这一问题在一定程度上是奥斯曼帝国后期的一大难题，处理好这两者之间的关系直接影响到奥斯曼帝国社会的发展。这就要求奥斯曼帝国在引进西方先进科学技术和文化成果的同时不被它的破坏性因素所影响，包括剔除现代化本身的弊病及防止西方国家由于具备先进科技而拥有的强势地位对奥斯曼帝国社会构成的威胁甚至侵占。奥斯曼帝国在长期与西方国家交往的过程中

---

[1] Roderic H. Davison, *Essays in Ottoman and Turkish History*, 1774—1923, *The Impact of the West*, University of Texas Press, Austin, 1990, p. 116.

接触到了西方的先进现代科技,认识到自己落后于西方的现实。这种对西方优势地位的认识让奥斯曼精英们产生了改变现状,通过改革实现进步的愿望。早在 18 世纪中期,在奥斯曼帝国进行较大规模的全面改革之前,素丹穆斯塔法三世(Mustafa Ⅲ,1757—1774 年在位)及素丹阿卜杜勒·哈米德一世的统治时期(Abdulhamit I,1774—1789 年在位)对新的精英阶层的形成就奠定了良好的基础,他们在军事方面所进行的改革是与西方进行交往的最初渠道,同时,他们对新思想的形成打下了基础。事实上,他们的改革有着一个更加实际的目标,那就是保证国家在面临自身和外来压力时能够生存下来。先进的科技、越来越依赖于工业的经济体系、政府管理方面的新机制、获取知识的新途径及在军事力量方面所表现出来的绝对优势,构成了对奥斯曼帝国的外来挑战,这些是西方挑战的核心部分。而来自帝国内部的挑战主要包括:一些省份要求自治;一系列相互矛盾的对于秩序、安全以及管理行为的要求等。而这些要求通常是披着道义和宗教的外衣而进行的。而实际上后者,即内部挑战,只是来自西方的科技、经济和文化领域挑战的一个副产品。这些西方挑战在社会的日常生活方面则表现为扩张的贸易、对领土占有方式的改变以及日益加强的交流等。[①]

由此可见,来自西方的全方位挑战对传统奥斯曼社会构成巨大压力。也正是在这种挑战之下,奥斯曼社会开始寻求旨在改变现状的一系列改革和调整。而上面提到的在奥斯曼社会中扮演重要角色的宗教领域的变动与这些改革和调整是密切相关的。因为宗教在奥斯曼社会具有举足轻重的地位,它以家庭教导、学校教育和政府教化的形式渗透到奥斯曼社会生活的各个方面。只有妥

[①] Kemal H. Karpat, *Studies on Ottoman Social and Political History*, *Selected Articles and Essays*, Leiden, Brill, 2002, p. 30.

第一章 交往主体之一：奥斯曼帝国传统文化的构成、特征与成就

善地处理宗教问题才能使改革顺利进行。宗教变革与社会改革相辅相成。因此，在奥斯曼帝国末期，不仅世俗的现代化改革显得颇有气势，宗教界的改革也对这一改革起到了推波助澜的作用。作为伊斯兰领导阶层和传统教育的坚强堡垒，乌里玛也为改革作出了贡献，他们并不像通常被认为的那样坚决反对和抵制改革。相反，他们却起到了应有的推动作用。本杰明·富特纳认为"乌里玛加入到了形式多样的新式世俗教育中去。为各地学校的老师们修订新的世俗教学大纲的委员会的成员们和为当地或其他地区教育进行宣传的巡视员们都在国家的支持下反对将孩子送往外国学校。"[1] 另外，伊丽莎白·奥兹德加在《奥斯曼帝国后期的知识界遗产》一书中也有同样的论述："与土耳其官方历史描述所不同的是，乌里玛的确在奥斯曼社会的知识领域中扮演了重要角色。在阿卜杜勒·哈米德二世专权时期，也就是在1876年至1878年间短暂的宪政期后，许多乌里玛加入到了青年土耳其党的反对活动当中并且成为了它更激进的一支——统一与进步委员会的著名活动分子。"[2] 所以乌里玛阶层并不完全是保守和反动的代名词，也不是专制政府忠顺的奴仆和统治的工具。

艾克迈尔丁·伊萨诺努在《奥斯曼帝国的科学、技术与知识，西方的影响、当地的机构和知识的传递》一书中有大量关于奥斯曼伊斯兰世界对科学技术和现代教育持肯定态度的论述。如他在书中写道："在由19世纪前半期的实证科学先驱者们所写的土耳其语书中找不到任何关于宗教与科学相冲突的说法。比如在伊萨克·艾芬提（Ishak Efendi）的书中和在由化学家德维齐帕夏、哈米帕夏、克里米亚的阿齐兹贝伊及其他人的关于土耳

---

[1] Benjamin C. Fortna, *Imperial Classroom, Islam, the State, and the Education in the Late Ottoman Empire*, Oxford University Press, 2003, p. 13.

[2] Elisabeth Özdalga, *Late Ottoman Society*, *The Intellectual Legacy*, Routledge Curzon, London, 2005, p. 5.

其现代科学各个方面的早期作品中都没有任何关于宗教与科学相矛盾的说法。而与此相反，人们总是可以读到关于在伊斯兰文明的黄金时代，宗教是科学进步过程中的推动因素的表述。而且，他们还认为伊斯兰教实际上鼓励了对科学的研究。我们无法说奥斯曼帝国的实证科学先驱们甚至有过任何关于这种冲突可能性的担心。我们也没有理由认为有人将旧科学与物理学、化学、天文学和现代科学的其他分支对立起来。"[1] 另外，与前面提到的两位历史学家，即本杰明·富特纳和伊丽莎白·奥兹德加的说法一样，艾克迈尔丁·伊萨诺努在他的著述中也论述了乌里玛阶层在推动现代教育和科学方面的作用，内容如下："帝国海军工程学院（the Imperial Naval Engineering School）成立于1773年，帝国医学院（the Imperial Medical School）成立于1838年，战争学院（the War college）成立于1834年。现代科技教育在这些奥斯曼帝国教育机构中得以长期进行。所有这些学校的开办仪式都有高层乌里玛参加，他们带领大家做祈祷。此外，帝国传统宗教学校（medreses）的毕业生在这些新开办的学校里教授宗教、东方语言及文化概论。还有，这些学校的主要课程如数学和医学的早期教师都是由按照传统理念培养出来的人来担任的。"[2] 这些都表明在奥斯曼帝国后期宗教对现代教育和科学的推动作用。在这本书里，作者还举了大量的例子论述了奥斯曼帝国在改革之前的时期里在宗教与科学之间并不存在必然的矛盾和冲突。当然后来这些新型学校的毕业生和传统学校的毕业生之间对于这一问题也出现了一些分歧。这正是被一些研究者称为奥斯曼知识界和思想界的"二元论"（dualism）现象。

---

[1] Ekmeleddin IhsanoGlu, *Science, Technology and Learning in the Ottoman Empire, Western Influence, Local Institutions, and the Transfer of Knowledge*, Ashgate Publishing Company, Burlington, 2004, p. 248.

[2] Ibid., p. 243.

第一章 交往主体之一：奥斯曼帝国传统文化的构成、特征与成就

伊斯兰教强烈的入世性特点表现在随着社会的变化，其自身也在不断地完善以适应形势的需要并且推动社会的发展方面。其实伊斯兰教在其最初的创立时期本身就是一场以宗教带动社会各方面改革与发展的运动。先知穆罕默德创立了伊斯兰教，从而改变了阿拉伯半岛原有的多神信仰、自然崇拜、部落分立及血亲复仇的状况，废除了高利贷，释放了奴隶，越来越多的人开始信仰伊斯兰教。在很短的时间内，因为顺应民心，适应了当时的社会发展需要，伊斯兰教得到了迅速传播。在接下来的时间里，伊斯兰教更是适应了对外交往的形势，通过穆斯林的各种形式的对外交流而将伊斯兰教发展成为多民族的世界性宗教。

伊斯兰发展史上的改革与创新运动波澜壮阔、此起彼伏，与社会文化的发展和进步交相辉映。自伊斯兰教创立以来，为了适应外界的变化和社会发展的需求，伊斯兰教社会内部进行了规模不等、形式多样的改革。伍麦叶王朝和阿拔斯王朝的兴旺在一定程度上有赖于伊斯兰教的不断创新与改革。阿拉伯文化之所以在中世纪的世界独树一帜，取得长足进展无不与伊斯兰教的改革与进取精神相联系。同样，到了奥斯曼帝国时期，西方社会在经过了漫长而滞后的中世纪以后，开始了它科学技术文化方面的快速发展进而超越了伊斯兰世界的成就。奥斯曼帝国的有识之士和精英阶层再一次认识到宗教改革的重要性，拿起了改革的武器。他们深知，伊斯兰教中的某些古老规定已经不能适应新的社会发展需要，对教义的教条化理解已经严重妨碍了社会的发展，要想取得社会的全面进步，必须首先使人们的思想得到解放。因此，奥斯曼帝国时期也同伊斯兰世界其他时期一样，进行了一次又一次波澜壮阔的改革。

第三节　奥斯曼帝国社会文化成就

同世界上许多著名的强大帝国一样，奥斯曼帝国在长达500多年的时间里，也创造出了丰富而灿烂的文化成就。虽然帝国最终衰亡了，但它的文化遗产却历久弥新，在世界文化舞台上熠熠生辉。"正是由于奥斯曼帝国政府礼贤下士，开宗明义的政策，使它很快就把世界各类人才都吸引到了帝国首都伊斯坦布尔，使那里云集各方专家学者数千人，其万般风华，令人叹为观止，从而使得奥斯曼帝国社会文化的发展和繁荣达到了极盛。此外，奥斯曼帝国地处欧亚非三大洲要冲，位于东西方交通的枢纽，所以在沟通东西方文化上，在人类社会的交往中，起着一种特殊的作用。"[1] 但总体而言，18世纪以来的奥斯曼文化，与欧洲文化的成就相比并没有太多优势，这里将以奥斯曼文化中的建筑和文学以及其他方面的成就为例来分析奥斯曼帝国的文化成就。

一　奥斯曼帝国文化在建筑领域的成就

奥斯曼帝国文化成就首先表现在建筑方面。奥斯曼帝国在其存续期间，在其广大领地上修建了大量的清真寺、学校、图书馆等建筑。"奥斯曼帝国重视发展伊斯兰学术文化，保护伊斯兰文物古迹。帝国以大量的宗教基金在各主要城市兴建规模宏大华丽的清真寺、宗教大学、图书馆，仅首都伊斯坦布尔就建有400多座清真寺，其中素丹艾哈迈德清真寺堪称杰作。素丹以巨资扩建了麦加圣寺、麦地那先知寺，修葺了阿里的陵墓等。在新征服的东南欧建造了大量清真寺，如在塞尔维亚的赛拉吉夫城建有著名

---

[1] 黄维民：《奥斯曼帝国》，三秦出版社2000年版，第208页。

第一章 交往主体之一：奥斯曼帝国传统文化的构成、特征与成就

的'加齐清真寺'。在阿尔巴尼亚建有多所清真寺和教法学校。在布达佩斯城建有61座清真寺、10所伊斯兰学校及图书馆。在原希腊各地建有300多座清真寺。在前南斯拉夫建有20多所清真寺及宗教学校。"①

奥斯曼帝国在清真寺、学校等的建设方面不仅数量众多，而且建筑成就也很突出，留下了许多著名的帝国建筑。由于伊斯兰教对帝国社会文化生活的主导作用而使得帝国在清真寺的建设方面有着很高的造诣。奥斯曼帝国历代素丹都很重视对清真寺的建设，甚至把对清真寺的建设作为一项重要政绩来衡量素丹的作为。现在土耳其境内包括中东地区的很多著名清真寺都是那时留下来的，它们依然在人们的生活中发挥着作用，也是对那段历史的一种纪念。著名的圣索菲亚大教堂就是素丹"征服者麦哈迈德二世"在攻下君士坦丁堡以后将原来拜占庭帝国基督教的重要教堂改为清真寺的，它如今已成了见证拜占庭帝国和奥斯曼帝国兴衰的伟大建筑，成为人类文化共同的遗产。苏莱曼大帝时期兴建的苏莱曼大清真寺和谢里姆二世时期修建的清真寺等许多大清真寺无不反映出奥斯曼帝国历代素丹对伊斯兰教发展的重视。奥斯曼人比拜占庭建筑师们似乎更懂得建筑结构的线条美，他们在清真寺的建造方面发展形成了笔状宣礼塔。此外，他们不仅使伊斯坦布尔的清真寺大都吸收了伍麦叶时期和奥斯曼时期两个时期清真寺的特点，而且还融入了大量的地方民族特色。因此，通过清真寺建筑风格的变迁，可以清晰地看出世界文化融会的脉络。帝国的清真寺建筑是一笔宝贵的世界文化遗产，为人类多姿多彩的文化增添了新的色彩。

---

① http://baike.baidu.com/view/39712.htm#9.

二 奥斯曼帝国文化在文学领域的成就

奥斯曼帝国在文学领域的成就颇为显著。奥斯曼帝国时期在文学领域所取得的成就可谓民族智慧的结晶,极富民族特色。17—18世纪的奥斯曼文学在诗歌、戏剧、小说等诸多方面都涌现出了许多杰出的作家和优秀的作品。这一时期由诗人奈菲完成的卡西德的诗歌形式,使抒情诗具有一种优雅的、精巧的形式。这种诗歌后来几近成为奥斯曼诗歌的主要表达方式。奥斯曼文学史上两位成就卓越的文学家卡蒂普·切勒比和艾弗里雅·切勒比留下了大量宝贵的文学遗产。他们是奥斯曼帝国在散文文学领域的集大成者,他们都有着渊博的知识,喜好旅行,并将自己的经历以书的形式记录下来,成为宝贵的文学遗产和对于奥斯曼帝国那一时期研究的重要参考资料。卡蒂普·切勒比在地理、历史、军事以及游记方面有着很高的造诣,贡献甚大。他的主要作品包括《世界地理》、《概要》、《土耳其海战史》、《大事年表》等。"卡蒂普·切勒比是奥斯曼帝国中最早对欧洲有深刻认识的作家之一。和同时代其他人相比,他的不同之处似乎在于用欣赏和尊重的态度接受这些知识,表明他渴望自己的国家接受其他国家的最先进的知识和发展成果。"① 而艾弗里雅·切勒比则是这一时期的大旅行家兼诗人,他的《旅行之书》成为有史以来最伟大的伊斯兰旅行史诗。艾弗里雅·切勒比家境优越,他本人酷爱旅行,并通过旅行接触和了解外部世界。他一生游历了包括帝国领地和帝国之外的欧洲等大量地方,也记录了与帝国相关的兴衰变故及所到之处的资料。"现在留给我们的《旅行之书》,是完整的十卷本(1897—1938年间在伊斯坦布尔出版),它非常详细地

---

① [美]斯坦福·肖:《奥斯曼帝国史》,许序雅、张忠祥译,青海人民出版社2006年版,第359页。

第一章　交往主体之一：奥斯曼帝国传统文化的构成、特征与成就

展现了艾弗里雅一生所到过的地方，及他对看到的人物、建筑、城市和事件的观察和评论。他关于城市生活和组织的叙述，关于早已被毁坏的奥斯曼历史遗迹的叙述，是对一种文明的独一无二的记录，因为对这一文明的传统和生活方式的记载非常稀缺。"① 另外，反映各行各业普通大众生活的通俗文学也在这一时期得到了迅猛发展。农村生活、市井生活、军营生活，甚至咖啡馆情况都可以是它的题材。民歌也得以广泛流传，它的许多内容是反映爱情故事和对大自然感受，以及对发生在人们身边事情的一种歌咏或描写。

帝国后期的文学，尤其是 18 世纪的作品越来越多地关注民族心理，体现了与社会文化生活相联系的民族特色。"对奥斯曼人来说，18 世纪在很多方面都是历史上各个文学发展阶段中最土耳其化的时期。因为，此时东方的影响很大程度上被抛弃了，而欧洲的支配性影响还没有到来，这是 19—20 世纪现代化时期的基本标志。这是真正的土耳其文学，基于土耳其人的审美欣赏的特点，反映了土耳其人的思想观念、土耳其人的行事方式和土耳其的服饰和风俗习惯，带有一种赞赏地方色彩的情感，不管是此前还是此后土耳其化都没有达到这样一种充分的程度，当然民间文学除外。"② 当然，随着时间的推移，到了西方影响无所不在以及奥斯曼帝国改革此起彼伏的 19 世纪，反映在文学方面也表现为与西方文学联系的加强及向现代化推进的特征，民族意识也同时得到了提升。"作为在欧洲影响下的土耳其新文学的起点，根据传统的说法，是 1859 年，即易卜拉欣·邢纳西的一本石印版小册子问世的那一年，小册子包括一百来首翻译诗，诗人

---

① ［美］斯坦福·肖：《奥斯曼帝国史》，许序雅、张忠祥译，青海人民出版社 2006 年版，第 362 页。

② 同上书，第 368 页。

包括拉辛、拉封丹、拉马丁、吉尔伯特和费奈隆等。在同一年，科学社的创办人米尼夫帕夏也发表了一组译自方廷内耳、费奈隆和伏尔泰等人的谈话，向读者介绍了一些关于'爱国主义、社会道德和妇女教育'以及其他题材的既生疏而又新奇的观点。土耳其文学的西化，从种类、形式、主题、格调和文体等方面来看，进展都是迅速的。"①但无论如何，这时的奥斯曼帝国民族意识已经开始觉醒，在借鉴和引进西方文化和文学的同时，也融入了民族和本土的元素，而并不是一味的照搬和模仿，正如发生在奥斯曼社会其他领域的现象一样，是一种有鉴别的，而且和自身情况相结合的，并由此得到深化和升华的生发。正如刘易斯教授接下来所写道："然而这还不是全部的经过。土耳其的作家，还借助这种土耳其运动的文化辐射作用，从隐藏在土耳其生活深处的文化老根吸取了养料，从而能够从内部实现一次新的复兴。"事实证明，奥斯曼帝国在这一时期的文学作品具有强烈的民族情感和本土特色。

三 奥斯曼帝国文化在其他领域的成就

除了在建筑和文学方面的成就以外，奥斯曼帝国在其他领域也取得了不小的成就。以音乐为例，奥斯曼帝国的音乐独树一帜。奥斯曼帝国音乐"在神秘主义宗教仪式中产生了许多至今仍流传在整个中东地区的音乐体裁，如土耳其艺术音乐的两种最重要的器乐合奏形式——佩什莱夫和塞迈。15世纪起，随着奥斯曼帝国的不断扩张，为振奋军威，鼓舞士气，在帝国的各个军团设置了庞大的近卫军乐队——梅赫特哈纳，从而使军乐得到很大的发展。奥斯曼军乐也用于平常的节日以及各种娱乐活动之

---

① [英]伯纳德·刘易斯：《现代土耳其的兴起》，范中廉译，商务印书馆1982年版，第464页。

第一章 交往主体之一：奥斯曼帝国传统文化的构成、特征与成就

中，成为土耳其音乐的一大特色，并曾对欧洲专业音乐的创作产生很大的影响"①。另外，奥斯曼帝国极富伊斯兰文化艺术特色的编织艺术也闻名世界。伊斯兰艺术中最富创造力的因素表现在地毯的编织方面，伊斯兰地毯所拥有的鲜丽颜色和精致图案充分体现了伊斯兰艺术文化的精华，一张张小小的地毯就是一件件艺术珍品。地毯一直是伊斯兰国家向欧洲国家销售的主要产品之一，早自奥斯曼帝国繁荣时期，它的地毯已经远销欧洲国家。当时，拥有奥斯曼地毯成为欧洲各国人士财富和身份的象征，它常常会在各欧洲国家皇室贵族的财产及遗产记录中出现，如今它仍然是最精美、最古朴的艺术品。凡是到过土耳其的人对它总会念念不忘。它既继承了土耳其的古老传统，又吸收了民间艺术的精华，是土耳其民间艺术中最值得骄傲的地方。帝国的其他艺术成就如皮影戏，手工艺品如织锦、瓷器、彩绘等，都充满了奥斯曼特色。

---

① 王凤岐：《世界音乐简史》，山西教育出版社2002年版，第107页。

第 二 章

交往主体之二：欧洲文化的构成、特征与成就

欧洲文化是在综合其他文化的基础上，经历了漫长的时间而逐步形成的。希腊、罗马文化，基督教文化和其他文化为欧洲文化的形成作出了贡献。在经过地理大发现、文艺复兴、宗教改革、启蒙运动和工业革命等一系列重大变革后在政治、经济、科技、教育等各方面已经走在了世界的前列。欧洲文化和欧洲以外的文化，通过欧洲国家的向外扩张以贸易、通商、探险、战争、谈判、旅游等各种形式得以交流。

第一节 欧洲文化的构成

欧洲文化在长期的发展演进过程中逐渐形成了自己的特征。正如布罗代尔所言："我们完全有理由把欧洲共享的某些特征用'辉煌'来形容。正是它们从文化、品位和精神的最高层次上，赋予欧洲文明一种近乎兄弟般的、几乎一模一样的气息，就像它沐浴在单一的、恒定的光芒中那样。就整体而言，欧洲构成了一个结合得非常紧密的文化整体，很久以来就扮演着与世界其他部分相对的角色。"[1]

---

[1] ［法］费尔南·布罗代尔：《文明史纲》，肖昶、冯棠、张文英、王明毅译，广西师范大学出版社2003年版，第371页。

一 欧洲文化中的希腊罗马文化因素

希腊、罗马文化在欧洲文化的形成中起到了非常重要的作用,可以说是欧洲文化的源头。之所以这么说是因为:一方面,就历史而言,古代文明的代表希腊、罗马文化在希腊、罗马存在的全盛时期及它们灭亡之后在欧洲得以继承和发扬。另一方面,就现实而言,欧洲文化中的一些重要特质都可以直接地在希腊罗马文化中找到其根源。

虽然欧洲存在民族、宗教、语言等的分歧,但欧洲文化却是独特而完整的,这与其悠久的历史是分不开的。在长期的历史发展过程中,欧洲文化逐渐形成并显示出它的特质。欧洲文化源自于希腊、罗马文化是人所共知的。"整个欧洲的文化,由希腊、罗马文化蜕变出来。前者教欧人如何创造,如何致知,使每个人成为独立的人物;后者教欧人如何组织,以建立人与人关系的原则。希腊、罗马的文化,虽为埃及与中亚文化的综合,然自欧洲观点言,却是整个的。"[①] 这里,希腊、罗马文化被看成是欧洲文化当然的和直接的来源。其实,欧洲文明的研究者都持有如此观点,已达成共识。"一般说来,欧洲文明的源头在两希(希伯来、希腊)和古罗马。如果再往远古追溯,希腊文明的'源中之源',就要寻到两河流域、尼罗河流域、波斯湾……希罗多德写雅典和波斯的大战,一开始便写到希腊人的足迹走到波斯、腓尼基、埃及等小亚细亚和地中海沿岸。这些地方的人也过往明珠般的希腊诸岛,而爱琴海则自然成为一种文明的桥梁。希腊人对万物自然的原初认识,启迪了后人的聪明才智……;古罗马人是

[①] 阎宗临:《欧洲文化史论》,广西师范大学出版社2007年版,第112页。

制造法、政和制度的民族。"①

　　希腊、罗马文明作为欧洲文明的发端和精要，经历了长期的演进和融合过程。欧洲文明之与希腊文明在于它吸收了希腊文明中关于对自然和理性的认识的成就。"希腊早期的这种自然观认定自然和自然的规律是自发的而不是人为的，人通过对于自然规律的理性的认识在社会上行事。这种认识促进了科学的发展，导致了古代乃至晚近的欧洲社会理论和法律制度的形成。"② "古希腊的智慧来自最朴素而原始的理性，理性地认识自然界，认识人自身和人类社会。到了中晚期，柏拉图将世界划分为理性和理念两个部分，理性由知识和理智组成，是关于实在的；理念包括信念和想象，是关于产生世界的，这样一来，柏拉图就把认识世界和改造世界的工作都局限在和现实脱节的理性中，为日后基督教分离精神世界和现实世界埋下了伏笔。对理性的绝对化还伴随着对理性的道德化和神圣化。"③ 古希腊人富有幻想和探索精神，这有助于对世间万物的思考。在希腊神话中，人类所不能实现的事情被赋予了神的世界，"这种丰富的神话不是迷信，因为希腊人重知，永远在探讨为什么"④。古希腊时期孕育了人类对自然和自身探索的最初萌芽，在那里，人们按照自己的方式生活和与周围的世界相联系，有着充分的思考和想象空间。人类最初的也是最原始的"自由"和"民主"就是在这样的环境下产生的。也正是这种原始而朴素的精神为后世人们进行科学、哲学研究以及对人生和世间万物进行探索打下了基础。欧洲文化中对于自然和人类等的探索无疑在希腊时期就有了它的源头。

---

①　陈乐民、周弘：《欧洲文明的进程》，生活·读书·新知三联书店2003年版，第15页。
②　同上书，第13页。
③　同上书，第19页。
④　阎宗临：《欧洲文化史论》，广西师范大学出版社2007年版，第133页。

第二章 交往主体之二：欧洲文化的构成、特征与成就

继希腊之后的罗马文化也成为欧洲文化的重要来源。"罗马文化是西方文化的源头之一，它与'两希文化'一起汇成了西方文化之河。罗马文化也是西方古典文化的重要组成部分，它与希腊文化有着不可分割的历史联系。罗马文化是希腊文化的继承者，它在文化的诸多领域中受到了希腊文化的巨大影响。然而，罗马文化绝不是对希腊文化的简单模仿，在罗马人开拓疆土和建设国家的过程中，它根据自身发展的需要，对希腊文化进行了吸收和改造，形成一种具有自己特点的文化。史家常说：'光荣属于希腊，伟大属于罗马！'的确，崇尚智慧的希腊人和讲求实际的罗马人各以自己的才干为世界文化的宝库增添了宝贵的财富。"[①]

罗马文化在法制精神和军队建制等方面见长，相比希腊文化而言，罗马文化更注重对物质和财富的追求。"希腊展示给世人的是精神，罗马展示给世人的是行动。罗马人对希腊人的征服开启了希腊精神征服地中海的时代。罗马人把地中海变成了一个文明的大熔炉，罗马人在对地中海的统治中融进了希腊文明的精神，把希腊精神转换成了罗马的政治统治形式，形成了罗马法的原则。罗马人素有法制传统，孟德斯鸠说，罗马人是'世界上最懂得使法律为自己的意图服务的民族。公元前五世纪罗马共和国时期，罗马人开始将过往的各种习惯法汇集整理，扼其审判、父权、所有权、公法、宗教法等十二个要目，使之见诸于文字，篆刻于青铜，昭然于世人，使国家制度不致腐化和败坏。这就是著名的《十二铜表法》"[②]。共和国时期和帝国时期的罗马都为形成较为系统的罗马法作出了贡献，并且为后来欧洲社会法制制度

[①] 裔昭印：《世界文化史》，华东师范大学出版社 2000 年版，第 122 页。
[②] 陈乐民、周弘：《欧洲文明的进程》，生活·读书·新知三联书店 2003 年版，第 23—24 页。

的建立确立了基础。"在罗马共和国时期,平民可以单独地制定法律,国王是选举产生的,元老院享有很大的权力,国王提交人民批准的事务都是预先由元老院讨论过的。随着罗马国家的扩大和奴隶制的发展,元老院不断地通过决议,裁判官也不断地发布告示、作出判决,这些判决和决议就累积成为罗马法。到了帝国时期,皇帝们利用皇权大量地发布法规,编纂法典,详细地规范了在商品生产及交换较为发达的条件下,买卖、借贷、债权、债务、抵押、委托、租赁、合同、契约、遗产继承等有关所有权的问题,包含了'资本主义时期的大多数法权关系',形成了'我们所知道的、以私有制为基础的法律的最完备形式',是'商品生产者社会的第一个世界性法律',对后世的资本主义在欧洲的发展具有重大的意义。"① 罗马法对欧洲社会文化的贡献弥足珍贵,"……年青的罗马社会肯定了后来流传给欧洲和世界的遗产:法律和成文法的思想。罗马把各权力机构的关系编成法典,从而建立起一种新的欧洲精神根本价值"②。

　　罗马法对欧洲后世法制的影响不容低估。"罗马法内容丰富、体系完整、法理精深,是古代世界最为完备的法律。罗马法在世界法制史上占有十分突出的位置,它对后世的深远而持久的历史影响是任何古代法都无法相比拟的。早在12世纪,由于查士丁尼的《国法大全》在意大利被发现,罗马法就开始在欧洲复兴。在西欧文艺复兴运动中,人文主义者进一步掀起了研究罗马法的高潮。世界步入近代之后,罗马法成为资产阶级法律和法学的重要渊源以及近现代法律的先驱……世界各国的立法都不同程度地受到过罗马法的影响。现代西方的两大法系——大陆法系

---

① 陈乐民、周弘:《欧洲文明的进程》,生活·读书·新知三联书店2003年版,第26页。

② [法]阿尔德伯特(Aldebert, J.):《欧洲史》,蔡鸿滨等译,海南出版社2000年版,第11页。

和英美法系,都打上了罗马法的烙印。"①

罗马帝国的发展壮大离不开军事建设和它对财富的占有。"罗马法和罗马政制,再加上罗马军队,使得罗马帝国空前强盛。从地理上看,罗马帝国雄踞在亚平宁半岛,镇守着六十个沿地中海港口,垄断了地中海的海路交通,并且由地中海向外延伸,囊括了富饶的伊比利亚半岛、繁荣的高卢地区、肥沃的北非施了尼高原、腹地深远的日耳曼部分地区。罗马帝国军队的铁蹄践踏过希腊和叙利亚,依靠罗马军威而建立的罗马行省远及多瑙河流域、阿拉伯地区和埃及。"② 军队的强大使罗马帝国空前的强大,也使得它能够倚仗军事实力征服更多的地区,来自各被占领地区的财富和能够创造财富的奴隶源源不断地流入罗马。罗马的富庶使得农业、手工业、商业、贸易、交通等都得到了发展,而这些行业的发展又进一步促使了罗马的强大和发达。"罗马帝国用军事力量去征服,又依靠交通网络和行政机构来维系。这些交通与运输,这些商业与贸易,特别是维持这些活动的行政和法律,构成了罗马伟大的古代文明。"③ 而罗马文明和希腊文明一样,都和欧洲文明有着密切的血缘关系,都构成了欧洲文明得以形成的基础。

二 欧洲文化中的基督教文化因素

希腊罗马文明构成了欧洲文化中物质、制度层面的成分,而基督教文明则是欧洲文化中信仰层面的灵魂。基督教自产生之日起就为欧洲文化打上了它的烙印,至今仍是欧洲人文化生活中不可或缺的组成部分。

---

① 裔昭印:《世界文化史》,华东师范大学出版社2000年版,第135页。
② 陈乐民、周弘:《欧洲文明的进程》,生活·读书·新知三联书店2003年版,第28页。
③ 同上书,第29页。

基督教是欧洲文化的重要成分是学者们的共识。阎宗临先生在《欧洲文化史论》中论述道:"欧洲文化是基督教的文化,自宗教改革后,基督教的统一性被破坏,可是欧洲人的思想与生活,仍然受基督思想所支配。"① 著名史学家布罗代尔在《文明史纲》一书中写道:"西方基督教过去是、现在依然是欧洲思想主要的组成部分。其中包括理性主义思想,它虽然攻击基督教,但也发端于这一宗教。在欧洲的整个历史上,基督教一直是其文明的中心。"② 同样地,马克垚先生在《世界文化史论》一书中也表达了这一观点,在论述欧洲文明的构成时,他认为欧洲文明的第一种成分是希腊文化,第二种成分是罗马文化,"第三种基本的成分是基督教。它融古代的伦理和教理于一身,逐步发展成为一种超个人、超家庭甚至超越国家的普遍的精神纽带,并且期望通过传教把强调个性的希腊文化,强调国家、军团和法律的罗马文化和强调血缘、家庭的日耳曼文化结合起来,形成基督教文明的时代特征"③。另外,在《世界文化史》一书中,董小川先生写道:"通常认为,西欧中世纪始于 5 世纪,至 15 世纪结束,大约经历了 1000 年的时间。在此期间,基督教成为西欧社会的主宰,正是从那时开始,西欧文化基督教化了。"④ 其他学者关于欧洲文化的论述也持同样观点,即基督教文化是欧洲文化的重要组成部分。

在个人修养和生活层面,基督教劝诫人们乐善好施、弃恶从善、洁身自好等美德。"基督教的基本观念主要包括在《圣经》之中。它主要包括'三位一体'、'原罪说'、'救赎论'、'天堂

---

① 阎宗临:《欧洲文化史论》,广西师范大学出版社 2007 年版,第 112 页。
② [法]费尔南·布罗代尔:《文明史纲》,肖昶、张文英、王明毅译,广西师范大学出版社 2003 年版,第 311 页。
③ 马克垚:《世界文明史》上,北京大学出版社 2004 年版,第 342 页。
④ 董小川:《世界文化史》,高等教育出版社 2002 年版,第 78 页。

第二章 交往主体之二：欧洲文化的构成、特征与成就

地狱观'和'世界末日论'。这些信条围绕着这样一个观念而展开：人生来就是有罪的，而人类依靠自身是无法消除罪恶的，只有依赖于上帝才会得救，因此人们必须虔信和遵循上帝，在尘世刻意修行和多行善事，那么在世界末日到来之时才会进入天堂，否则就会进入地狱。基督教所宣扬的这种深深的负罪感，以及所刻画的恐怖的地狱景象牢牢地攫住了人们的心，而朦胧但又充满美好希望的天堂则又召唤着人们毫无条件地去坚信上帝，遵循其意志和教诲去行善事。"①

在国家和社会生活层面，基督教信仰排斥其他信仰，并会以冲突和战争等形式与异教徒展开斗争，同时也会大力宣扬自己的信仰，以使更多的人加入该宗教。"欧洲的扩张在某种程度上可用欧洲基督教的扩张主义来解释。从一开始，基督教就强调四海一家，宣传自己是世界宗教；从使徒时代到现在，积极传教一直是基督教的主要特点。而且，为了使异端和不信教的人皈依基督教，基督教会总是毫不犹豫地使用武力。"② 十字军东征以及后来基督教对欧洲以外地区所进行的传教和武力渗透与征服正是这种特点的体现。

"十字军是在中世纪全盛期发生在欧洲的全面扩张运动的一个组成部分。拉丁语系的基督教徒致力于冒险，他们作为先驱者，开垦新土地，作为征服者开拓基督教世界的疆域。"③ 十字军东征实质上是欧洲基督教国家以夺回圣地为借口向非基督教国家即当时的阿拉伯伊斯兰国家进行侵略的行为。同时，基督教国家极力宣扬基督教优越于其他宗教的观念，使无信仰者或异教徒

---

① 裔昭印：《世界文化史》，华东师范大学出版社 2000 年版，第 259 页。
② ［美］斯塔夫里阿诺夫：《全球通史——1500 年以后的世界》，吴象婴、梁赤民译，上海社会科学院出版社 1999 年版，第 11 页。
③ ［美］马文·佩里、胡万里：《西方文明史》，王世民、姜开军、黄英译，商务印书馆 1993 年版，第 305 页。

皈依基督教。"拉丁基督教世界日益增长的自觉意识表现为对穆斯林的敌意,对异教徒的谴责,也爆发为对犹太人——在基督教观点占统治地位的社会中,他们明显的是异端的一群——的仇恨。"[1] 欧洲基督教国家视穆斯林和犹太教徒为异端的同时,也设法在他们当中传播基督教,以使其接纳欧洲基督教文化。"十字军东征开始后,罗马天主教传教士便致力于向东方传播其宗教。尤其是从13世纪开始,伴随着圣方济各和多米尼克修会的产生,向东方的传教活动更加频繁。许多天主教士还深入伊斯兰教地区传教,如多米尼克修会的洪伯特、利科多、威廉等。威廉曾给1000多名阿拉伯人洗礼。"[2]

十字军东征是一场由罗马教皇、西欧封建领主和城市富商向欧洲以东地区发动的侵略战争。虽然十字军东征是一系列以宗教名义发动的军事行为,但客观上,十字军东征及其后来的传教活动促进了欧洲与中东的文化交往。"十字军东侵使许多欧洲人接触了东方文明。他们发现古代东方文明不逊于西方基督教文明,使他们大开眼界,促使他们的智力觉醒。在战争中,许多欧洲人从穆斯林和犹太医学中学到不少新医术,特别是外科手术,从而推动了欧洲医学的发展。战争也促使人们去研究地理、绘制地图,不但丰富了人们的地理知识,而且激发了欧洲人往亚洲探险、旅游的热情。这一切都在一定程度上促进了东西方文化交流。"[3]

三 欧洲文化中的其他文化因素

除了希腊、罗马文化和基督教文化元素以外,欧洲文化在发

---

[1] [美] 马文·佩里、胡万里:《西方文明史》,王世民、姜开军、黄英译,商务印书馆1993年版,第316页。
[2] 裔昭印:《世界文化史》,华东师范大学出版社2000年版,第290页。
[3] 唐逸:《基督教史》,中国社会科学出版社1993年版,第134页。

第二章　交往主体之二：欧洲文化的构成、特征与成就

展形成的过程中也融合了其他文化的元素。比如日耳曼文化就是上述两种文化之外的欧洲文化的一个成分。第四种成分"是日耳曼文化，它虽然具有强大的生命力，但它的野蛮传统、地方主义和强调血缘的传统，对中古欧洲封建制度的形成，起到了非常关键的作用"[①]。日耳曼文化因素与希腊罗马文化和基督教文化自然地融合在一起。这几种文化因素"在公元800年时出现了奇妙的融合现象。查理大帝在教堂祈祷的时候，教皇把一顶王冠戴在他的头上，并称他为罗马人的皇帝。这个日子，被认为是欧洲文明的诞生日"[②]。日耳曼成分成功地融入了已有的欧洲文化之中，实现了欧洲文化的整合。欧洲文化的主干形成，在随后的发展中，它们作为欧洲文化的主要成分，塑造着欧洲的文化特质。

作为欧洲文化的主干，希腊罗马文化因素和基督教文化因素以及日耳曼文化因素各自起到了自己应有的作用。但是欧洲文化并不是铁板一块，在发展的过程中，异域文化的某些成分也非常微妙地融合了进去，如欧洲文化中也有拜占庭文化和阿拉伯文化的某些成分。但相比而言，它们则是微不足道的，不致影响欧洲文化的主体特征。

第二节　奥斯曼帝国后期欧洲文化的特点

欧洲文化主要指以古希腊、罗马文化为源头，经过基督教熏染，后又经历了文艺复兴、宗教改革、启蒙运动以及资产阶级革命和工业化发展的西方社会长期以来所形成的文化。到奥斯曼帝国后期，欧洲文化已经完成了上述主要文化特征的形成

[①] 马克垚：《世界文明史》上，北京大学出版社2004年版，第342页。
[②] 同上。

过程。随着欧洲社会由于新航路的开辟、资本主义的发生和发展而来的是拓宽了的海外贸易和与海外交往等活动的日益频繁，欧洲国家在14世纪到18世纪之间发生了重大变化。主要表现在其社会经济与政治结构越来越开放发达，以及由此而带来的文化领域的重大变革。总体说来，这一时期所经历的文艺复兴、宗教改革与启蒙运动等一系列社会大变革使得欧洲文化完成了从中世纪向近代的转型。文艺复兴具有划时代的意义，它把人们从中世纪神学的桎梏中解放出来，宗教无法继续控制人们的思想，从而确立了欧洲文化中的人文主义传统。而宗教改革则打破了罗马天主教一统天下的局面，教会越来越民族化、地方化，适应资本主义发展的新教逐步形成，并且基督教不再是人们思想的唯一操控者，使得西方基督教文化传统的近代化改造得以完成。继之而来的启蒙运动则高举理性主义的旗帜，用理性的眼光来观察国家与社会，最终瓦解了欧洲封建统治的理论基石，全方位确立起资产阶级的思想文化体系，一个日趋多元而相对成熟的国家新型文化逐步形成。奥斯曼帝国后期，西方文化主要呈现出以下特点：基督教信仰影响深远；重商主义特征明显；扩张主义也贯穿始终。

一 基督教思想影响深远

基督教思想在西方社会文化中有着悠久的历史，长期以来对西方人的世界观和生活产生了重要影响，虽然由于宗教改革的进行，基督教不再像中世纪那样绝对地统治着人们的思想和精神，但长期的历史遗留使它已经深入人心，仍然产生着无形的巨大影响，它是人们的精神寄托，在许多方面仍然发挥着作用，无法简单机械地将其从人们的社会文化生活中驱逐出去。即使是当代，对基督教的信仰仍是西方人生活中无法取代的一个重要内容。"欧洲文化是基督教的文化，自宗教改革后，基督教的统一性被

第二章 交往主体之二：欧洲文化的构成、特征与成就

破坏，可是欧洲人的思想与生活，仍然受基督教思想所支配。"①作为西方社会的主要信仰，基督教认为上帝是绝对的和永恒的存在。基督教号召人们树立人人自由平等的观念，即上帝面前人人平等、真理和法律面前人人平等。每个人都是自己信仰的主宰，都是独立的个体。在上帝面前，人人施展才华、竞争、进取、冒险、开拓，取得成绩后才能成为上帝的选民。基督教认为：万能的上帝创造了世界，创造了万物，因而世界万物是有法则的、有秩序的、有规律的。人类应该树立爱上帝的信念，只有通过这种信仰才能承担人世间的苦难与不幸。这种思想在西方人的心中一直占有重要地位，一旦他们有了相应的条件，他们会最大限度地发挥这一优势对别的地区和民族进行征服与改造，以体现他们的主的伟大和他们个人的价值。基督教的发展史在一定意义上就是西方的扩张史。"同帝国主义对亚、非、拉的殖民统治一样，基督教会的传教活动也是西方传教士向亚、非、拉地区传播基督教，并对这些地区的教会实行全面控制的运动。传教区教会的领导权都掌握在欧美国家传教士的手中，教会经费几乎全部由西方传教会、修会或罗马教廷供给，教会的一切活动包括神职人员的培养、机构的设立、经费的使用等均由西方传教士决定。正如美国基督教史学家赖德烈所说，'基督教的传教活动是一项家长式的统治事业，是一种宗教帝国主义。"②

宗教对生活在其中的人们的思想文化影响是不可替代的。人们通常倾向于按照宗教信仰的不同将世界主要文化分为基督教文化、伊斯兰文化、犹太文化等，也有学者将以中国文化为中心的东亚一些地区文化与其他文化相并立而称为儒教文化。相比而言，西方文化与基督教文化联系密切。基督教在西方的地位和影

---

① 阎宗临：《欧洲文化史论》，广西师范大学出版社2007年版，第112页。
② 唐逸：《基督教史》，中国社会科学出版社1993年版，第324页。

响经历了诸多变化，在近代，西方对奥斯曼帝国具有较大影响的是文艺复兴和宗教革命。

虽然宗教不再像文艺复兴和宗教革命以前那样在西方人的社会文化中起决定性作用，但它的重要性和影响却丝毫没有减少。这一点可以从很多方面反映出来。首先，它们当中基督教徒的比例是很高的，虽然存在教派之区分；其次，作为西方文化重要组成部分的物质文化，教堂在西方普遍存在，其数量和规模也林林总总，有些大教堂更是举世闻名，而且不断有新教堂的落成；再次，宗教节日在西方人的生活中扮演着重要角色；最后，宗教仪式涵盖了西方人生活的很多方面；另外，西方的语言和文化中，包括文学作品、文艺作品等都有大量基督教题材的内容；等等。

二 重商主义传统历史悠久

在西欧国家发展史上，重商主义扮演了重要角色。没有重商主义，就不会有经济贸易的发展；也不会有其向世界其他地区进行原材料掠夺和市场的开辟；更谈不上对其他地区的政治扩张和殖民统治；等等。而这一切的进行又进一步加剧了西欧国家对其他地区的掠夺，从而奠定了其在世界范围内的经济和政治优势。海上和陆上交通技术的发展为西欧资本主义的全球化扩张奠定了技术基础，工业革命的进行和资产阶级的形成以及资本主义的建立为西欧国家对外扩张奠定了阶级基础并形成了经济支持。及至20世纪初，欧洲主要资本主义工商业国家在全球各地的商业扩张已经达到无以复加的程度，其经济地位已无可替代。"1914年时的欧洲霸权不仅在广度上，而且在深度上也是前所未有的；这一点能从欧洲国家所实行的经济控制中觉察出来。欧洲已变成世界的银行家，为建造横穿大陆的铁路、开凿沟通海洋的运河、开发矿山、建立种植园提供所需的资金。到1914年时，英国在海外的投资已达40亿英镑，占其全部国民财富的四分之一；法国

第二章 交往主体之二：欧洲文化的构成、特征与成就

的投资达 450 亿法郎，相当于其国民财富的六分之一；德国的投资达 220 亿马克，为其全部财富的十五分之一。"①

重商主义在西欧国家源远流长，自新航路开辟以来，西欧国家充分利用了其经济、科技优势对世界其他地区进行掠夺式的不平等贸易。而近代以来，尤其是工业革命和资产阶级革命在主要西欧国家完成以后，西欧国家在对外贸易中占据了绝对优势，这包括用坚船利炮打开落后地区的大门使其进行被动的不平等贸易，也包括利用廉价原材料和劳动力对落后地区的巧取豪夺，等等。奥斯曼帝国后期成为重商主义的西欧国家的一个重要攫取对象。

"欧洲是很重视商业的，在古希腊的时候就是重商业的，罗马也是。那么到了中世纪的末期，进入近代社会的时候，就有所谓的'重商主义'。'重商主义'的意思就是一个民族国家把发展国内外的商业、发展海外的贸易当做一种'国策'。'重商主义'几乎在欧洲各个国家都有。"② 根据一些学者的研究成果，对重商主义"最权威的阐述人是英国经济学家托马斯·曼（1571—1641），他在 1621 年发表《论英国在印度的贸易》，维护东印度公司的贸易行为，说只要英国的出口总值超出进口总值，则黄金出口是无碍的。他指出，从转口东印度货物所获得的售价超过了为支付这些货物而付出的黄金价值，由此产生贸易差额论。1644 年，他的代表作《英国得自对外贸易的财富》出版，主张由政府控制国家的经济，以便削弱竞争对手，增强本国实力。1776 年，苏格兰著名经济学家亚当·斯密在《国富论》中首次使用'重商主义'（mercantilism）一词时，重商主义已流行

---

① [美]斯塔夫里阿诺斯：《全球通史——1500 年以后的世界》，吴象婴、梁赤民译，上海社会科学院出版社 1999 年版，第 562 页。
② 陈乐民：《欧洲文明十五讲》，北京大学出版社 2004 年版，第 190 页。

不列颠了。它包括一些相互关联的原理：第一，一国的财富必然包括贵金属金、银等，它若没有贵金属矿物，就得通过贸易来取得；其次，对外贸易必须保持'顺差'，出口必须超过进口。这种理论不仅为英国商人经营一般贸易，还为他们从事以黑奴贸易为主的'三角贸易'提供了论据"。① 其实，不仅是奴隶贸易等在重商主义的旗号之下得到迅猛发展，而且正常的对外贸易也逐渐成为为西方国家经济发展服务的一种借口。在重商主义的引领下，欧洲国家把对其他国家的贸易变相地作为其掠夺资源、利用廉价劳动力等不平等贸易的一种惯用伎俩。其他地区与欧洲国家的贸易实际上成为欧洲国家对其优势资源的攫取和将这些国家和地区作为商品倾销地，使这些国家在经济上越来越依赖它们并且其经济越来越单一化。在这种模式之下，它们的经济很难得到实质性发展。

其实重商主义也是使西欧国家能够成为世界强国的重要原因之一。重商主义和殖民主义、扩张主义等是相互作用，相辅相成的。重商主义为它们积累了向外扩张的应有财富，而殖民主义和扩张主义则进一步为重商主义提供了精神和物质的支持。以英国为例，"有人把19世纪称为'英国治下的和平'，主要是指英国以经济实力为后盾、以武力为主要手段，对海外、特别是富庶的东方进行殖民侵略和掠夺，同时与列强在欧洲及世界上其他地区争夺势力范围，始终保持领先的地位，避免出现较大规模的冲突和战争，保持大国间的相对和平。工业革命后，英国凭借其'世界工厂'的地位，加大了拓宽市场、争夺原料产地和殖民扩张的步伐。"② 这种以工业和商业为支持发展起来，以扩大市场

---

① 阎照祥：《英国史》，人民出版社2003年版，第235—236页。
② 计秋枫、冯梁等：《英国文化与外交》，世界知识出版社2001年版，第166页。

第二章　交往主体之二：欧洲文化的构成、特征与成就

和控制原料为目的的贸易和扩张不仅是英国所特有的，也是法国、德国等欧洲国家所使用的基本手段。英国东印度公司的存在、英国工商业发展起来后对大陆的自由贸易以及拿破仑执政后所实行的对英大陆封锁政策和北美的波士顿倾茶事件等都是西欧国家重商主义政策在不同方面的反映。在对外扩张这一点上，西方资本主义国家的基本特征是相似的。虽然它们内部也会有矛盾和瓜分不均等问题，但它们在对待其他国家和地区的问题方面却能相互勾结，因此才有了那一时期诸如"东方问题"、"八国联军"入侵中国等一系列国际问题。这些国际问题的背后是西方国家对外政治经济利益的扩张。这在19世纪欧洲资本主义充分发展起来以后便显得更加明显。"如果要问19世纪有什么特点？那么，'自由贸易'的不可阻挡的发展该是时代特点之一。资本主义发展到这种程度的时候，便要求资产阶级做两件事：一是加速超越国界的相互往来；二是加紧超越国界的竞争。'相互往来'就是要无止境地扩大通商，通商引向商约，商约再发展，从双边引向多边，便引出不同样式的'关税同盟'。'竞争'则意味着国际性的激烈争夺。这两件事既相互排斥，又相互联系，在整个资本主义发展史上都是如此，到19世纪下半叶已表现得十分充分了。"①

虽然"重商主义"作为一个专有名词主要用于指那一历史时期欧洲国家的经济和商业取向，但是重商主义的精髓却是一以贯之的。比如在欧洲历史上先后出现过诸如"商业革命"、"自由贸易"、"自由竞争"等有关商业贸易方面的说法，但实际上，它们的核心都是重商主义。重商主义与工业革命和英国、法国、德国等国的对外扩张紧密相连。由于重商主义强调对外贸易和占

---

① 陈乐民：《欧洲文明的进程》，生活·读书·新知三联书店2003年版，第165页。

领国际市场,因此必然导致它们对欧洲以外地区的经济、文化甚至政治的扩张。在这种情况下,奥斯曼帝国也受到了欧洲国家对其在经济、文化甚至政治等各方面的影响。

三 扩张主义特征明显

实际上,欧洲国家的扩张主义是和其宗教信仰以及重商主义密切相关的。正如前面所提到的,欧洲基督教国家在向其他地区扩张时会打着传播基督教的旗号,而用商业贸易的方式得以推进,而事实上它却是其政治经济文化的全方位扩张。有学者将19世纪欧洲国家的大扩张称为新帝国主义,因为传统的帝国主义虽然包括剥削,但不包括重大的经济变化和社会变化,而"相形之下,新帝国主义迫使被征服国家发生彻底的变化。这与其说是一种经过深思熟虑的政策,不如说是西欧的生气勃勃的工业主义对非洲和亚洲的静止的、自给自足的农业政权的不可避免的影响。换句话说,欧洲的工业资本主义太复杂、太扩张主义了"[1]。

欧洲国家的扩张主义首先表现在其地域的扩张上,即殖民扩张、半殖民扩张等。讨论欧洲文明的发展,就不可避免地要谈到欧洲在近代时期的殖民开拓和扩张。向海外的扩张成为欧洲国家近代历史的一个重要特征。就海外扩张的程度看,英、法、德等国在海外的扩张最为显著,可以作为它们的代表。"最庞大的殖民帝国自然是英国。英国在近代的几个世纪当中,从荷兰手中取得了好望角和锡兰各省,夺得马耳他,从法国手里取得毛里求斯和塞舌尔,原属法国和西班牙的某些西印度岛屿也归英国所有。19世纪30年代,英国享有对澳大利亚的主权,1840年又享有对

---

[1] [美]斯塔夫里阿诺斯:《世界通史——1500年以后的世界》,吴象婴等译,上海社会科学院出版社1999年版,第316页。

第二章 交往主体之二：欧洲文化的构成、特征与成就

新西兰的主权。在这些年代里，英国在亚洲和非洲加紧扩大影响，特别是对印度控制的面积扩大了。到 19 世纪后半期，英国在非洲控制了尼日利亚、黄金海岸、肯尼亚、乌干达、南北罗得西亚、埃及和苏丹。在印度洋和太平洋，控制了印度、缅甸、马六甲、新加坡、中国香港，以及斐济、波罗洲、新几内亚等岛屿。到 1914 年第一次世界大战爆发前，英国已控制了世界陆地面积的五分之一以上和世界人口的四分之一。仅次于英国的是法国。法国殖民势力范围主要在北非、西非和印度支那以及马达加斯加和太平洋、印度洋的许多岛屿。19 世纪末期，除英法殖民者外，其他欧洲国家也挤进来了。德、意是后来者，它们主要涌向非洲。德国在西南非洲、多哥、喀麦隆、坦噶尼喀和太平洋岛屿建立了殖民地。"①

除了殖民地形式的海外扩张以外，欧洲国家也在海外拥有大量殖民地、半殖民地，或者不是殖民地但却对其有着极大影响的国家和地区。总之，各种殖民主义，直接或间接地都可以使欧洲国家获得巨大的利润和进行文化的传播。这一特征在当时的世界表现尤为突出。"工业化的欧洲强国不仅完全地拥有这些巨大的殖民地，而且还控制了那些由于种种原因而未被实际并吞的、经济和军事上软弱的地区。中国、奥斯曼帝国和波斯就是例证；它们名义上都是独立的，但实际上，却经常遭受到掠夺、蒙受耻辱、受到强国以直接和间接的种种方式进行的控制。"② 在 19 世纪，少数几个国家把它们的统治强加于世界很大部分。在那个并不太长的时期内，英国、法国、德国等国已经控制了地球陆地总面积的大约 1/4 和全球总人口的 1/4，而且正在成为另外 1/4 的

---

① 陈乐民、周弘：《欧洲文明的进程》，生活·读书·新知三联书店 2003 年版，第 309—310 页。

② [美] 斯塔夫里阿诺斯：《全球通史——1500 年以后的世界》，吴象婴、梁赤民译，上海社会科学院出版社 1999 年版，第 315 页。

支配力量。① 以各种形式对欧洲以外地区的控制是 18 世纪末以来欧洲与世界其他地区关系的一种主要模式。"19 世纪，或者更确切地说在拿破仑战败和第一次世界大战开始之间的时期内，是欧洲相对和平和进步的时期。殖民主义给这一过程增添了资源、市场、廉价劳动力以及由于欧洲人定居而取得的土地，殖民主义在这一过程中解决了欧洲内部的许多矛盾。当时占主导地位的思想是，欧洲文明和欧洲文明的扩张所取得的进展在空间上来说是同一种历史力量的不同方面，这种思想当然也就是文化传播主义的中心思想。"②

因此，欧洲国家扩张主义不仅表现在政治和经济方面，也明显地表现在文化方面。"欧洲国家的海外扩张也是其文化的扩张。西方殖民者在对外扩张的过程中，以炮舰为先导，一手拿枪，一手拿《圣经》；一方面大肆破坏与毁灭当地土著文化，另一方面又以基督教西化当地居民。在这一扩张过程中，天主教会的海外传教活动占有重要地位。天主教会因宗教改革使其在欧洲的势力范围大大缩小，便积极寻求向海外发展。传教士带着十字架和圣像，跟随探险队出现在每一块新占领的土地上。罗马教廷建立了一些开展海外传教活动的机构，如教皇格里高利十三世成立了'东方事务部'，克莱门八世成立了'传教问题部'，格里高利十五世建立了'传信部'，乌尔班八世建立了'传信学院'，等等。西方殖民者在美洲的文化扩张伴随着殖民军事征服而取得了成功，但在亚洲却遭到了东方传统文化的强烈抵制，进展缓慢。另一方面，欧洲的海外殖民扩张也给欧洲文化带来了影响。欧洲人的眼界开阔了，地理知识与生物知识也大大丰富了，而且

---

① ［美］罗兹·墨菲：《亚洲史》，黄磷译，海南出版社、三环出版社 2004 年版，第 427 页。

② ［美］J. M. 布劳特：《殖民者的世界模式——地理传播主义和欧洲中心主义史观》，社会科学文献出版社 2002 年版，第 29 页。

第二章 交往主体之二：欧洲文化的构成、特征与成就

在外来物质产品的影响之下，欧洲人的饮食结构与生活习惯也发生了一定程度的变化。因此，欧洲的海外扩张改变了世界文化的格局，多元性独立发展的世界文化走向了以西方文化为主导的新文化体系，这种体系带有殖民主义的性质。"①

欧洲文化随着欧洲对欧洲以外地区的扩张得以传播。"在拿破仑战争之后，殖民主义加速扩张并得到加强。在1810—1860年前后，不仅征服了亚洲的大部分，在美洲北部的大部分地区定居，并且开始深入非洲。从1860年到第一次世界大战开始，在亚洲和非洲占领了其他地区，殖民主义赚取了利润，在亚洲、非洲、拉丁美洲积累了资本，从欧洲人定居地流入的财富得到巨大的扩张……这些扩张是通过狭义的殖民主义、通过定居和通过半殖民地经济的主导地位来实现的。这些变化的深刻性足以用来创造一个大规模的知识模式即文化传播主义的经典模式。"② 按照美国 J. M. 布劳特教授在《殖民者的世界模式——地理传播主义和欧洲中心主义史观》一书中的说法，18 世纪以来欧洲国家的对外扩张以及随之而来的文化传播主义主要表现为以下特征：在那个时期，由于欧洲在各方面的迅速上升，欧洲的优越几乎成了自然法则。文化传播主义就其本质来说把这一表面看来的事实形成为关于欧洲历史、文化或心理优越的一般理论，关于欧洲以外的人是劣等人的一般理论，关于欧洲把它的雏形发明传播到欧洲以外地区这个过程是不可避免的、绝对正确的一般理论。他们把这些观点具体应用，用来为具体的征服、压迫和剥削行为辩护，把所有这些行动说成是正确的、合理的和自然的。③ 这种欧洲中心论的观点使得欧洲人对欧洲以外地区的人带有先入为主的

---

① http://zhidao.baidu.com/question/25592273.html.
② ［美］J. M. 布劳特：《殖民者的世界模式——地理传播主义和欧洲中心主义史观》，社会科学文献出版社 2002 年版，第 24 页。
③ 同上书，第 24—27 页。

偏见和成见，总是趋向于将欧洲的文化和价值观凌驾于其他地区之上。由欧洲到其他地区的传教士和行政官员等所从事的事业就是把欧洲文化的模式传播到这些地区。"欧洲探险家的功绩，经过畅销游记和大发行量报刊的细致渲染，引起了人们的激动和余兴。科学家、传教士、猎奇者和雇用冒险家在19世纪后期蜂拥前往非洲和亚洲，甚至一心要把基督教和现代医学带给'野蛮人'的传教士，在他们人道主义天性中也隐含着视自己的文明高人一等的信念。"[1] 加之欧洲世界在那一时期对于欧洲优越性的鼓吹和宣扬，使得普通欧洲人也具有欧洲优越论的观点，因此在与欧洲以外地区人们的交往中也会将这一思想自觉不自觉地渗透进去，使得欧洲文化在各个层面得以宣扬和传播。

第三节　欧洲文化的成就

18世纪以来，欧洲进入了其社会文化发展的快车道，欧洲文化在诸多领域都取得令人瞩目的成就，这些成就不仅为欧洲社会的发展和进步作出了贡献，甚至为全世界和全人类带来了福祉。由于欧洲文化在这一时期的巨大成就，这里将其分为思想领域、科学领域和其他领域三个方面来分析其成就。

一　欧洲文化在思想领域的成就

一个社会的进步首先是思想领域的进步。欧洲社会之所以在18世纪以来能够取得突飞猛进的发展，这跟它在思想领域的活跃和革新是密不可分的。正是思想领域的解放和进步，才引领欧洲文化在各个领域迅速发展。继文艺复兴和宗教革命之后，18

---

[1] ［美］罗兹·墨菲：《亚洲史》，黄磷译，海南出版社、三环出版社2004年版，第432页。

第二章 交往主体之二：欧洲文化的构成、特征与成就

世纪以来在欧洲思想领域发生的重大革命以启蒙运动和资产阶级革命等为主的一系列思想解放运动，它们打开了人们自由和科学思想的阀门，为科技革命和社会的全面进步提供了不可或缺的智力支持和人文基础。

启蒙运动主要指 18 世纪发生在欧洲思想领域的一次运动，这一运动的思想家们提出了各种反对封建专制的思想理论，包括自然法理论、人道主义、民权论、社会契约论等，它们反映了新兴资产阶级在人权、法权和财产权等方面的要求，是对解决传统社会问题的一种新的诉求，是社会进步的表现。启蒙运动是继文艺复兴之后发生在欧洲思想领域的一次重要革命。它提出了"以人的理性和社会正义为核心的理性主义思想，追求的是人的全面自由与平等。其矛头直指整个封建专制制度以及宗教思想体系。它强调的是国家和整体意志的平等，所以这次思想解放运动的批判色彩和理论深度要远远超过文艺复兴运动，为后来的资产阶级政治革命做了充分的思想理论和舆论上的准备"[1]。因此，启蒙运动不只是思想领域的一次革命，更重要的是它为随后的革命和进步打下了坚实的基础，它的思想影响一直存在。"启蒙运动是西方思想和文化的又一次解放运动，它实现了西方思想和文化向近代的转型，标志着西方近代思想和文化的基本确立，在西方思想和文化发展史上具有重要影响。"[2]

欧洲社会在这一时期的思想领域活跃而重实践。启蒙运动开启了欧洲社会新的思潮，但它不是一个孤立的和一次性的运动，而是从长远意义上为欧洲社会文化的思想变革打下了一个坚实的基础。"启蒙运动作为开启民智、推定人们自觉地把理性原则作为观察宇宙、自然和人类社会的最基本原则的运动，在欧洲各地

---

[1] 董小川：《世界文化史》，高等教育出版社 2002 年版，第 138 页。
[2] 裔昭印：《世界文化史》，华东师范大学出版社 2000 年版，第 369 页。

都是相同的。它从17世纪晚期开始，至18世纪达到高潮，一直延续到19世纪，极大地促进了欧洲精神面貌的变化。"① 启蒙运动对欧洲思想文化的影响无论如何评价都不算过分，因为它为人们对人、自然和社会进行理性思考和对科学的推动作用巨大，影响深远。在欧洲思想领域受启蒙运动影响、与启蒙运动精神相符合的还有许多其他方面。各国的资产阶级革命、商业革命、产业革命等无不是受这一思想的启发而逐步开始的。另外，空想社会主义、社会达尔文主义等思想也都与启蒙运动有着思想上的渊源。在一系列新思想的作用下，人文和理性以及对人的尊重和科学的认识都开始上升到一个新的阶段，成为欧洲文化中的重要因素。

二　欧洲文化在科技领域的成就

受宗教革命、资产阶级革命、启蒙运动、商业革命、工业革命等一系列运动的影响，这一时期欧洲在科学技术方面也有巨大的发展和进步。这些都是相互联系、相互促进的，因为思想的解放才可以使人们放开手脚客观而科学地对世界进行认识和研究，而正是有了科学的态度和研究精神才在实际上推动了其他领域的发展和变化。众所周知，科学技术是第一生产力。人类社会的发展是建立在生产力发展的基础之上的。近代欧洲之所以在社会发展的诸多方面领先于世界其他地区，首先是因为那里的生产力水平最高，生产力水平高又是因为科学技术发展最快。科学技术的发展直接推动了工业、经济等方面的发展，这在当时的欧洲表现为工业革命、科学的发展和一系列科学技术的使用等。

18世纪以来科学技术的成就在欧洲硕果累累。这一时期的

----
① 陈乐民：《欧洲文明的进程》，生活·读书·新知三联书店2003年版，第203页。

科技进步涉及了方方面面，大到对宇宙和天文的认识，小到人们生活中的器物进步等都有长足的进展，科技应用已经深入人心，成为社会生活的一部分。天文学方面的发展包括推翻中世纪的"地心说"、提出了星云假说、发现了海王星等。在物理学方面，著名的英国物理学家牛顿提出了物体运动的三大定律和万有引力定律，统称为"牛顿运动定律"。他确认了物体整体宏观运动的规律，具有划时代意义。物理学中的热学、电学以及电磁学的发展等都取得了重大突破。化学科学中关于元素概念的提出、生物科学中对细胞学说、生物进化论等的研究都是它们在这一时期所取得的重大进展。

科学技术的发展有赖于工业革命对它的应用，工业革命促进了新的科学技术得以实现和应用。18世纪以来，欧洲社会发生了两次工业革命，第一次发生在18世纪下半叶至19世纪中叶，以一系列机器的发明为其标志，现代工厂制度由此得以建立。第二次工业革命发生在19世纪中后期，在这次工业革命中，科学技术全面地被应用于生产和生活的各个方面，直接服务于人们的生活，是一场彻底而深入的革命。两次工业革命后欧洲社会在工业生产、农业生产、商业贸易、能源开发、材料科学、交通运输、通信手段、公共卫生等方面踏上了新的台阶。另外，两次工业革命不仅促进了欧洲经济社会的巨大发展，它也与思想领域的变化相呼应，对欧洲文化产生了重要影响。

三 欧洲文化在其他领域的成就

除了在以上两个方面取得巨大成就以外，这一时期欧洲文化还在哲学、文学、音乐、绘画等艺术领域以及其他领域得到了长足进展。在哲学领域涌现出了以康德、黑格尔、费尔巴哈为代表的德国古典哲学流派的大师；法国的孔德和英国的约翰·密尔和斯宾塞等实证主义哲学家；马克思和恩格斯创立了建立在唯物主义哲学基础上的马克思主义哲学等。

　　文学方面，分为启蒙文学、浪漫主义文学、批判现实主义文学和其他类型的文学流派。"在整个启蒙运动时期，西方各国文学家与思想家一样，高举理性主义大旗，以文学为武器，担负起启迪民众的历史使命。"① 19世纪的欧洲文学以浪漫主义为其主要内容。这种文学重在抒发个人感情、表达个人理想，"浪漫主义在西欧各国都存在着积极与消极两个派别。积极浪漫主义从保守立场批评启蒙运动、揭露资本主义社会的黑暗、抨击专制统治和教会；消极浪漫主义虽也批评启蒙思想和资本主义，但反对资产阶级民主革命，迷恋古代宗法式社会，拥护封建复辟，幻想历史倒转。西欧各国最早产生的基本上都是消极浪漫主义，以后随着资产阶级民主运动的发展，积极浪漫主义才取代消极浪漫主义而居主导地位"②。浪漫主义文学的代表有拜伦、济慈、雪莱、司各特、雨果、大仲马、海涅等。现实主义文学通常取材于社会现实，注重对社会现实的揭露和批判。现实主义文学的代表有狄更斯、萨克雷、勃朗特三姐妹、司汤达、巴尔扎克、福楼拜、莫泊桑、罗曼·罗兰、哈代等。另外，欧洲文学领域在这一时期还出现了诸如唯美主义文学、无产阶级文学等流派。

　　与欧洲整个社会在各方面的繁荣相适应的还有音乐的巨大发展。这一时期欧洲音乐领域在音乐的题材、乐器、流派等方面都涌现出了大量新的内容，丰富多彩、成就辉煌的欧洲音乐是其经济发达、物质丰富和生活富足的直接反映。18世纪的欧洲音乐比较强调音乐本身的美，属于古典音乐时代；19世纪，浪漫主义音乐逐渐盛行，它追求的是通过多种形式实现音乐对人的心灵的触动，传递人们内心世界的情感。海顿、莫扎特、贝多芬、舒

---

① 裔昭印：《世界文化史》，华东师范大学出版社2000年版，第404页。
② 马克垚：《世界文明史》中，北京大学出版社2004年版，第271页。

第二章 交往主体之二：欧洲文化的构成、特征与成就

伯特、门德尔松、舒曼、瓦格纳、勃拉姆斯、施特劳斯、柏辽兹等是这一时期欧洲音乐的巨星，他们创作了大量广为流传的音乐作品，为世人留下了极其宝贵的音乐遗产。

绘画方面，这一时期欧洲艺术在绘画方面也是流派纷呈，并有很高的成就。洛可可风格的艺术形式、新古典主义绘画、浪漫主义绘画、现实主义绘画、印象主义绘画等是它的不同风格。大卫、席里科、德拉克洛瓦、杜米埃、库尔贝、米勒、门采尔、莫奈、马奈、德加、塞尚、凡·高、保罗·高更等是它的杰出代表。

建筑方面，这一时期的建筑风格主要是新古典主义和浪漫主义。"新古典主义把古代希腊、罗马的建筑风格奉为完美的典范，在形式和结构上都加以模仿。采用新古典主义建筑风格进行建造的主要是国会、银行、交易所、博物馆、剧院等公共建筑及一些纪念性建筑，代表作是巴黎的巴德兰教堂、凯旋门和英国的爱丁堡中学。巴德兰教堂全部仿效雅典神庙，是一种柱廊式建筑；凯旋门完全仿效古罗马的凯旋门，是一种单拱形建筑；爱丁堡中学也是完全模仿古雅典卫城多立克寺庙而建造。"[1] 浪漫主义风格建筑的特点是以哥特式建筑为主，结合其他建筑风格而成的。它的代表作有伦敦圣吉尔斯教堂和曼彻斯特市政厅、英国国会大厦等。另外，随着新的建筑材料的出现，新式大型建筑也越来越多，如举办第一届世界博览会的伦敦"水晶宫"就是用钢铁和水泥、玻璃等材料建成的，是当时欧洲乃至世界建筑艺术新成就的体现。

---

[1] 马克垚：《世界文明史》中，北京大学出版社2004年版，第306页。

第 三 章

交往的时代特征：欧洲的强盛与帝国的衰落

与欧洲国家全面发展的情况相比，这一时期的奥斯曼帝国开始走下坡路，在与欧洲国家的交往中处于劣势。领导阶层、知识分子和精英人才中的一部分开始通过改革等措施寻求改变落后状况的途径。

第一节 奥斯曼帝国所面临的来自欧洲的压力

16世纪中期以前，奥斯曼帝国对欧洲国家有着明显的优势，但是随着欧洲中世纪的结束和它们所经历的一系列精神领域与物质领域的革新，欧洲国家的实力已得到快速增长，从而对奥斯曼帝国形成了很大的压力和挑战。

一 上升中的欧洲工业文明对帝国形成挑战

奥斯曼帝国后期的欧洲国家迅速崛起，从而为它在世界范围内确立霸权奠定了基础。从那时起，欧洲列强对包括奥斯曼帝国在内的东方国家进行了全面的侵略和价值观的输出。奥斯曼帝国后期直接面临着来自欧洲国家强大的外部压力，一是欧洲诸国已相继完成了资产阶级民主革命，政治上层建筑作为文化的载体已经稳定下来；二是工场手工业逐渐被大机器生产所代替，蒸汽机、电力能源、火车等新兴生产工具正被大规模投入生产领域，

第三章 交往的时代特征：欧洲的强盛与帝国的衰落

带来了更高的生产水平；三是始于文艺复兴时期的现代欧洲思想解放运动正进一步扩大其影响面及深入程度，带来了思想文化领域的极大解放与繁荣；四是处于资本主义上升时期的西欧诸国急于向外扩张，抢占能源、原料产地及市场，为文化的交往提供了便利的路径。

这一时期的欧洲国家通过一系列社会运动和重大事件在许多方面取得了突飞猛进的发展。这些重要运动和事件主要有文艺复兴、启蒙运动和宗教改革等。"14—18世纪是欧洲从封建社会向资本主义社会过渡的时期，社会经济与政治结构发生了显著的变化，由此，在文化领域也发生了革命性的变革。总的来说，经过文艺复兴、宗教改革与启蒙运动，欧洲文化完成了从中世纪向近代的转型。文艺复兴把人们从中世纪神学的桎梏中解放出来，确立了西方文化中的人文主义传统。宗教改革打破了罗马天主教的一统天下，实现了教会的民族化，建立了适应资本主义发展的新教，完成了对西方基督教文化传统的近代化改造。启蒙运动则高举理性主义的旗帜，用理性的眼光来观察国家与社会，最终瓦解了欧洲封建统治的理论基石，全方位确立起资产阶级的思想文化体系。"[①] 应该说，自文艺复兴以降的欧洲所经历的资产阶级启蒙思想的洗礼、产业革命的进行、科技和贸易的巨大进步、领地的扩张等巨大变化，使得西欧各国在社会、思想、政治、经济等各方面都取得了突飞猛进的发展。以英国和法国为代表所引领的当时开欧洲风气之先的17世纪末英国资产阶级革命和18世纪的法国大革命以及随之而来的欧洲其他国家封建制度解体，欧洲各国纷纷走上资本主义上升时期的空前大发展时期。

18、19世纪欧洲国家的发展和扩张离不开对外部世界的掠夺和控制，它们的发展是建立在对包括奥斯曼帝国这样的国家和

---

① 商昭印：《世界文化史》，华东师范大学出版社2002年版，第365页。

地区资源的攫取和占有基础上的。"这个时期西方基督教文明与伊斯兰文明的碰撞,从性质上看是工业文明与农业文明的冲突,先进生产方式与落后生产方式之间的抗衡,但由于资本主义生产方式具有强烈的扩张性,并在一定阶段需要依赖外部资源以维持自己的生存,所以它在经济上必定要对外掠夺、剥削落后的国家和地区,在政治上必定要损害落后国家和地区的主权。吸收工业文明既明显地促进了奥斯曼帝国诸方面的进步,又给奥斯曼帝国打上了从属和奴化的烙印。"[1] 在这一时期帝国与欧洲文化交往的过程中,虽然也存在帝国主动向欧洲文化学习和借鉴的过程,但双方的交往更多地受到了占据主宰地位的欧洲国家的控制。19世纪后半期,尤其是克里米亚战争之后,欧洲国家越来越严重地控制了帝国的经济、军事和外交等。

二 "东方问题"

随着工业革命的进一步深入和科学技术的全面飞速发展,自新航路开辟以来的全球化进程进一步加快,而这一时期资本主义的特点决定了它们向外扩张的本性,与欧洲诸资本主义国家毗邻的奥斯曼帝国自然成了它们向东方更广阔世界发展的首要的和直接的对象。由此就有了世界近代史上著名的"东方问题"。"如何使巴尔干的民族主义问题得到平息并保证西欧强国在满足自己帝国扩张野心的同时又尽可能不导致奥斯曼帝国的灭亡;或者即便这种灭亡是不可避免的(当时欧洲政客中的绝大多数是这样认为的),也要尽量保证在它解体时不会导致打破欧洲诸强势力均衡的发生以及不会引起一场大的战争,这在整个19世纪被称

---

[1] 马克垚:《世界文明史》中,北京大学出版社2004年版,第400页。

第三章　交往的时代特征：欧洲的强盛与帝国的衰落

作'东方问题'"①

"东方问题"这一历史性概念准确地反映出了整个19世纪的世界格局，即欧洲强势文化对中东地区以奥斯曼帝国为主的世界其他地区的控制和掠夺。西欧国家以自己为中心，按照距离西欧的远近将它以东的地区称为近东和远东，这里的"东方问题"主要是指欧洲国家针对奥斯曼帝国问题的做法。欧洲国家对这些地区的野心不言自明。奥斯曼帝国特殊的地理位置和战略地位使它为欧洲国家所垂涎。"东方问题"是近代欧洲对中东的"十字军东征"，但这时的欧洲国家对奥斯曼帝国的优势远远大于十字军东征时期欧洲国家对阿拉伯世界的优势，而且它对奥斯曼帝国的影响更加全面而深入。"东方问题"是近代欧洲对奥斯曼帝国殖民侵略的代名词。

在"东方问题"上，欧洲国家之间表现出对奥斯曼帝国问题处理中既勾结又斗争的特点。英、法等西欧诸国为了谋求自己的最大利益，在对待奥斯曼帝国问题的过程中相互之间出于形势需要时相互勾结，然而由于难以平衡复杂的利益关系，加之各国长期以来所存在的固有矛盾，表现在对待奥斯曼帝国问题上，就导致了相互之间的频繁冲突，甚至奥斯曼帝国有时也被直接卷入冲突的利益集团的斗争之中。这在一定程度上缓和了奥斯曼帝国在诸强相争之中的艰难处境，但同时也促进了与西欧国家在各方面交往的深入，虽然这当中包含着无奈与残酷的一面，但这是它不得不面对的现实，而且这种周旋也是它在当时形势下所能做的最大限度的一种努力。

这种局面在奥斯曼帝国后期与西方的交往中也是非常清晰的一条线索。奥斯曼帝国后期经常卷入复杂的欧洲国家关系之中，

---

① Enric J. Zucher, *Turkey: A Modern History*, I. B. Tauris & Co., Ltd, Victoria House, London, 1998, p. 40.

时而被动,时而主动;以最大限度地从中找到自己的利益。正如阎宗临先生在《欧洲文化史论》一书中关于"奥斯曼与欧洲"一章中所写到的:"巴尔干问题,始于1699年,匈牙利独立,奥国东进;俄取阿佐夫,启南下野心,黑海成为争夺目标,托宗教与民族口号,以求利益增长,于是有大斯拉夫与大日耳曼的冲突;到1763年,英法冲突告终,英取印度,于是奥斯曼帝国问题,变得更为复杂。英人不愿俄人南下,正犹普奥拒绝俄人西进,当法国在大陆孤立时,即联俄据抗;于此复杂关系中,求均势安定,可能时夺取一点实利,或增加自己的影响。"[①] 长期以来奥斯曼帝国在欧洲的一个主要敌人就是以奥地利为首的哈布斯堡王朝,而在欧洲王室之中法国又与哈布斯堡王朝为敌,因此在从17世纪末开始的卡尔洛维茨谈判以及后来的贝尔格莱德和约谈判中,法国为了防止哈布斯堡在欧洲变得过于强大而威胁到自己,在谈判中始终站在奥斯曼帝国一方来进行二者之间的调和。

能够反映"东方问题"这一特点的另外一个例子就是18世纪末19世纪初,在埃及,奥斯曼帝国又同英国一起与法国作战。伯纳德·刘易斯教授在他的《中东:自基督教兴起至二十世纪末》一书中对欧洲国家间在中东问题上既斗争又联合的局面以及奥斯曼帝国在其中的处境也有论述:"英国人与法国人彼此关注,两国又都很在意俄国人,这使得西方势力插手干预中东的心脏地带。土耳其人不再只是和奥国及俄国打交道,而是得要同时应付四强——英国和法国如今也包括了进来。于是法国派出了一支远征军来攻打中东地区的心脏地带,这是在十字军运动之后的第一次。1798年拿破仑指挥的法国军队在埃及登陆——这时的埃及是奥斯曼帝国的一个省——没花多少工夫就占领了埃及。可是,他们想要把法军占领地从埃及扩展到巴勒斯坦的尝试却失败

[①] 阎宗临:《欧洲文化史论》,广西师范大学出版社2007年版,第318页。

第三章 交往的时代特征：欧洲的强盛与帝国的衰落

了，法国人于是在1801年撤出埃及。造成这个结局的不是埃及人也不是埃及的土耳其宗主。而是英军和法军，而本地因素扮演的角色相较来说并不太重要。法军占领的时间不长，埃及随后又重归穆斯林管制。法国人的到达，也能轻而易举地征服和占领中东地区的一个心脏地带。法国人的离开，又显示出只有另外一个西方强权才能把他们赶出去，这次事件是个不祥的双重教训。"①这一现象直接反映出在"东方问题"上，每个欧洲国家都想在瓜分奥斯曼帝国的问题上占有一席之地，它们之间或联合或斗争都是根据它们的利益而决定的，而奥斯曼帝国则在这种斗争的漩涡之中艰难地寻求自己的生存空间。

19世纪后期奥斯曼帝国联合某些欧洲大国而与另一欧洲大国为敌的情况更频繁更深入。克里米亚战争就是一个典型的例证。在这一战争中，奥斯曼帝国站在英法一方并且成为与沙皇俄国战争中的胜者。"奥斯曼帝国甚至在1856年被吸收进入了'欧洲国家集团'（Concert of Nations），欧洲国家从而正式承认了奥斯曼帝国由其对手到成为其体系中的一员的转变。"② 因此各国间时而联合，时而分裂的局面为帝国提供了喘息的机会。欧洲国家间复杂的矛盾和利益关系使帝国免于沦为某一国或几国的殖民地的命运，而且还最大限度地利用这一矛盾进行改革和发展，客观上促进了与欧洲国家的文化交往。其实奥斯曼帝国后期的战争基本上都具有这种特征，即在与奥斯曼帝国交往的同时，西欧国家间也因各自利益而相互斗争。这种状况一直延续到第一次世界大战，奥斯曼帝国被纳入了同盟国的一方而成为战败国，这直接导致了奥斯曼帝国的灭亡。

---

① ［英］伯纳德·刘易斯：《中东：自基督教兴起至二十世纪末》，郑之书译，中国友谊出版公司2004年版，第293页。

② Donald Quataert, *The Ottoman Empire*, 1700—1922, Cambridge University Press, Cambridge, 2000, p. 85.

三 欧洲国家对帝国的主要战争及文化交往

18世纪以来奥斯曼帝国与西方国家的战争频繁发生。主要有1716年与奥地利的战争,1768—1774年与沙皇俄国的两次战争,1798年与法国的战争,1853—1856年之间的克里米亚战争和1877—1878年与沙俄的战争等。

克里米亚战争对于奥斯曼帝国与欧洲的文化交往有着重要意义,因为正是在这次战争中由于与英、法等国协同作战而使得欧洲先进科技等直接应用于奥斯曼帝国,同时也促进了双方文化在其他方面的交往。1853年年初,为了争夺对巴勒斯坦地区教区的控制权,沙皇俄国与法国在当地发生了冲突,双方都想争取奥斯曼帝国站在自己的一方,眼看着一场危机就要爆发了。"由于巴黎和圣彼得堡都向阿卜杜勒·麦齐德施压,都想争取到主动权,斗争越来越激烈,最终导致了1853年10月克里米亚战争的爆发,这一战争在接下来的几年里演变成了国家集团之间的战争,英国和奥斯曼帝国也加入了战争。以英、法和奥斯曼帝国为一方的战斗集团打败了沙皇俄国。当战争结束并签订了《巴黎和约》以后,沙皇俄国在一定程度上被削弱了,而英、法在战后成了中东问题的主宰者。"[①] 克里米亚战争的开始看似由于一次宗教冲突,即东正教与天主教之间的矛盾而引起的,但事实上是因为巴勒斯坦地区对双方的战略利益都很重要,双方在国际问题上的矛盾与冲突以及争夺中东的主导权才是背后真正的和长期的根本原因。因此,1853年沙皇俄国将舰队开到伊斯坦布尔要求保护当地东正教人员的利益时,受法国和英国支持的奥斯曼帝国政府拒绝接受沙皇俄国的条件。因此俄国声称如果奥斯曼政府

[①] Charles A. Frazee, *Catholic and Sultans: The Church and the Ottoman Empire 1453—1923*, California, California University Press, 1983, p. 225.

第三章　交往的时代特征：欧洲的强盛与帝国的衰落

不满足它的要求，它将占领瓦伦西亚和摩尔达维亚。普鲁士和奥地利等国的调解也未能阻止沙俄的战争行为。如前所述，以英、法和奥斯曼帝国为一方的联合部队战胜了沙皇俄国的军队。战后所签订的《巴黎和约》主要满足了英、法等国的利益，当然，奥斯曼帝国作为战胜国的一分子也相应的得到了一些好处。比如黑海变为非武装区，沙皇俄国结束在瓦伦西亚和摩尔达维亚地区的活动等，最重要的是各帝国主义国家都保证奥斯曼帝国的独立和主权不受侵犯。因此在奥斯曼帝国政府无法与西欧强国直接较量的时候，利用它们之间的矛盾来最大限度地争取自己的利益与发展自己的实力也是一种选择。事实上，在奥斯曼帝国后期，帝国政府正是在一定程度上想方设法利用欧洲国家间的矛盾争取到改革和发展的机遇的。例如"在克里米亚战争后于1856年在巴黎召开的国际会议中，奥斯曼帝国和英国、法国一起站在战胜者一方，并被欧洲国家接纳为'欧洲国家联盟'（Concert of Europe）的一员，欧洲国家将继续努力维持帝国的独立和完整"[①]。

由于奥斯曼帝国后期战争已成为其与西方国家交往的一种经常的形式，下面分析一下奥斯曼帝国后期与西方的几次主要战争对双方文化交往的作用。这一时期，从国家层面上讲，战争是其主要的表现形式，而对于生活在其中的人民而言，则提供了不同形式的文明交往活动，这些交往活动构成了与战争并行的另一条线索。其中包括信仰、语言、艺术、商业、教育等方面的内容。正如彭树智先生在《文明交往论》中所说的那样："人类历史的发展告诉我们：社会交往的驱动力是利益因素；各种利益因素推动着人们进行着各种内部和外部的交往活动；社会交往的总类型是日常交往和非日常交往；社会交往的形式又分为暴力的和和平

[①] Roderic H. Davison, *Turkey: A Short History*, Huntingdon, The Eothen Press, 1988, p. 79.

的形式;社会交往的内容分为政治、经济、社会、文化等各个方面;社会交往的理想是追求平等与合作,但面临的现实是经常与欺凌和压迫伴随;而其内涵为文明的交往,总的趋势表现为社会的进步。"①

奥斯曼帝国后期与欧洲国家的战争比较频繁,其中也包含了文化交往活动。以克里米亚战争为例,这次战争中帝国与欧洲国家的文化交往成果显著。"克里米亚战争本身已经在很大程度上对奥斯曼帝国文化形成了影响。欧洲国家的士兵、商人及各色人等来到帝国;欧洲的传统文化——欧式服饰、刀叉餐具、桌椅用具等——在奥斯曼帝国沿海城市中广为流行。更重要的是,欧洲先进科技和设备进入帝国,电报于1855年在伊斯坦布尔接通,这样就可以及时地向巴黎和伦敦报告俄国对帝国城市的占领及解除等情况。电报系统很快就深入到帝国全境,不仅便利了与西欧国家的联系,而且还使得中央政府对地方官员的作为可以很快地得以了解。铁路时代也始于这一时期,欧洲特权商人开始修建一些较短的铁路线路;但由于复杂的地形和较高的修建代价,铁路的建设并没有电报的建设速度那么快。"② 当然,除了以上欧洲文化对帝国文化的影响以外,这次战争也造成了另外的后果,那就是奥斯曼帝国对欧洲国家的经济和军事等的依赖性更加强烈,奥斯曼帝国随后向欧洲国家大举借贷,甚至宣布了财政的破产。

战争中也富含人道主义的交往,这就是文化间交流的魅力。克里米亚战争中所涌现出的许多感人事件中以南丁格尔的事迹最令人感动,并且至今广为流传。作为来自西方国家的一名护

---

① 彭树智:《文明交往论》,陕西人民出版社2002年版,第399页。
② Roderic H. Davison, *Turkey: A Short History*, *Huntingdon*, The Eothen Press, 1988, p. 81.

士——南丁格尔毅然踏上了陌生的中东和在那里的战场,同当地的救护人员一起,为拯救战地伤员作出了重要贡献。在战争爆发后,弗罗伦斯·南丁格尔(Florence Nightingale)进入了奥斯曼帝国一方的军营并带领38位女护理员对伤兵进行护理。克里米亚战争期间,南丁格尔以其人道、慈善之心为交战双方的伤员服务,被战地士兵称为"提灯女神"。这是国际上第一次有女护理人员到前线为伤病员护理,因而开创了女性到前线对伤病员护理的历史。正是因为南丁格尔在这次战争中的勇敢举动和积累的宝贵经验以及她战后在护理领域所做的突出贡献使她成为护理学先驱、护士职业创始人和现代护理教育的奠基人。也正因为南丁格尔在护理领域所作出的重大贡献,人们为了纪念她而设立了"国际护士节",这一节日的设立最好地体现了不同文化间交流所带给人们的极大精神财富。一百多年来,这种源于战时的无私无畏的精神在全人类的心中流淌。

四 欧洲国家在战争中瓜分领土

帝国在与西方国家的战争中频频失利并一再被迫割让领土。这使得奥斯曼帝国的处境越来越艰难。

1877—1878年间的俄土战争导致了《柏林和约》的签订。根据这一和约,奥斯曼帝国在巴尔干的一部分领土被划分出去成为俄国领土,另一部分虽然名义上仍为奥斯曼帝国所管辖的领地,但需接受俄国及其他国家的监管;此外,罗马尼亚和黑山等将从奥斯曼帝国独立出来。"总之,奥斯曼帝国不得不割让它全部领土中的2/5以及分离出它全部人口中的1/5,即大约550万人口,其中将近一半为穆斯林。奥斯曼帝国也因此失去了大量收入,尽管它还能够从余下的领地中收取部分财政以及可以得到新独立国家所愿意承担的奥斯曼帝国的部分公债的补偿……对奥斯曼帝国而言,《柏林和约》是一个彻底的失败,它因此失去了领土、人口以及财政并使得它在接下来的时间里更加艰难。"①

由于《柏林和约》是在奥地利和英国担心俄国在奥斯曼帝国形成绝对优势和控制权的情况下进行干预而签署的,因此在和约中它们也设法捞到了一些利益:《柏林和约》规定,波斯尼亚和黑塞哥维那仍属奥斯曼帝国,但应由奥地利军队占领并由奥地利文职人员进行无限期的管理,具体内容由两国此后的和谈来决定。因此,奥地利在《柏林和约》后不久就占领了波斯尼亚—黑塞哥维那。但是占当地人口一半以上的穆斯林厌恶处于基督教徒控制之下的状况并对占领部队进行了有力的抵制,这样一来,奥地利就不得不在它的新占领区建立一个军事政权。尽管阿卜杜勒·哈米德对波黑地区历史悠久的穆斯林传统非常看重,但因与该地区的联系很不牢固,他在1879年4月21日被迫同意奥地利对当地进行无限期的统治,前提条件是:当地的岁入应用于当地事务;穆斯林应享有信仰自由;哈里发—素丹的名字应该在星期五的祷告中被沿用;管理层中应有当地人任职;以及给予当地穆斯林自愿离开的自由。虽然帝国倚重波黑地区的穆斯林传统,但由于对这一地区的管控非常不力,所以对这里的问题几乎无计可施。另外,英国由于在俄国与奥斯曼帝国的战争中对帝国进行了支持,也因此获得了对塞浦路斯的支配权。

在北非,法国于19世纪30年代将阿尔及利亚变成它的殖民地以后开始入侵突尼斯,并使其成为在地中海地区及北非地区进一步扩张的基础。西欧国家,主要是法国,抓住当地财政紧张的弱点,通过向当地的奥斯曼贝伊贷款等方式逐步将其变成经济上

---

① Stanford J. Shaw, Ezel Kural Shaw, *History of the Ottoman Empire And Modern Turkey*, Volume Ⅱ: *Reform, Revolution, and Republic*: *The Rise of the Modern Turkey*, 1808—1975, Cambridge University Press, p. 141.

第三章　交往的时代特征：欧洲的强盛与帝国的衰落

严重依赖它的地区。1869年西欧各国成立了国际债务委员会以管理突尼斯的主要岁入从而确定其债务及安排定期清偿的事务。在国际债务委员会的监督下，外国势力控制了几乎所有突尼斯的公共服务体系和原材料。突尼斯也成了列强间平衡《柏林和约》遗留问题的一个筹码。意大利不满英国同意突尼斯由法国占领以换取自己对塞浦路斯占有的做法，而法国却不愿失去对已得到英国保证的领土的拥有权。为了进一步占有突尼斯，法国借口突尼斯从其边境入侵了阿尔及利亚，从而占领了整个突尼斯，迫使贝伊接受了法国的"保护"。

埃及的情况也同突尼斯类似。赫迪夫伊斯梅尔于1863年至1879年统治埃及期间，他也想效仿穆罕默德·阿里时期的一些措施以加快埃及的发展。因此在他统治期间，加快了在铁路建设、苏伊士运河开通、设立近代银行等方面的步伐。但是同突尼斯等其他地区一样，这些建设是需要财政支持的，而这就意味着需要向西方国家进行大量借贷。以英国为主的西欧国家从而以高息贷款等方式渗透到埃及的经济建设中，进而控制了埃及社会的主要方面。这种大量借贷及依赖西方经济支持的局面最终导致了埃及经济的破产以及外来的军事干涉和统治。

由于埃及情况每况愈下，一些民族主义者开始酝酿起义。1882年，民族主义者艾哈迈德·阿拉比发动了一次起义并派遣军队到亚历山大以抵御任何外来的入侵。然而，由于英国伙同法国和意大利来共同干涉，阿拉比领导的起义寡不敌众，最终失败。此后埃及名义上仍然是土耳其的一个省，但基本上被英国所控制。

第二节　奥斯曼帝国国内的状况

此时的帝国在政治、军事等方面的衰落日趋严重，与此同时，值得注意的是，一个社会在政治军事等方面的衰落并不意味着它在文化等其他方面的退缩，有时甚至还会出现在文化上的复兴和繁荣的特殊现象。奥斯曼帝国后期便是如此。"政治和经济的瓦解并非与大多数文化领域的衰落同步发生。相反，由于素丹此时把他们的注意力集中在皇宫中能够推动和实践的文化的事业上，不受军事和政治问题的困扰，也由于部长们和总督们一样总是极力效仿他们的主人，所以在长达几个世纪的帝国瓦解的过程中产生了许多文化上的领军人物。由于古典时代的活力继续发挥作用，这样也抵消了日益增长的混乱对社会所有阶级的影响。"[①]故此，应该对奥斯曼帝国后期国内的社会文化状况有一个客观的把握和了解。

一　政治上于动荡之中求变革

出于内外各种原因，帝国后期充满了政治上的变革。主要表现为一系列自上而下的改革和由此引发的社会变化。早自谢里姆一世时期起，帝国就开始了较大规模的改革。麦哈迈德二世改革、坦齐马特改革，甚至哈米德二世的看似保守实为固军强国的一些措施，以及后来青年土耳其时期的新一轮变革，都是帝国后期力图摆脱困境以求发展的重要事件。麦哈迈德二世改革比之谢里姆一世的改革在很多方面取得了突破，因为他注意吸取谢里姆一世改革的教训，他改革的主要成就在于取缔了长期以来在帝国占有重要地位而后来渐渐变质的耶尼舍里部队。到麦哈迈德二世时期，耶尼舍里部队已经成为一股反对改革的落后势力，如果不根除它，随后的改革将无法进行。1826年，麦哈迈德二世采取果断行动，一举将耶尼舍里部队取缔。在此基础上，他还加强了

[①] ［美］斯坦福·肖：《奥斯曼帝国》，许序雅、张忠祥译，青海人民出版社2006年版，第356页。

第三章　交往的时代特征：欧洲的强盛与帝国的衰落

中央集权统治，在新式军队建设和效仿西方改革方面取得了重要进展。随后是奥斯曼帝国后期规模最大、范围最广的改革，即坦齐马特改革。这一改革前后持续近40年，奥斯曼社会发生了重大变化。改革内容主要涉及政治、经济、军事、教育、社会文化等方面的世俗化改造。同时还包括帝国应对所有素丹臣民人身安全、财产和名誉进行保障；建立新的税收法；建立新的征兵体系；保证穆斯林和非穆斯林在帝国享有平等地位[1]等。另一方面，西方的戏剧、文学作品以及音乐、绘画等被逐渐引进，妇女地位不断得到提高；帝国的政府管理机制悄然变化，"与大多数欧洲国家类似的是，帝国政府的管理范围、职责和规模都得以扩大。到19世纪末，帝国雇用了至少50万国家公务人员。他们不仅管理财政事务，而且在其他方面也起着与当代国家的政府相类似的功能。受雇于国家的工作人员管理着医院、传染病隔离中心、数以百计的世俗学校以及农田和农业学校等，同时也负责道路的建设和维修，电报线路和铁路的建设维修等一切事务"[2]。因此，这一系列改革为以后帝国的变革甚至为后来的土耳其共和国的发展在很多方面打下了基础。"真正具有民主头脑的土耳其人，包括伊斯兰主义者，都认为当代的土耳其在历史和社会文化的各个方面都与奥斯曼帝国的过去紧密相连，甚至认为如果要想解决当代土耳其社会的一些社会文化问题需要从奥斯曼帝国的过去寻求答案。事实上，这种状况所造成的一个结果就是，过去20年里，在土耳其人中间已经形成了一个对所有与奥斯曼相关的事物的越来越浓的兴趣。"它揭示了帝国后期社会变革的重要意义。因此帝国后期在政治和国家管理方面表现出在国内外复杂

---

[1] Erik, J. Zürcher, *Turkey: A Modern History*, I. B. Tauris&Co. Ltd, London, 1998, p. 53.

[2] Halil Inalcik, *An Economic and Social History of the Ottoman Empire*, 1300—1914, Cambridge University Press, Cambridge, 1994, p. 765.

形势下力求找到稳定和发展的突破口的特征,它与西方国家的联系日趋紧密,并在一定意义上为后世的发展奠定了基础。

不仅如此,帝国的社会文化遗产也对土耳其之外的地区产生了影响,对于巴尔干及中东的许多地区而言都是一笔宝贵的财富。例如,就奥斯曼帝国历史而言,它始终在欧洲国家体系中扮演着重要角色。另外,尽管形势已经发生了变化,我们仍然可以说现代土耳其对于欧洲而言具有同样的战略重要性。再比如,奥斯曼帝国传承了伊斯兰文化,它对基督教徒和犹太教徒是十分宽容的,允许他们在伊斯兰制度之下自由地从事他们的宗教信仰并且以自治的方式生活在帝国之内。他们不会因被逼而转信伊斯兰教,伊斯兰教是在他们长期生活过程中所逐步得以了解或接纳的。不仅如此,帝国还任用非穆斯林作为文书人员和税收官员以及被任用扮演国家职务中的其他角色等。[①] 因此,奥斯曼帝国在后期艰难寻求改变落后局面的情况下,一方面积极探索改革的出路;另一方面自身文化中的优秀成分也得以保留和传承。

二　军队改革的得与失

帝国后期,在欧洲国家社会经济和军事等得到长足进展和在"东方问题"的大背景下,奥斯曼帝国的军队改革和建设问题变得越发重要。事实上,奥斯曼帝国后期对外战争不断,而且大多为被动应战,对内还需镇压一些民族地区的独立运动和针对政府的反对活动。总体上来说,为了保卫领土免受西方国家侵略以及镇压国内的反叛活动,帝国引进了许多西方的军事顾问、武器装备、学习了他们的战略战术知识,并且建立了很多军事院校和军队培训学校等以巩固和加强对这些方面的建设。穆罕默德·阿里

[①] L. Carl Brown, *The Ottoman Imprint on the Balkans and the Middle East*, *Imperial Legacy*, Columbia University Press, New York, 1996, p. 24.

第三章 交往的时代特征：欧洲的强盛与帝国的衰落

在埃及的迅速崛起也让素丹看到了军队建设的重大意义。素丹麦哈迈德二世借助阿里的力量打击了瓦哈比运动和希腊独立运动，而无法对他领导的埃及进行任何实质性管理的情况使他决心进行大规模的军事改革。此外，对外战争的一系列失败也使帝国的军事改革迫在眉睫。

自麦哈迈德二世统治时期起的军事改革和建设使帝国军事实力大大加强，但与欧洲国家强大的军事力量相比，仍处于劣势。总体来讲，帝国军事力量的强大远不足以与欧洲国家相抗衡。因为，在后期所发生的一系列主要战争中，帝国几乎都以失败告终。[1] 但是在与一些欧洲国家的战争中，帝国还是有一些收获的。这包括克里米亚战争中属于战胜的一方和在1877年与俄国的战争中攻下了普莱维那（Plevna），以及1897年在对希腊的战争中占据上风等；而且按照帝国的纪录，奥斯曼军队的整体实力在第一次世界大战期间达到了有史以来的最高水平[2]。

帝国后期，军事改革和建设占有重要位置，尤其是自麦哈迈德二世以来的军事改革取得了一定的成就。谢里姆三世改革为麦哈迈德二世改革提供了经验和教训，也为他的改革打下了一定的基础。麦哈迈德二世是一个坚决而果断的素丹，他比谢里姆三世在处理传统保守势力方面更为谨慎，在进行实质性军队改革之前做好了足够的准备。在取缔耶尼切里部队之前，他已将一些旧式部队用先进的新式装备和训练进行改造。当他准备取缔耶尼切里部队时，他们又像在谢里姆三世时那样进行了反叛，而这一次，麦哈迈德早已做好准备，他调集所有能够动员的力量将反叛镇压

---

[1] Asli Çirakman, *From the "Terror of the World" to the "Sick Man of the Europe", Eropean Images of Ottoman Empire and Society from the Sixteenth Century to the Nineteenth*, Peter Lang Publishing, Inc., New York, 2002, p.132.

[2] Halil Inalcik, *An Economic and Social History of the Ottoman Empire*, 1300—1914, Cambridge University Press, Cambridge, 1994, p.767.

下去。紧接着，麦哈迈德二世在 1826 年又借助清理运动彻底消灭了耶尼切里力量。此后，以西方军队为模式的新的奥斯曼军队逐渐建立起来。① 在建立新式军队的过程中，麦哈迈德二世表现出坚韧的意志和过人的毅力。他本人亲自参与军队建设中大量的筹备和执行工作，还亲自到学校、工厂、兵营、训练场以及到前线视察部队、探望士兵，甚至还与他们一同进餐。他也是帝国几个世纪以来第一位到首都以外的地方去对军队进行视察的素丹。他于 1829 年年初到西利维里（Silivri）去视察战争物资的水运情况和赴前线人员的情况；1831 年 6 月对加里波利（Gallipoli）和达达尼尔前线的工事进行视察；1837 年 4 月在自东向西对保加利亚（Bulgaria）进行的长达一个月的视察活动中，探访了祖姆拉（Sumla）和在多瑙河上的港口凡尔纳（Varna）、西里西特里亚（Silistria）和鲁楚克（Ruscuk）等地方。②

在麦哈迈德二世的领导之下，奥斯曼军队建设取得很大成绩。首先，他将所有的军队控制权都掌握在自己手中，这就保证了政府对军队的绝对控制和有效管理。在将作战部队重新整编后，麦哈迈德二世还将其他武装力量和兵工厂、弹药和武器库等也置于他的直接控制之下。其次，他还对军队的财务系统进行改革，使之变得更为有效。另外，麦哈迈德二世军队改革的一个重要贡献就是建立了真正的预备役军队。除此之外，新式军队建设也催生了一些生产相关用品的工厂建立，如专门为新式军队生产新式服装和军帽的工厂和武器加工维修的工厂等。整个军队建设呈现出新的气象。这些都是他在军队改革中的一些重要成就，但问题也不可避免。比如大规模引进西方军事技术和装备使帝国军

---

① Roderic H. Davison, *Essays in Ottoman and Turkish History*, 1774—1923, *The Impact of the West*, University of Texas Press, Austin, 1990, p. 23.

② Standford Shaw, *History of the Ottoman Empire and Modern Turkey*, 1808—1975, Cambridge University Press, Cambridge, 1977, p. 41.

第三章　交往的时代特征：欧洲的强盛与帝国的衰落

队无法很快适应，有些欧洲做法对他们而言更是操之过急。这样一来，反对力量开始抬头，甚至有人不愿应征入伍和加入预备役部队。另外，这种做法还使帝国过分依赖西方的军事技术和装备。

坦齐马特时期军事改革又向前推进。其中一个重要方面是将军队进行重新整合和部署，加强了中央对各省和地方的控制。成立了六个集团军，分别负责帝国不同地区的军务。驻各省和地方的军队和预备役部队为军队世俗教育体系的实行奠定了基础，在这里主要开设初等教育和中等教育阶段的课程，为在年轻士兵中培养未来的军官做准备。素丹阿卜杜勒·阿齐兹和阿卜杜勒·麦齐德非常重视对军队的财政投入。这一时期帝国注重引进德国的军事技术和装备。帝国从德国购买了新式步枪，请来一些德国军官。还从德国购进了大口径的大炮用来加强博斯普鲁斯海峡以及多瑙河和埃尔祖鲁姆等地的防卫力量。自1869年起，由于受到普鲁士的影响，帝国军队中进行了一些重大改革。集团军由原来的六个增加到七个。重新调整了军队的部署和装备的配置，增加了新的武器装备，等等。① 如"在阿卜杜勒·阿齐兹在位时对海军配备了装甲战舰等现代化装备，他在位期间，由于对军事装备的浓厚兴趣和军队发展的重视，帝国发展成为欧洲第三海军强国"②。

哈米德二世时期同样重视军事改革，军事改革也是他沿袭前任做法的重要方面。他在军队改革方面投入很大精力。"首先，他采纳了1876年宪法中的规定，成为军队总司令。另外，他将

---

① Stanford Shaw, *History of the Ottoman Empire and Modern Turkey*, Volume II, *Reform, Revolution, and Republic*: *The Rise of Modern Turkey*, 1808—1975, Cambridge University Press, Cambridte, 1977, p. 86.

② Erik J. Zürcher, *Turkey*: *A Modern History*, I. B. Tauris & Co Ltd, London, 1997, p. 60.

军队的一些管理权集中起来,将其置于自己的直接控制之下。'最高军事管理委员会'(The High Commision of Military Inspection)的主席是素丹本人,他亲自审查和研究部队情况并通过司法程序进行必要的变动。"[1] 在西方国家中由于德国相对其他国家而言比较中立而且对于帝国没有明显的占领企图,因而更加容易为帝国所接受。因此这一时期的军事改革也主要是借鉴和引进了德国的技术和装备以及德国军官的指导。例如,"当时德军总参谋部的最高参谋赫尔穆特·冯·毛奇派遣了德国最优秀的一批军官到帝国进行指导,其中包括在帝国工作了十多年的冯·德·高茨(von der Goltz)将军,他后来在第一次世界大战中指挥了德土联军在阿拉伯地区的部队进行作战"[2]。除此之外,哈米德二世还修改了关于征兵的一些规定,"哈米德二世后来还重点培养了哈米德兵团(Hamidiye Cavalry,始于1891年),主要由东安纳托利亚的库尔德人和土库曼人组成,用以抵抗在克里米亚地区活动的俄国的哥萨克以及对当地民族的统治。这一力量发展迅速,从1891年到1892年就发展为40个团,1893年时增加到56个团,1899年达到63个团的兵力"[3]。

帝国后期的军事改革虽然取得了一些成就,军事实力和管理水平都有所提高,但在与欧洲国家的对抗中,这些都无法挽回帝国整体的颓势和相对西方国家的劣势地位。在帝国后期的对外战争中,帝国军队胜少败多,尤其是在一些关键战争中的失败导致大量领土的丧失。例如,在非洲,阿尔及利亚和突尼斯归法国控制;利比亚只是在1912年前还归帝国控制;而拿破仑和稍后的

---

[1] Stanford Shaw, *History of the Ottoman Empire and Modern Turkey*, Volume Ⅱ, *Reform, Revolution, and Republic*: *The Rise of Modern Turkey*, 1808—1975, Cambridge University Press, Cambridte, 1977, p. 245.

[2] Ibid., p. 245.

[3] Ibid., p. 246.

第三章　交往的时代特征：欧洲的强盛与帝国的衰落

穆罕默德·阿里以及他的后裔则控制了埃及，这里曾经是历史上许多帝国，包括奥斯曼帝国在内的帝国的粮仓。也有些领土被欧洲国家以低价购买等方式巧取豪夺，如1878年后富饶的塞浦路斯归英国控制；这样的结果不能不说是帝国后期在复杂的国内外条件下无法避免的结果。

三　经济贸易方面的发展与存在的问题

正如在政治和军事方面与西方国家越来越紧密地相联系一样，帝国后期的经济贸易也受到了西方国家的影响，并且直接作用于帝国的经济。事实上，自18世纪欧洲国家陆续向资本主义过渡后，它们便开始以各种形式向世界其他地区扩张。包括奥斯曼帝国在内的欧洲近邻国家自然而然地受到冲击，并被纳入到资本主义国家的经济体系，成为其经济扩张的一个重要部分。因此，分析帝国后期的经济不可能单从帝国内部着手，它已然成为欧洲国家经济链条上的重要一环，仅从帝国内部情况分析已不能客观准确地反映其经济状况，而是必须将对它的分析与欧洲国家的领土和经济扩张以及国际贸易等结合起来。

总体上讲，工业革命使英、法、德等欧洲国家成为世界上能够进行大规模批量生产商品的国家，它们一方面要为大量工业品开拓销售市场；另一方面要为大规模生产寻找廉价而充足的原料产地。许多东方国家和地区成为它们掠夺和倾销的对象，所谓"东方问题"就是在这种情况下产生的。

在奥斯曼帝国后期，欧洲列强对帝国的争夺充满了矛盾与斗争，这也在一定程度上削弱了它们对帝国利益的直接控制。因而帝国一方面在相互斗争中得以喘息；另一方面帝国主动利用西方国家间的矛盾为自己争取有利的形势以发展壮大。这在帝国后期不仅体现在对外政治方面，也体现在经济贸易方面。按照塞维科特·帕姆克教授的说法，"奥斯曼帝国后期处在几个帝国主义国家间为争夺利益而相互为敌的局面中，没有任何一个国家可以单独控制它"①。这是帝国后期之所以没有沦为某个大国的殖民地，并在复杂的国际环境中得以保持相对独立经济体系的原因。

　　帝国后期持续的改革需要坚实的经济基础来支持，军队改革耗资巨大，而文官制度和政府部门的改革也逐渐转向支付薪金，等等。这些都需要大量钱财，但是帝国税制和经济发展的落后又无法为各项改革措施的实行提供有力保障，加之频发的战争使帝国经济不堪重负。为了解决财政问题，乃至麦哈迈德二世统治时期，帝国主要是使用传统的降低货币中金银含量的做法来应对。"因此麦哈迈德政府也通过采用帝国历来的做法，那就是降低货币金银含量的办法以减少财政赤字。"② 到了麦哈迈德统治的晚期，奥斯曼帝国成为英国在中东的主要原料供应者和商品倾销对象。加之，"1838年奥斯曼政府为了解除穆罕默德·阿里的威胁请求英国进行援助而为英国提供了非常有利的贸易条件，这使得帝国市场全面彻底地对英国开放。同时，其他的欧洲国家也要求了同样的权利，在1838年至1841年间，帝国政府和几个欧洲国家都签订了自由贸易的条约"③。这样一来，帝国越来越深地卷入了国际市场，其贸易也越来越国际化，成为以欧洲国家为主体的19世纪国际贸易的一部分。它的有利之处在于一定程度上促使帝国尝试进行现代化的规模化生产，比如1826年耶尼舍里部队被取缔之后，新式部队和文职官员所佩戴的新式帽子——费兹帽（Fez）就是帝国在金角湾（the Golden Horn）建立的一个费

---

　　① Şevket Pamuk, *the Ottoman Empire and European Capitalism*, 1820—1913, *Trade, investment and production*. Cambridge University Press, Cambridge, 1987, p. 5.

　　② Erik J. ZÜrcher, *Turkey, A Modern History*, I. B. Tauris & Co., Ltd, London, 1998, p. 45.

　　③ Ibid., p. 49.

第三章 交往的时代特征：欧洲的强盛与帝国的衰落

兹帽工厂生产出来的。制作费兹帽的布料也由该厂生产，19 世纪 40 年代中期，该厂开始使用蒸汽发动机，后来在其他地区也开办了一些类似的工厂。① 另外，加入欧洲国家贸易体系促使帝国产生了一些与欧洲国家进行贸易的商人，他们通过与欧洲人谈判或协商的途径促进了帝国产品向欧洲市场的销售。那些直接与欧洲国家进行贸易的帝国商人的生意得以扩大，中间商成为帝国一个新兴阶层。但卷入欧洲国家贸易体系的负面影响也是显而易见的，比如传统小作坊生产受到冲击，来自欧洲国家的廉价工业品对其生产构成了很大威胁，棉布、印染等帝国传统行业难以维持，这些行业的生产者收入越来越少，甚至不得不关闭工厂。

与麦哈迈德二世时期相比，坦齐马特时期帝国卷入欧洲国家贸易体系的范围更大，程度更深，影响更深远。由于在 1838—1841 年间与主要欧洲国家签署贸易条约的作用，这一时期帝国经济越来越紧密地与欧洲国家经济相联系，并且对其经济依赖更为严重。除了与帝国继续进行的贸易之外，欧洲国家开始直接在帝国境内投资，包括兴建铁路、公路、电报等。另外，这一时期最重大的经济事件就是由克里米亚战争而引发的对欧洲国家的大规模贷款活动以及此后长期对欧洲国家资本的依赖。事实上，财政问题一直是困扰各届政府的一个重要问题，包括购买军事装备、建设海军等军事改革和以支付薪金为特征的新型文官制度改革在内的各项改革需要巨额资金，战争的频仍使本已举步维艰的帝国财政雪上加霜。坦齐马特政府不再采取帝国长期以来面对财政困难时降低金银含量的做法，因为随着对欧洲国家贸易的增加，对欧洲国家货币的汇率就变得更为重要了，如果帝国货币贬值那么它对于欧洲国家的货币的劣势就更严重了。迫于形势的需

---

① Erik J. Zürcher, *Turkey, A Modern History*, I. B. Tauris & Co., Ltd, London, 1998, p. 51.

要，帝国开始向欧洲国家贷款。帝国"官方的贷款始于1854年，当时由于克里米亚战争使得帝国面临严峻的财政问题，而与两个主要欧洲势力——英国和法国的结盟关系使得从它们那里贷款相对比较容易"①。但实际上，这笔贷款和随后的贷款并非很优惠，甚至将帝国财政一步步拖向了向欧洲国家贷款的深渊，帝国财政越发不堪重负。

与此同时，对欧洲国家而言，一场始自1873年由国际股票市场的崩溃而引起的欧洲经济大萧条一直持续到1896年，这使奥斯曼帝国这样的国家无法从欧洲再继续得到贷款，这就意味着自克里米亚战争以来所形成的帝国向欧洲贷款的做法受到了限制，而无法得到新的贷款就意味着以前的贷款无法偿还，帝国财政更加困难。总体而言，在坦齐马特时期和以后的时间里，帝国一直处于财政亏空的状态。在帝国对欧洲国家的贷款活动日趋频繁的情况下，由于难以偿还，帝国财政不堪重负，在欧洲国家的操纵下，于1881年成立了"公共债务管理局"（Public Debt Administration），它的一个重要作用是保护帝国的欧洲各债权国的利益。

总之，帝国后期在经济贸易方面越来越多地卷入以欧洲国家为主导的国际经济贸易体系中。虽然这种卷入有时是被动的，而且对帝国的经济发展并没有明显的推动作用，但它却是帝国在当时的国际国内环境下不得不采取的措施，这也是当时帝国所能做的最好的选择。它在一定程度上减轻了由改革和发展而带来的繁重债务的压力。就像在政治领域采用制衡手段一样，帝国在经济领域同样利用欧洲各国间的矛盾而最大限度地服务于自己的经济和贸易发展。根据《奥斯曼帝国与欧洲帝国主义：1820—1913,

---

① Erik J. Zürcher, *Turkey, A Modern History*, I. B. Tauris & Co., Ltd, London, 1998, p. 67.

第三章 交往的时代特征:欧洲的强盛与帝国的衰落

贸易,投资与生产》一书的描述,16世纪帝国中央政府对国家政治经济等的控制达到了其最高峰,而在接下来的两个世纪里,中央政府的权力相对削弱,而自19世纪初开始,随着改革的进行,中央政府对国家事务的控制又开始加强,帝国政府可以更直接地与外界进行经济贸易。而这一时期恰好与世界范围内欧洲国家尤其是英国工业革命的完成及对拿破仑战争的胜利相伴随,而欧洲大陆国家对英国实行了大陆封锁政策,使得英国首先开始向奥斯曼帝国等国家拓展其贸易。1838年英国与帝国签订了《自由贸易条约》(The Free Trade Treaty),接着又与其他欧洲国家也签订了这一条约,这一系列条约的签订促进了帝国经济与欧洲国家经济的联系。

在接下来的时间里,受工业化国家经济发展和世界经济总体快速增长的影响,与之相同步的是,帝国经济贸易得以发展,尤其是1854—1876年间帝国的对外贸易持续快速增长。另外,克里米亚战争后,除了贷款,西欧国家开始向在帝国境内进行兴建铁路和开设电报等领域进行投资。其中,在1863年,帝国将在境内制造纸币的权力转交给了由欧洲国家控制的奥斯曼银行,这样,帝国就与国际市场上标准黄金体系相联系,使得帝国经济更加难以自持。此外,帝国还于1866年允许外国资本家在帝国境内购买农业用地。[①] "克里米亚战争时期,为了筹集军费,土耳其曾向英、法两个盟国借债。1858年和1860年的再度借贷也只是一种临时性的救济,而在1861年,危机达到严重关头。由于英、法的帮助,奥斯曼政府得以兑换它的地方贷款,并建立一个新的金融机构——奥斯曼帝国银行。一笔由该银行议定的贷款被用来收回国库公债。这些措施,连同一些次要的财政上的和管理

[①] Şevket Pamuk, *The Ottoman Empire and European Capitalism*, 1820—1913, *Trade, investment and production*, Cambridge University Press, Cambridge, 1987, p. 12.

上的改革，使情况有所改善。但不久后，土耳其终究开始了破产和遭到国外金融控制的经历。"① 这进一步加深了欧洲国家对帝国经济贸易的控制，使帝国在短期内很难在经济上摆脱对欧洲国家的依赖。

帝国后期的经济贸易呈现出越来越深地卷入欧洲国家体系的特征。"帝国后期与西方国家在贸易方面的紧密联系被奥斯曼帝国官员一次又一次地提到。"② 在帝国国内政治经济军事及文官制度和教育等改革进行的同时，也伴随着经济贸易与欧洲国家的进一步加强，欧洲国家资本逐步进入帝国甚至操纵帝国经济贸易。开始于19世纪70年代中期的欧洲国家经济危机使得欧洲国家对奥斯曼帝国的贷款和投资都受到了影响，后期的德国也开始加入到对帝国的经济贸易关系中，而英国的传统优势被削弱，其结果是逐步形成了一个主要由英、法、德三国控制帝国经济的局面。帝国利用三国之间的矛盾得以喘息。

另外，由于在经济危机之后，欧洲国家开始新的经济增长，这使帝国经济在19世纪90年代中期直到第一次世界大战之间保持增长。"自九十年代中期以后，随着世界经济进入新的增长阶段，我们可以看出奥斯曼帝国对外贸易和农产品的生产有了很大增长。这些方面的增长趋势主要是受对外贸易方面的有利条件所支持的。这一时期，对外贸易的主要地区不再限于沿海地区，这是由于铁路的修建和开通已经延伸到了内陆地区。资料显示第一次世界大战前奥斯曼帝国的经济增长率是很可观的。"③ 另有一

---

① ［英］伯纳德·刘易斯：《现代土耳其的兴起》，范中廉译，商务印书馆1982年版，第126页。
② Fatma MÜge GÖÇek, *Rise of the Bourgeoisie, Demise of the Empire, Ottoman Westernization and Social Change*, Oxford University Press, Oxford, 1996, p. 86.
③ Şevket Pamuk, *The Ottoman Empire and European Capitalism*, 1820—1913, *Trade, investment and production*, Cambridge University Press, Cambridge, 1987, p. 15.

第三章 交往的时代特征：欧洲的强盛与帝国的衰落

些研究也传达了类似的信息。"除了在教育、军事等方面与西方关系越来越紧密以外，在阿卜杜勒·哈米德二世统治时期西方的经济也越来越多地对帝国产生着影响。欧洲资本被用在了修建铁路、开采矿产以及公共设施等方面。帝国享受着越来越好的物质便利以及其中所包含的知识和技术。自克里米亚战争时期开始兴建的电报这时已经得到了极大的发展，几乎遍及帝国全境。"[①]但它同时也指出，由于帝国在19世纪70年代以来越来越依赖于西方国家的资本而造成的对西方国家的巨额债务，也导致帝国成立了"奥斯曼帝国公共债务管理局"以处理对西方国家的债务问题。有趣的是，这一机构在对欧洲国家债务负责的同时，也促进了帝国经济的发展。因为"各种税收来源以及垄断性的收入都被公共债务管理局用来支付债务，管理局同时也负责对其他税收的收取。通过有效运作，它促进了帝国的物质利益，帝国的许多雇员得到了训练，帝国的信誉也得以恢复，而且它也为帝国财政带来了盈余"[②]。然而不容否认的是，帝国经济对欧洲国家经济的开放程度越来越高，帝国在农产品和手工业品等的生产方面也越来越朝着欧洲市场的需求发展，但也存在一个重要问题，那就是帝国经济的内部联系不够紧密，因为以英、法、德三国为主的欧洲国家对帝国不同地区进行着控制，帝国经济难以形成自身的凝聚力。

总体而言，帝国后期所处的时间正是世界范围内西方资本主义国家在全球扩张的时期，西方国家对全球其他地区的政治侵略与贸易扩张相伴随，奥斯曼帝国也不例外，而且是欧洲国家向外扩张链条上的重要一环。它的经济也像同一时期其他国家和地区一样，与西方国家贸易中有着类似的经历，那就是由开始的平衡

[①] Roderic H. Davison, *Turkey: A Short History*, The Eothen Press, Huntingdon, 1981, p. 97.

[②] Ibid., p. 99.

贸易逐渐转为后来对西方国家的债务甚至破产。奥斯曼帝国的生产越来越单一化，它的生产在一定程度上是为了满足西方国家对原材料和农产品的需求，它与西方国家的这一贸易特征决定了它无法完成自身经济的合理化发展。

四　帝国衰落的表现

奥斯曼帝国后期帝国走向衰落，其内部各种矛盾激化，主要表现为：帝国经济发展缓慢，境内各统治区域除小亚细亚和安纳托利亚地区以外，各地区并不认真执行税收政策，致使帝国国库空虚；北非的埃及和马格里布地区及巴尔干地区各民族纷纷寻求独立以脱离奥斯曼帝国的统治，这使得奥斯曼帝国政府与这些地区战争不断，消耗了大量钱财；帝国境内其他民族矛盾也开始突出显现，如库尔德人、亚美尼亚人等也不满奥斯曼帝国的统治，加剧帝国境内的矛盾；加之奥斯曼帝国对各地区的统治都是依靠战争征服而来，对各统治地区并没有很牢固的凝聚力，在帝国后期这种问题更明显加剧。

在欧洲经济取得长足发展时，奥斯曼帝国却在经历着相反的情况。奥斯曼帝国封闭的经济——受到控制的工业，以及对变化持限制态度的行会——抵制和阻碍着类似的变化。当欧洲对原材料的需求上升时，价格随之上涨，诸如小麦、羊毛、铜以及贵金属等商品由于在奥斯曼帝国境内价格相对低廉，源源不断地流到国外，这导致原材料在帝国国内反而变得稀缺；又由于行会维持严格的价格规定，因此无法与外国商人竞争以获取原材料，它们的生产率下降了，并在封闭的经济体制内部形成了恶性循环。

欧洲资本主义和欧洲主导下的贸易扩张产生的另外一个重要影响是传统的奥斯曼手工业的持续衰落。在欧洲，商业扩张和资本积累导致了新行业的出现，尤其是在冶金业和纺织业领域。人们因此不得不寻找出口市场以便继续适应这些行业的扩张。资本

第三章 交往的时代特征：欧洲的强盛与帝国的衰落

主义企业由于尽可能地采用新的技术和满足的新需求而发展它们的工业和市场，但这与奥斯曼国内的传统产业产生了竞争。欧洲商人购买奥斯曼帝国的原材料，在欧洲加工后运回到素丹的统治区域内出售，从价格上和质量上打击奥斯曼的各种传统商品。18世纪以前主要向欧洲国家出口的奥斯曼商品如棉纺织品、毛毯、刺绣、铜器等到这时已被廉价的西方大工业所生产的商品取代。加之，奥斯曼帝国的行会制度这时已不适应变化了的形势，更不要说进行产品的创新和研发了，事实上，行会制度已经严重地阻碍了奥斯曼帝国工业的发展。"欧洲商人企业在当地的建立和对欧洲机器、商品的大量进口，对埃及、奥斯曼帝国、伊朗手工业行会的影响是灾难性的。行会的保守主义已经没有足够力量保持帝国跟随远离工业发展主流。1860年，奥斯曼帝国行会被官方取缔。"[①] 虽然取缔了行会，但并没有进一步形成能够刺激工业生产的新式机构，帝国的工业发展难以得到实质性提高。从18世纪末开始，传统的奥斯曼手工业开始遭到破坏，现代化生产也未能得到有效发展。

在贸易方面奥斯曼帝国也处于不利位置，它的贸易几乎全部由欧洲人所控制。因为欧洲人"第一，他们具有相当好的'经商素养'。拥有大量资本，经商经验，较好的业务及商品运输组织，无论在文化还是经济方面都超过了土耳其人。第二，不平等的特惠条约，为欧洲商人提供了有利条件"[②]。贸易的不平衡对奥斯曼帝国造成的危害不仅表现在原材料和本国的手工业方面，而且还使得经济赖以运转的黄金和白银在很大程度上外流。通货膨胀的因素也增加了，这导致物价在谢里姆二世统治后的两个世

[①] 车效梅：《中东中世纪城市的产生、发展与嬗变》，中国社会科学出版社2004年版，第147页。

[②] 彭树智主编：《阿拉伯国家史》，高等教育出版社2002年版，第166页。

纪里翻了一番，有些甚至上涨了四倍。尽管政府尽全力控制物价和币值，但是奥斯曼帝国的铸币还是因此而贬值。食品和其他物品的价格上涨得很快，那些依赖固定收入的人，包括统治阶级里的大多数薪俸阶层蒙受了极大的损失，他们通过向出价最高的人出售服务和接受贿赂以应付这种形势。最后，国家所能做的就是使铸币一再贬值，由此造成新的混乱，金融危机接连发生。

通货膨胀的另外一个结果是使为军队体制服务的蒂玛（timar，意为采邑）体制遭到废除。"较小的西帕希（士兵）身份的蒂玛因自身经济力量弱小，在饲料和武器价格高昂的情况下无论如何负担不起参战的费用。当由于他们经常不参加战斗最终导致国家没收他们的蒂玛时，西帕希们要么不理睬没收的规定而贿赂负责执行任务的官员而保住采邑，要么干脆加入歹徒团体或者领导辖区内的盗贼起义。另外，农产品价格上涨使土地成为投资牟利的源泉，这进一步使得大地产主们忽视他们的军事义务而去追求地产的最大经济利益。那些得到被没收的蒂玛土地的人，无论是来自于蒂玛的持有者或者是包税人，形成了一个拥有大量地产的新的乡间贵族阶层。在许多情况下，这些人仅占据农民逃离时留下的贫瘠的和无人耕种的土地，他们把奴隶或雇工安置在这些土地上，并把其作为私人财产"。① 在此基础上，大地产所有者把这些土地上的全部产品都据为己有，并且用其中的财富来贿赂官员，组建自己的军队以保护自身利益。这样一来，一方面可为帝国军队效力的合格从军人员的兵源大大地缩减；另一方面，社会秩序的动荡加剧，成为帝国后期所面临的诸多问题中的一部分。而且，随着蒂玛制度的衰落，耶尼切里这支常备军的骑兵部队以及其他逐渐构成省区卫戍部队的卡皮库鲁军队，维持秩序不

---

① ［美］斯坦福·肖：《奥斯曼帝国》，许序雅、张忠祥译，青海人民出版社2006年版，第224页。

第三章　交往的时代特征：欧洲的强盛与帝国的衰落

是为了帮助农民而是为了分享战利品，在自己成为大多数城镇和城市的统治力量的过程中，他们经常与大地产主联合，有时成为他们中的一部分。在许多较偏远的省区，他们逐渐成为享有支配地位的统治阶层，发展了他们自己的马木鲁克奴隶制度，以便为自己提供独立于伊斯坦布尔的人力资源，控制政治和经济生活，并且把大部分国家税收据为己有，政府却袖手旁观，几乎毫无办法，不能对那些正在填补政治真空的人显示出权威性。[①]

这种行为对帝国政治、经济、军事等各方面的负面影响逐渐显现出来，并且不断恶化，其中尤以经济方面为最。

因为随着省区税收的下降，财政部门不得不想方设法完成职责。铸币被经常性地贬值。如有可能，就取消穆卡塔雅（mukata'a），[②] 连同那些暂时失去政治影响的派别的财产一并售与出价最高的人。此外，政府利用征收家庭税的阿瓦里兹（Avariz，即家庭税）制度，允许总督用这一名目征收强制性的新税，用于雇佣和支付维持秩序的非常备军的费用。该税的规模达到了这样的程度，以至于它成为继人头税和土地税之后的第三种主要税源。[③] 这极大地加重了广大奥斯曼民众的负担，不堪重负的生活越来越将他们逼向痛苦的边缘，从而产生了反对政府的情绪。

所有这些变化造就了一大批从现存形势中受益的奥斯曼人。

---

① ［美］斯坦福·肖：《奥斯曼帝国》，许序雅、张忠祥译，青海人民出版社2006年版，第225页。

② 即旧的塞尔柱伊克塔（ikta）体制——一种间接的税收分配体制。伊克塔制最初是伊朗的白益王朝（Buyids）作为一种征税手段而创设的。这种体制的首要前提是应确立这样一种观念，即认为所有的财富都属于统治者。为了利用这些财富，统治者不但要依靠国家的付薪官员，而且要向伊克塔索取，每一块伊克塔的主人都拥有管理财富资源的权力和征税的权力。新型军队的军官和国家机关的官员被授予伊克塔，以此作为薪饷；作为回报，他们要尽职尽责。这种举措缓解了国库设法支付士兵和行政官吏薪饷的问题，也使伊克塔的拥有者有了保持农业和商业繁荣的兴趣。

③ ［美］斯坦福·肖：《奥斯曼帝国》，许序雅、张忠祥译，青海人民出版社2006年版，第225页。

他们成为混乱时期的既得利益阶层，而臣民却丧失了奥斯曼制度原先带给他们的大多数好处。"强制劳动重新成为一种需要，政府官员很少去阻止这一行为，事实上他们也参与其中。此外，官员们没完没了地向农民征税，没有时间的限制。他们开始非法征用农民的谷物、牲畜、货币而不给予任何补偿，这种行为逐渐成为流行病。"① 包括以上所述变化在内的帝国后期众多的变化加剧了帝国内部的矛盾，削弱了帝国的实力，使它一步步走向衰落。

因此，帝国后期境内多次发生大规模的群众起义就不足为奇了。失业的农民和士兵组成黎凡特盗匪，他们离开土地在农村到处流窜，使得通货膨胀和饥荒问题更加复杂。这些人组成后备队随时准备加入官方或非官方的军队，他们往往受雇于出价最高者或者干脆自己结伙抢劫。一些人流向大城市，造成城镇人口的激增以及住房、就业和吃饭问题。他们中的许多人确实找到了城市里最低级的工作，成为仆人、清洁工等。正常的社会秩序难以为继。"由于奥斯曼封建主义的军事需求，这个国家是在侵略战争过程中形成的，而不是经济发展的结果。它产生于封建割据尚未消灭，近代民族形成以前，处于封建社会发展阶段范围之内。因此，处于不同发展阶段的各民族人为的联合是不牢固的。这是一个具有离心趋向的封建社会结构，它与国家的中央集权形式之间的矛盾必然导致奥斯曼帝国的衰弱。"②

在奥斯曼帝国表面强大现象之下的是无法回避的各种矛盾与问题。事实上，自 1566 年谢里姆二世即位后，奥斯曼帝国开始逐步走向衰落，这主要表现在社会政治方面。"首先，作为帝国

---

① ［美］斯坦福·肖：《奥斯曼帝国》，许序雅、张忠祥译，青海人民出版社 2006 年版，第 225 页。

② 彭树智主编：《阿拉伯国家史》，高等教育出版社 2002 年版，第 169 页。

第三章 交往的时代特征:欧洲的强盛与帝国的衰落

军队基础的近卫军和封建骑兵西帕希日趋腐败、解体。素丹对近卫军团的偏爱和炮兵、工兵等新兵种的出现降低了骑兵的重要性,终身的采邑制使采邑的数量不断减少。由此,帝国政府把收回的采邑等国有土地以包税制的形式出让,从而形成了新的包税人地主阶层,他们甚至控制了地方政府的部分权力。近卫军团士兵此时获准娶妻生子,其后代于16世纪末已成为近卫军团主体。由此,各类人均可进入近卫军团,享受其特权,而近卫军团的战斗力因此不断下降,其官兵经常与宫廷贵族相呼应,发动叛乱,干预素丹的废立。其次,素丹的统治日趋无能,由于新任素丹多半在后宫长大,缺乏治国经验,也很少过问政治,导致后宫和宦官专权。再次,地方贵族的势力不断发展,经常犯上作乱,一些地方总督建立了事实上的独立政权(如埃及、伊拉克等)。第四,包税制度等措施加重了农民负担,大批民众破产,乡间匪盗横行,城市也经常发生平民暴动,国际贸易线路的转移和给予欧洲商人的优惠权妨碍了本国商业的发展。此外还存在诸如通货膨胀、瘟疫、食品短缺、城市人口膨胀、失业等问题。"①

总之,从长远看,帝国在持续衰落。这导致了帝国领土的丧失以及这样一种形势,即:在一定程度上是欧洲列强们在对待奥斯曼帝国问题上的意见分歧使得帝国得以存续,而不是奥斯曼人自己的努力,使得这个帝国能继续存在。奥斯曼社会开始出现无法彻底根治的恶性循环,短期内无法找到有效的解决办法。

---

① 黄民兴:《中东历史与现状十八讲》,陕西人民出版社2008年版,第15页。

第 四 章

改革年代的交往

　　帝国后期的改革为帝国增添了活力,它是建立在帝国了解欧洲文化的结果之上的。改革本身是与欧洲文化交往的产物,正是因为在屡次与欧洲国家的交往中使帝国认识到自身的落后从而激发了改革的决心。奥斯曼帝国在近代以来与欧洲国家的战争中大多以失败告终;欧洲国家发达的物质文化是帝国难以企及的;欧洲国家改革所取得的巨大成就以及穆罕默德·阿里改革在埃及地区所带来的变化等都是帝国改革的动因。作为交往产物的改革又进一步为加强与欧洲国家文化的交往奠定了更为广泛的群众基础,为以后更加深入的社会变革提供了条件。

第一节　穆罕默德·阿里改革及其对文化交往的影响

　　奥斯曼帝国后期,政府无暇顾及埃及地区,对埃及地区的管辖相对较为松散,埃及总督穆罕默德·阿里充分利用这一时机,进行了卓有成效的改革。

一　穆罕默德·阿里改革对帝国改革的启发意义

　　穆罕默德·阿里的改革始于拿破仑军队撤离埃及之后。虽然拿破仑进驻埃及的本意是在与英国的海外力量相抗衡,以为法国争取地中海及中东地区的主动权;缓解国内资产阶级革命的矛盾等；但客观上却促使了埃及人对自己古老而灿烂文化的重新认识，也带动了埃及文化与西方文化的交流。借助于拿破仑随军所带的大量科研人员和考古工作者，埃及人几千年来第一次对自己古老而优秀的文化产生了自豪感，自信心随之而来。

拿破仑及其随行人员在埃及期间对埃及文化所作的主要贡献有："波拿巴带来了一批西方历史、考古、数学和其他自然科学学者。他们在上、下埃及进行了考古发掘，编了20卷本的《埃及志》，尤其是改革了埃及的立法、教育和赋税制度。波拿巴在1798年创办了埃及科学院，自任院长，科学院设数学、物理、政治经济和文学艺术四个学部，并有藏书丰富的图书馆和设备先进的博物馆，同时定期出版院刊。"[①] 这些做法及类似的活动促进了埃及文化现代化建设的开始。大量的法国科学工作者及其他随行人员在拿破仑撤军后仍然留在了埃及，继续进行相关工作，使得埃及人民在文化方面多年相对封闭之后开始接触西方文化的清新之风，这无疑为随后的社会变革打下了良好的基础，穆罕默德·阿里改革正是在这样的背景下进行的。

二 穆罕默德·阿里改革的成就及其对帝国的影响

穆罕默德·阿里的改革涉及军事、经济等社会生活的诸多方面。首先在军队建设方面：为了更好地指挥新军，他从欧洲引进了几百名军官以及军事科技人员，建立了军事科技学校用以训练新兵，他还将部分新军直接送往欧洲接受培训；按照欧洲标准设计的军需品生产工厂也建立了起来；他还按照欧洲模式建了步兵、炮兵和工兵等；另外，他还建立了一所以欧洲教官和谢里姆三世时期在伊斯坦布尔接受过欧式训练的军官为教练的军事工程学校；一个现代化海军舰队也在地中海和红海建立起来；以欧洲

---

① 彭树智主编：《阿拉伯国家史》，高等教育出版社2002年版，第178页。

模式为基础的骑兵团也建立了起来。因此，可以说穆罕默德·阿里的军事改革非常成功，这使他可以大胆地进行其他方面的改革。农业方面，他聘请了外国的农业专家来改进耕作和灌溉等技术；新的作物品种如经济作物棉花、甘蔗、大米、靛蓝等被引进埃及推广种植，这些作物出口后换来的外汇反过来可以继续用来引进改革所需的各类外国专家和武器装备等。欧洲商人及实业家也受到邀请来到埃及以帮助解决资本等方面的问题，这些欧洲人及其后裔一直生活在埃及并且活跃在1952年之前的埃及社会生活中，并对埃及带来了很大影响。

文化教育方面是这一时期埃及改革的另一个重要方面。穆罕默德·阿里按照欧洲的模式建立了教育、外交等国家职能部门，使其能够很好地执行他的文化政策。穆罕默德·阿里深深懂得教育和文化对于国家建设的重要性，并给予足够的重视。"为了建立军队和新的国家机构，需要有文化知识和受过教育的官员。穆罕默德·阿里除聘请法国的法学家、工程师、教师、医生帮助管理和教育外，还将319名年轻的埃及人派往欧洲，学习军事技术、农学、医学、语言、法律。开展了阿拉伯文的语法和词汇改革，使许多西方科技著作和教科书被准确译成阿拉伯文。在埃及出现了第一批非宗教学校。除军事学校外，还设立了医学、兽医、综合技术、农业、机械、外语和音乐学校。建立了军队医院和民用医院。1828年，开办了埃及第一家印刷厂，开始出版第一份报纸——《瓦卡伊·梅斯里亚》(《埃及纪事报》)。在这方面，第一批赴法国留学生领队里发阿·塔赫塔维（1807—1873）起了杰出作用。他回埃及后，任翻译局局长和外语学校校长，在译书和培养人才、传播西方文化和埃及文化复兴事业上功勋卓著。"① 穆罕默德·阿里对于埃及社会教育文化改革方向的把握

---

① 彭树智主编：《阿拉伯国家史》，高等教育出版社2002年版，第182页。

第四章 改革年代的交往

以及他的开放式眼光使其改革富有成效。在与欧洲文化交往方面也取得了很大的进步,尤其是与法国文化之间的交流较为深入。后来,当他进军叙利亚和黎巴嫩等地区时,也将这一影响带到了这些地区,促进了这一地区文化与西方文化之间的交流。另外,改革不仅产生了像塔赫塔维这样的外向型新式精英人才,更重要的是通过改革,使得埃及广大普通民众对于本国和西方文化有了新的认识,这有利于埃及社会的进一步发展。

穆罕默德·阿里在奥斯曼帝国所进行的一系列改革和创新意义深远:"19世纪上半期在奥斯曼帝国,尤其是在1805年以后穆罕默德·阿里统治下的早熟的埃及,采用现代技术与思想的过程业已开始。19世纪伊斯坦布尔与开罗穆斯林政治家与思想家正确地认为,在现代世界这是图存与繁荣之所必需,他们看到这一点比欧洲以外其他地方早了两代。"[1] 正如斯塔夫里阿诺斯在《全球通史——1500年以后的世界》中所说的那样:"穆罕默德·阿里的历史意义在于他是第一个意识到西方技术的意义并有效地利用西方技术来为自己的目的服务的中东的统治者。"[2] 穆罕默德·阿里及其继承者在埃及的改革与奥斯曼帝国在其他地区的改革遥相呼应,构成了中东社会改革波澜壮阔的画面。这些改革的一个共同之处就是以教育文化的改革为基础,培养大量适应新形势和改革需要的新型人才,他们具备了外向型眼光,也懂得西方国家语言与文化,有过在外交部门或西方国家生活和工作的经验。知道如何利用西方先进科技文化为自己的改革和社会发展而服务。这些人成为中东社会最早接触西方文化并促进了双方文化交流的人士。他们的对外文化交流活动以及后继的改革为普通

---

[1] [英]弗朗西斯·鲁宾逊主编:《剑桥插图伊斯兰世界史》,安维华、钱雪梅译,世界知识出版社2005年版,第195页。

[2] [美]斯塔夫里阿诺斯:《全球通史——1500年以后的世界》,吴象婴、梁赤民译,上海社会科学院出版社1999年版,第421页。

民众带来的与西方文化接触的机会，为中东文化与西方文化的交流打下了深厚的基础。

第二节　谢里姆三世和麦哈迈德二世改革对文化交往的影响

在 17 世纪末以来与西方的较量中，奥斯曼帝国基本处于下风。这一方面导致了在战争中失去部分原有领地，另一方面使得国内经济越来越依赖西方国家的贷款等，西方势力已渗透到整个奥斯曼帝国的社会中。日益严峻的国内形势促使奥斯曼帝国社会内部各阶层开始寻求变革的出路，始于 18 世纪末期的谢里姆三世的改革成为奥斯曼帝国后期历史演变的重要内容。

一　改革的社会历史原因

奥斯曼帝国后期的改革有着深厚的社会历史原因。国际层面的原因包括奥斯曼帝国北邻沙皇俄国经过彼得一世的改革迅速强大，一跃成为帝国主义强国，改变了过去两国交手中奥斯曼帝国对俄国的优势。另外，其他西方国家也是因为掌握了先进的科学技术而强大，落后的奥斯曼帝国在与其交往中屡吃败仗，这些对奥斯曼帝国是一种很大的刺激。国内方面，帝国的开明人士开始认识到通过改革寻求发展的重要性；随着与西方交往的日益频繁，广大普通民众越来越多地接触到西方文化，比如其中的民主、平等思想等。而且，由于地处文化交往频繁的地区，奥斯曼土耳其人从来都不缺乏改革的勇气。各种改革和革命构成了土耳其历史的重要组成部分。谢里姆三世和麦哈迈德二世改革是奥斯曼帝国时期较为重要的一系列改革的开始，并为此后更加深入的改革奠定了基础。

谢里姆三世的改革始于 18 世纪末期，它开始了奥斯曼帝国后期一系列改革的进程，军事改革是它们的改革的共同特征和重要方面，并且逐渐由军事改革推向其他领域的改革。"欧洲人在中东的教育工作中有一项特别重要，那就是军事训练。战场上见真章，表明了当时欧洲的军事要比伊斯兰教的军事高明，这使得伊斯兰教国家不得不转向欧洲学习。"① 正是因为军事上碰撞的失败而直接促使了奥斯曼帝国后期改革的开始，而这些改革都将军事改革作为一个重要方面，当改革逐步深入的时候，改革就由军事领域深入到其他领域。

二 谢里姆三世改革的成就和局限

谢里姆三世和麦哈迈德二世改革是奥斯曼帝国后期一系列改革中较早的两次改革。谢里姆三世于1789年到1807年在位，他在位期间的改革通常被称为"谢里姆新政"。谢里姆三世是最早认识到帝国与西方国家之间差距及其落后于西方国家的原因并设法通过改革来发展的奥斯曼素丹。早在太子时期，谢里姆三世就与法国皇帝路易十六私交甚深，他的朋友也大都是一些像他一样对西方感兴趣的人，这使他很早就对西方有比较深入的了解。谢里姆三世改革的一个重要方面就是聘请外国的军事科技人员直接参与指导帝国军队建设和聘请外国文职人员指导文职机构的工作，以便提高工作效率；另一个重要影响是加强了帝国精英阶层与外国人士的直接交流。

谢里姆三世改革创造了西方思想比较自由地流入帝国的条件。他聘请大量西方人士，其中以法国人为主，对帝国军队进行训练，这为帝国军官甚至普通士兵提供了与西方人员交流的机会，这些军官们开始学习法语并拜法国人为师，从而加强了帝国

---

① ［英］伯纳德·刘易斯：《中东：自基督教兴起至二十世纪末》，郑之书译，中国友谊出版公司2004年版，第306页。

官兵对西方社会的全面和直接的认识。除了聘请外国军官和文职人员等来奥斯曼帝国交流以外，谢里姆三世还开创了在西方国家设立永久性正式使馆的先河，派帝国官员到西方国家实地学习与交流。奥斯曼帝国于1793年在伦敦设立使馆，1794年在维也纳设立使馆，1795年在柏林设立使馆，1796年在巴黎设立使馆。这样，谢里姆三世统治时期首先在几个主要西欧国家设立了使馆，建立了长期稳定交流的基础。后来帝国的许多重要改革人士都是出自这批早期驻欧洲国家使馆的外交官。

　　正如奥斯曼帝国历史上的其他改革一样，加之谢里姆三世本人也亲眼目睹了帝国同其他国家交战的败绩，因此他改革的一个重要方面也是军事改革。谢里姆三世的军事改革主要是倾向于仿照以法国军队建制为主的现代化西方式军队。军事改革虽然是当时改革的重中之重，但由于受到奥斯曼帝国传统军队制度的牵制、改革反对派的抵制、改革的民众基础和思想基础的缺乏、改革相对激进的做法等因素的影响而无法顺利实施，甚至素丹谢里姆三世本人也被废黜，因此，改革的失败在当时的条件下是一种必然。但这一时期的改革却无疑开启了随后帝国所进行的更大规模更加深入的一系列改革的先河，随着改革的深入进行，奥斯曼帝国越来越多也越来越深入地参与到国际社会中来。

三　麦哈迈德二世改革的得与失

　　麦哈迈德二世继谢里姆三世之后进行了改革，其重点仍然集中在军队、行政管理和财政等方面。面对日益严峻的国际形势和列强的蚕食，奥斯曼帝国必须在军队方面进行改革以抵御侵略；为了遏制官僚体系的臃肿以及腐败等现象，就必须对现有的文官系统进行改革；财政方面的问题因连年的战争及发展滞后而举步维艰，也需要通过改革摆脱困境。由于麦哈迈德二世与谢里姆三世关系比较亲密并且目睹了后者改革的成效及后来被废黜的结局，他对改革面临的困难做了充分的准备，并且制定了一系列应对措施，加之麦哈迈德二世本人做事果断，因此，麦哈迈德二世将谢里姆三世未完成的改革向前推进了一步。

奥斯曼帝国后期的多次改革主要集中在军事方面，麦哈迈德二世的改革也不例外。他对奥斯曼帝国军队改革的贡献就是取缔了已经不适应当时形势的传统奥斯曼帝国军队——耶尼切里，并初步确立了新式军队的雏形。由于受到穆罕默德·阿里改革的启发，麦哈迈德二世同样采取了向外国学习军事经验的办法，他聘请西方国家的军事专家对新军进行指导。1825年，英国开始为奥斯曼帝国提供军用装备，英国工程师及工人来到奥斯曼帝国对这些设备进行安装与维修，英国还帮助帝国重新设计并建造防御工事等。由于不像其他欧洲国家对奥斯曼帝国有很强的殖民倾向，以及由于在军队建设方面的实力，普鲁士转而也成为奥斯曼帝国寻求军事帮助的主要对象之一。1833年至1839年间，先后有几批普鲁士军官到奥斯曼帝国进行指导，提供了比其他国家更好的建议和帮助。麦哈迈德二世还试图更换武器、军服等装备，但由于缺乏足够的资金，这些想法在当时没有完全实现。麦哈迈德二世时期对文官制度和政府职能的划分更加细致，出现了分工明确、各司其职的多个管理部门，原来主要由最高波尔特和大维齐所掌管的事务也由更为专业的政府部门所承担。这些新设立的部门有内务部和外交部，后来的财政部和司法部在这时也有了雏形。在宫廷管理和政府管理方面，麦哈迈德还设立了一系列顾问委员会来解决改革过程中遇到的新问题。

教育是麦哈迈德二世改革的另一重要内容。麦哈迈德二世清醒地认识到教育改革的重要性，因为它能够为其他方面的改革提供重要的人才资源。而当时所急需的人才主要是能使用欧洲各国语言，掌握欧洲科学技术发展情况及对欧洲社会文化知识有所了解的人员。掌握了欧洲国家语言就有了直接与其进行交流的工具，从而能够将西方文明和经验应用于奥斯曼帝国的发展。麦哈迈德二世的主要措施是聘请外国教师到奥斯曼帝国教授外语，同时派遣留学生直接到欧洲国家留学，这在奥斯曼帝国的历史上也是第一次。正如前面所提到的那样，奥斯曼帝国后期教育改革的一个重要方面就是加强了西方语言与文化的教育，那些最早接受外语教育的精英人才后来都成了奥斯曼帝国改革的主要力量，坦齐马特改革时期的几位主要人物都有过学习外语及在外交部担任翻译工作或在驻外使馆工作的经历。麦哈迈德二世非常重视将外语教育应用到军事管理及部队的建设中。1827年，奥斯曼帝国建立了第一所军事医学院，教授现代医学，现代医学所涉及的一系列实践如解剖学、人体生理学等对奥斯曼帝国的学生而言是非常需要的新的理念及思维模式，这在一定程度上促进了学生思想的变化，由此催生了一批批具有改革意识的思想家、作家、艺术家以及社会活动家等。麦哈迈德二世时期，"1831年在伊斯坦布尔建立了一所军乐学校，以为新军提供军乐乐队。1834年又建立了一所军事学院。同样，在这些学校里，外籍教师及学生对外语的掌握都是一个前提条件"[①]。由于长期以来以乌里玛为代表的宗教势力掌握着教育，所以麦哈迈德的改革只能在不触动宗教学校的同时通过新增一些世俗学校来改变教育状况，两种教育体系并存的局面一直维持到土耳其共和国建立时。

　　麦哈迈德二世时期改革的一个重要影响就是奥斯曼帝国的国民开始认识到向先进的欧洲国家学习的必要性和迫切性。这一时期的奥斯曼帝国不再像以前那样对西方视而不见，而且帝国内部也在悄然发生变化，西方文化逐渐渗入到帝国国民的生活中，它包括服饰、语言以及大众娱乐等。麦哈迈德二世本人就是一个很

[①] Erik J. Zürcher, *Turkey: A Modern History*, I. B. Tauris & Co., Ltd, London, 1998, p. 46.

好的例证，他首先搬出奥斯曼帝国素丹长期居住的托卜开比皇宫，住进了新的多姆巴舍宫中。新皇宫弥漫着欧洲风格。而他本人的穿着也在模仿西欧的君主，比如西式帽饰、双排扣上衣及西式裤装等。他还乘坐西式马车到公众场合出席活动。表现出与以往素丹的不同，他还经常接受列队欢迎、到外国使馆出席音乐会、欣赏歌剧芭蕾舞表演等。同时他也回请欧洲官员参加一些活动。他的行为举止很快被帝国各级官员所效仿，他们开始穿西服，戴象征新潮流的费兹帽等。素丹本人也开始学习法语。在使用和教授外语的翻译部门和学校里，很快涌入了大批希望通过学习外语和西方文化改变命运的年轻人。奥斯曼帝国的公民与欧洲人有了更多的接触，这对双方都产生了影响。

作为早期改革的实践，谢里姆三世改革与麦哈迈德二世改革开启了奥斯曼帝国改革的先河，打破了奥斯曼帝国安于现状的相对封闭的政策，从此开始寻求发展的新途径。这两次改革虽然只在军队、文官系统和教育等方面取得部分成果，但却为以后的改革奠定了基础，广大帝国公民逐渐认识到改革的重要性，并且减少了后续改革的阻力。

第三节　坦齐马特改革及其对文化交流的影响

麦哈迈德二世于1839年6月30日去世，但改革并未因此而终止。他的继承人阿卜杜勒·麦齐德和阿卜杜勒·阿齐兹在位期间继续进行改革，奥斯曼帝国历史上自1839年到1876年这段时期被称为"坦齐马特"时期，意指改革时期。这一时期的改革比前两次改革更深入，影响更深远。坦齐马特改革以著名的"御园赦令"的发布为开始。1839年11月3日，奥斯曼帝国政府在帝国官员和外国官员聚集的皇家玫瑰园广场宣读了御园赦令，标志着坦齐马特改革的开始。

一 坦齐马特改革在军事方面的成就

坦齐马特时期在军事上的改革,主要是将整个军队划分为若干军区,将原来各省享有的军权收归中央统一管理。"1841年,奥斯曼军队有史以来第一次按地区划分为不同的军区,每个军区由伊斯坦布尔所委派的陆军元帅统领,这样就彻底结束了各省省督对军队管理的传统。"[①] 全国共划分为6个集团军,"素丹的新军"(The Ordered Soldiers of the Sultan)下放到各省,但直接向伊斯坦布尔的司令部负责。原先的"帝国卫队"(The Imperial Guard)更名为帝国军队(the Imperial Army),为第一集团军,部署在横跨博斯普鲁斯海峡两岸的地区,负责西南安纳托利亚地区安全和秩序以及推动那里的坦齐马特改革;伊斯坦布尔部队(the Istanbul Army)驻扎在伊斯坦布尔,负责西北安纳托利亚和色雷斯的相关任务;第三集团军驻扎在鲁美利亚,负责帝国欧洲部分的军务;第四集团军负责东安纳托利亚地区事务;第五集团军也被称为阿拉比亚军(the Army of Arabia),以大马士革为基础,1848年以前负责管理叙利亚、伊拉克以及阿拉伯半岛等地的事务;第六集团军以巴格达为基础,1848年以后负责伊拉克和阿拉伯半岛的军务。另外,在也门、克里特岛、利比亚等地也建立了分支部队。根据各地情况的不同而对各集团军的步兵、骑兵、炮兵和补给的设置有所不同。

此时,奥斯曼帝国军事改革的一个明显进步是已拥有诸如装甲战车及军用船只等武器装备。由于素丹阿卜杜勒·阿齐兹对军队武装兴趣浓厚,并给予特别的关注,奥斯曼帝国的海军在规模

[①] Stanford J. Shaw, Ezel Kural Shaw, *History of the Ottoman Empire and Modern Turkey*, Volume Ⅱ: *Reform, Revolution, and Republic*: *The Rise of Modern Turkey*, 1808—1975. Cambridge, Cambridge University Press, 1977, p. 85.

上位居欧洲第三，但由于缺乏合格的海军军事人员，它的海军力量没有得到实质性的加强。克里米亚战争后奥斯曼帝国在军事方面与西欧的交流不断扩大，不仅聘请了西欧国家的军事专家对帝国军队建设进行指导，在武器装备方面也直接从西欧进口，这样一来，军队层面的对外交流得到了强化。

二　教育方面的改革成就

坦齐马特改革之前帝国主要有两种形式的学校，一种是传统学校（medrese），另一种是负责军事和科技教育的学校（institutionsin of military and technical education），后者主要是18世纪末开始形成的。在此基础上，坦齐马特时期对学校的划分更加细致，设立了不同级别的学校，增加了学校的类别，扩大了规模。坦齐马特改革时期对教育的改革有一个循序渐进的过程。"1845年1月，素丹阿卜杜勒·麦齐德在造访司法管理最高委员会（Supreme Council of Juridical Ordinances）之后指出在社会生活的各个领域与愚昧作斗争的迫切需要。尤其是，他将教育视为改善帝国公众状况从而改善人民生活的一个有效途径。他下令给教育以优先权。"[1] 因此"当年就成立了临时教育委员会（Temporary Council of Education），这一委员会制定了一个仿照欧洲国家，主要是法国的教育体系的学校体制。它将学校教育分为初等教育、中等教育和高等教育三个阶段。中等教育学校的男生可以继续接受教育以进入大学，由此保证他们在奥斯曼帝国教育体系中的地位。由于这种中等教育成效显著，中等学校的数量从1847年的4所增加到了1852年的10所"[2]。因此，从坦齐马特改革之前的

---

[1] Ekmeleddin IhsanGoglu, *Science, Technology and Learning in the Ottoman Empire, Western Influence, Local Institutions, and the Transfer of Knowledge*, Ashgate Publishing House, Burlington, 2004, p.35.

[2] Ibid., p.35.

没有专门管理现代教育的机构到坦齐马特改革初期教育工作归贸易部（Ministry of Trade）所管辖；御园赦令颁布后于1845年成立了临时教育委员会（Temporary Commission of Education），以管理教育并致力于发展世俗教育；1846年时又成立了公共教育委员会（Council on Public Education），当时还年轻的阿里和福阿德都在其中；一年后成立了公共学校部（Ministry for Public Schools）；最终于1866年成立了公共教育部（Ministry of Public Education）来专门管理教育事业，该教育部花费大量精力致力于世俗与应用型教育的发展，从而为奥斯曼帝国建立了从启蒙教育到高等教育的完整教育体系。

同时，改革者们也借鉴了西方国家成功的教育模式，比如，"1869年颁布了一个基于法国教育部的建议所制定的新的公共教育条例，这一新的条例奠定了以后奥斯曼帝国教育分三个层次的模式。第一层次的学校是设在较大的村子的初级教育学校，第二层次的是设在每个城镇的中等教育学校，第三层次是在各省省会所设立的高等学校。虽然在19世纪70年代这方面所取得的进展有限，但到了随后的阿卜杜勒·哈米德二世时期，初级教育及中等教育得到了迅速发展。但是这一时期所建立的两所位于首都伊斯坦布尔的大学——1868年建立在旧皇宫的加拉塔萨雷学校（the old palace school of Galatasaray）和1873年建立在阿卡萨雷区（Aksaray district）的达鲁夏伐卡穆斯林孤儿学校（the Darüşşafaka for Muslim orphans）却很值得一提，尤其是加拉塔萨雷学校将为此后的帝国时期和后来的共和国时期提供好几代受过良好教育的具有外向型眼光的管理人员、外交人员、作家、医生以及科学工作者，这些人当中既有穆斯林也有非穆斯林。"[①] 这

---

① Erik J. ZÜrcher, *Turkey: A Mordern History*, I. B. Tauris & Co. Ltd, London, 1993, pp. 65—66.

第四章 改革年代的交往

样一来，奥斯曼帝国后期形成了四种类型的学校。第一种仍然是传统的穆斯林学校，教授伊斯兰教的有关内容；第二种是坦齐马特时期开始形成的世俗学校，这些学校在后来的阿卜杜勒·哈米德二世时期数量上得到很大扩充，它们带来了大量的改革派干部，他们成为帝国后期及土耳其共和国时期的重要领导；第三种是由米勒特建立并资助的学校；第四种是由外国天主教或新教团体所建立的学校，随着时间的推移，到这些学校接受教育的穆斯林学生越来越多。

由于坦齐马特改革的主导人物都是受过良好教育的帝国精英人士，他们充分认识到教育对整个帝国发展的重要性，因此，教育方面的改革是坦齐马特改革的一个重头戏，他们在教育改革方面投入了大量精力并取得了一些成效。这一时期教育改革的一个重要特点是加强了世俗教育的建设，重视培养为帝国改革和建设所需的应用型人才。因此，这一时期除了上面所提到的主管教育的部门的分工越来越专业以外，各个领域的教育也取得了长足发展。19世纪以来，在社会生活的各个领域包括工业、农业、饲养业、林业、矿业、工程、司法及艺术等部门都需要大量有知识的人来从事相关工作。政府在借鉴欧洲国家模式的基础上建立了许多现代式学校以满足社会的需求。在这些学校里，由来自欧洲的教师或奥斯曼帝国在欧洲接受过培训的教师来教授学生现代科学知识。在此基础上，帝国还派遣学生到欧洲留学。奥斯曼帝国最早于麦哈迈德二世时期开始派遣留学生，到了这一时期，人数有所增加。"奥斯曼帝国派遣留学生到欧洲留学的做法始于素丹麦哈迈德二世时期。1830年，四位在宫廷学校学习的奥斯曼学生被送到法国学习军事方面的科目，他们分别是：胡赛因（Huseyin）、艾哈迈德（Ahmet）、阿卜杜勒·阿提夫（Abdullatif）和艾德哈姆（Edhem）。他们的费用由帝国财政（Imperial treasury）支出。坦齐马特改革之初的1839年，从帝国军事和工程学校挑

123

选出了 36 位学生,他们被送到伦敦、巴黎和维也纳去学习欧洲科技。"① 回国后,这些学生被安排在军工厂及其他有着较高技术含量的工业部门工作。

随着改革的进行,越来越多的奥斯曼学生被送到欧洲去留学。除了为军事部门培养人才以外,"那些愿意在非军事部门任职的符合条件的学生也由国家资助被送到欧洲去留学。这一时期由于非穆斯林学生大量进入现代教育学校,1840 年有许多非穆斯林学生也被送往欧洲去留学。1848 年至 1856 年间,有约 50 名学生被送往巴黎,1856 年至 1865 年间为 61 人。1857 年,奥斯曼帝国在巴黎开办了一所学校(Mekteb – i Osmani),为学生开设艺术和科学等课程,课程设置与当地的法国学校相同。1864 年之前在巴黎的奥斯曼学生都在这所学校学习。1864 年到 1876 年间,总共有 93 名学生被送到巴黎留学。其中 42 名学习自然科学,另外 51 名在各技术领域接受职业技能的培训。1870 年 1 月 13 日,有 20 名学生被送到巴黎去学习各种艺术。因此,在整个 19 世纪,被送到欧洲留学的奥斯曼学生人数持续增加。除了在军事领域接受教育之外,他们也接受了在其他行业及艺术领域的训练,为民用目的培养了许多有用人才"②。

事实上,不仅奥斯曼帝国送学生到欧洲留学,欧洲人也开始在奥斯曼帝国开办学校。自 19 世纪中期以来,由于外国商业团体及教会越来越多地进入奥斯曼帝国,由奥地利、法国、英国、德国、意大利等国所资助开办的学校也随之增加,甚至后来美国也加入了进来,于 1863 年成立了罗伯特学院(Robert College)。这些外国学校可以任意选择校址,但这些学校的教师、课程设

---

① Ekmeleddin IhsanoGlu, *Science, Technology and Learning in the Ottoman Empire, Western Influence, Local Institutions, and the and the Transfer of Knowledge*, Ashgate Publishingh House, Burlington, 2004, p. 35.

② Ibid., p. 36.

置、教材等都必须经过教育部的批准以保证所教授内容不与奥斯曼帝国的道德要求及政治倾向相抵触。这些西方学校为奥斯曼帝国的学生们提供了先进的现代教育。

三 改革所产生的文化方面的变化

坦齐马特改革比前两次改革在对待外来文化方面更加开放。但我们不能认为帝国对外来文化及西方文化的接受是盲目的和没有选择的。事实上，坦齐马特时期的主要改革派人物如被称为奥斯曼帝国"改革之父"的拉希德帕夏、阿里帕夏、福阿德帕夏都非常清楚奥斯曼帝国与西方国家的差别，并能很理智地借鉴西方国家的有用成分，使其为奥斯曼帝国的发展服务。这些具有开放眼光的上层改革领导者都掌握着一种或多种西方语言，都有过在外交部门或驻西方国家使馆工作的经历。以他们为代表的改革派力量为这一时期奥斯曼帝国的发展作出了卓越贡献。坦齐马特时期奥斯曼帝国国民的生活方式开始发生变化，比如服饰方面不再像以前那样千篇一律，而且出现了双排扣礼服以及费兹帽等以前穆斯林所禁止穿戴的服饰风格。

除此之外的一个突破性变化发生在素丹本人的身上，这时的素丹开始以国家领导人的身份出访欧洲国家，而不像以前除非是亲自征战，素丹是不会跨出国门的。其中一个典型的例证就是素丹阿卜杜勒·阿齐兹在 1867 年出访了法国和英国。而素丹阿卜杜勒·麦齐德则于 1853 年至 1854 年间在博斯普鲁斯海峡沿岸仿照法国的凡尔赛宫修建了新的王宫——多姆巴舍宫（Doimabachce Palace）。该宫在完工后很快成为现代生活的象征与标志，它将欧洲王室的宫廷习惯及生活方式包括华贵的外交接见及进餐方式等都带进了奥斯曼帝国的宫廷和上流社会。"多姆巴舍宫的建成标志着奥斯曼社会对欧洲全方位的开放：如机构设置、建筑风格、着装习惯、城市规划、文学艺术以及对于女性（婚姻开始被看成是伙伴关系）和浪漫爱情的新观念等。素丹阿卜杜勒·麦齐德似乎对于爱情的新概念有着特殊的兴趣，因为各种各样的欧洲女性明显地赢得了他的喜欢，而后宫的女子们却受到了伤害。当脆弱的托普卡帕宫（Topkapi Palace）往日的风光不再，而让位于多姆巴舍的时候，这个看起来似乎微不足道的变化却有着深远的影响和重要的意义。在接下来关于'新'和'旧'的斗争中，那些先前在素丹面前得宠的人以及他们的随从们被留在了贫弱不堪的托普卡帕宫，而那些主张新政的人却都聚集在多姆巴舍宫。"①

由于时代特征和国际国内各方面因素的限制，坦齐马特改革虽然没有能够使帝国产生实质性的变化，但也起到了其应有的作用。"处在 19 世纪与 20 世纪的世界里，土耳其要么使自己现代化，要么便是灭亡，而坦齐马特的改革家们，尽管经历了种种失败，终于还是为此后更加彻底的现代化打下了不可缺少的基础……他们最大的成就，也许在教育方面。从 19 世纪建立起来的一批学校和学院中，慢慢地好不容易地才培养出一个新的有教养的上层阶级、一个具有新精神和更加清晰的新现实感的知识阶层来。"② 另外，教育改革和相关改革在培养大批具有新式和西式眼光的人才的同时，也使得更多的普通人有机会接触欧洲文化。所以，这一时期的对外交流活动不仅体现在设立外交部、驻外使馆等直接的对外交流部门，在学校教育及其他领域也加强了这方面的内容。

坦齐马特改革始于奥斯曼帝国内忧外患之际，改革意在改变国内的落后状况和缓解各种社会矛盾；同时又想通过改革使帝国

---

① Kemal H. Karpat, *Politization of Islam*, *Reconstructing Identity*, *State*, *Faith*, *and Community in the Late Ottoman State*, Oxford University Press, 2001, p. 159.

② ［英］伯纳德·刘易斯：《现代土耳其的兴起》，范中廉译，商务印书馆 1982 年版，第 134 页。

强大以与西方国家相抗衡。然而轰轰烈烈的改革并没有像改革家们所预期的那样成功，因为改革本身不可避免地受到国内保守势力的反对和欧洲国家的干预。改革也缺乏应有的群众基础，为数不多的改革派无法发动广大人民群众对改革进行支持，因而改革是不彻底的，甚至由于几个重要改革派人物的去世而使改革无法继续，这反映了坦齐马特改革的局限性。因此，改革虽然取得了一定的成就，但就改革的任务和奥斯曼帝国发展的需要而言还远未达到应有的效果，奥斯曼帝国改革的道路还很漫长。

第四节　阿卜杜勒·哈米德二世改革及与西方文化的交往情况

素丹阿卜杜勒·哈米德二世统治时期（1876—1909），从表面上看不像坦齐马特改革时期那样轰轰烈烈，也不像谢里姆三世和麦哈迈德二世改革因为开了帝国改革的先河而备受瞩目，因此大多数历史学家并未视其为改革时期。但实际上奥斯曼社会自18世纪末以来所进行的改革已经深入人心，而且通过这一时期奥斯曼社会实际所发生的变化和后来披露的史料表明，哈米德二世时期改革仍然在进行。

一　改革的延续

阿卜杜勒·哈米德在20世纪50年代之前的土耳其共和国以及西方都被看做是一位暴君，因为他在位时曾镇压亚美尼亚人的反抗，以及采取了一些对抗西方文化的措施。通常认为哈米德在宗教政策上比较保守，在对待西方文化方面比较反动。因此，他的统治时期除了被认为是独裁和保守以及强化了伊斯兰教之外乏善可陈。但随着土耳其共和国80年代末期以来一些重要档案文献的公开，学者们尤其是国外的学者们对哈米德二世统治时期的作为有了新的认识。这些档案文献显示出哈米德统治时期在各方面取得了很大的进步，是奥斯曼帝国及土耳其历史上的一个重要时期。如凯末尔·H.卡尔帕特在他的《伊斯兰的政治化：奥斯曼帝国晚期对于民族认同、国家、信仰以及社区的重构》一书中写道："素丹阿卜杜勒·哈米德二世是奥斯曼现代化背后的全权统治者及主要推动力量，同时作为哈里发，他也是奥斯曼现代化的合法奠基者及伊斯兰主义的建筑师。他还在三十多年的时间里成功地保持了奥斯曼帝国的领土完整，而这段时间对于现代化进程至关重要，他为现代土耳其的崛起奠定了基础。现代的民族认同感就是在这一转型时期逐渐形成的，而在这一现代民族认同感形成的过程中，来自于底层的民众宗教及文化因素与来自于统治精英所建立的民族国家模式起了同等重要的作用。"① 因此素丹阿卜杜勒·哈米德二世时期把改革继续向前推进。

此外，据这些文献披露，阿卜杜勒·哈米德在很多方面包括其个人生活习惯等方面都是最欧化的一位素丹，而且"他在推动奥斯曼帝国教育、政府以及交往的现代化方面对奥斯曼社会的内部构建所作的贡献远比坦齐马特改革深远……在他任素丹期间，大量的基督教徒进入奥斯曼政府任职并且位居穆斯林之上，这样一来穆斯林就被置于非穆斯林的权威之下。然而素丹本人却终生都是一位虔诚的穆斯林，而且笃信伊斯兰教并严格遵循伊斯兰的行为规范，他鼓励兴建清真寺并对在麦加和麦地那以及其他地区的清真寺进行了修缮"②。此外，哈米德二世延续了其前任们的改革，甚至在很多新的领域扩大了现代化的范围和视角。

哈米德二世是一个矛盾的集合体，他集专制者、改革家、奥

---

① Kemal H. Karpat, *The Politicization of Islam, Reconstructing Identity, State, Faith, and Community in the Late Ottoman State*, Oxford University Press, 2001, p.183.

② Kemal H. Karpat, *Ottoman Past and Today's Turkey*, Brill, Leiden, 2000, p.18.

第四章 改革年代的交往

斯曼民族的坚定支持者、爱国者于一身。哈米德二世首先是把自己看做一个虔诚的穆斯林,"他宣传自己是全体穆斯林的哈里发(calif);他将一大批阿拉伯人带入他的工作圈;他还在一些城市修建或修缮了清真寺;他鼓励人们去麦加朝圣。他的泛伊斯兰倾向最明显地表现为在 1901—1908 年间所修建的汉志铁路方面,该铁路由大马士革通往麦地那——全长 800 多英里,并且它的修建没有依赖任何欧洲资本,这是帝国铁路修建方面唯一一条仅仅依赖本国力量而完成的"①。哈米德二世在很多方面表现出了他的优点,"在哈米德统治的前期,他明显地显示出治理好国家的决心。他也被认为比他的两个前任有着更好的品性——节俭而不铺张、不酗酒、身心健康、虔诚等。与他共处的人在他上任之初都认为他是一个明智而有进取心的统治者,一个想通过自己的统治挽救这个国家并改善这个国家的人"②。哈米德二世的性格中带有平和而勤勉的一面,研究者曾这样描述他:"事实上,哈米德的某些残酷的行为是出于无奈,但却从来没有演化为像他凶悍的、难以捉摸的以及满怀仇恨的祖父麦哈迈德二世那样的个人的血腥报复行为。虽然平息亚美尼亚和马其顿叛乱的行动对他的形象有所影响,但他禀性平和,很少变得愤怒或者放纵的特点却是深为人知的。"③ 同时,根据伊尔迪兹档案馆里大量文献披露,哈米德二世一天通常要花很长时间阅读或批复国内外的大量信函与文件。这表明他具有勤勉的一面,与通常西方文献中将他描述为一位只知在后宫享乐的懒惰的暴君形象有所不同。作为一位封建帝王,他的主要任务是在不使自己政权受到影响的情况下进行

---

① Roderic H. Davison, *Turkey: A Short History*, London, The Eothen Press, 1988, p. 94.

② Ibid., p. 94.

③ Kemal H. Karpat, *The Politicization of Islam, Reconstructing Identity, State, Faith, and Community in the Late Ottoman State*, Oxford University Press, 2001, p. 160.

适度的改革与对外开放和交流。因此从这一角度出发，可以说，哈米德二世并不仅仅象征着落后和保守，他的性格和时代特征决定了他的执政方针。他力图在欧洲国家的强势之下、国内复杂的形势之下捍卫伊斯兰遗产和帝国主权。

他也在可能的条件下进行了应有的改革和创新，而且从客观结果和影响来看，这一时期奥斯曼社会的发展和变化对随后的时代起到了很大的推动作用。这样看来，哈米德二世与和他几乎同时代的另外一位欧洲君主，也即互为夙敌的奥匈帝国皇帝弗朗茨·约瑟夫有着许多相似之处。然而令人遗憾的是，虽然两位君王都想维持自己的统治，但终究因为时代的发展而使得他们无法扭转当时的世界局势和时代特色。社会的发展有它自身的规律，那个时代注定了帝国灭亡的命运，他们和他们的帝国都成了那个时代的牺牲品，在第一次世界大战中这两个王朝终于同归于尽，取而代之的是在他们的废墟之上建立的一系列新兴民族国家。而在这世事变幻、世易时移的社会发展主旋律中，奥斯曼帝国和奥匈帝国的遗产却仍然顽强地以这样或那样的形式在起着或轻或重的作用。

对哈米德时期奥斯曼社会的发展以及与西方的文化交往应该有公正的认识。他对于之前的一系列改革和其后的土耳其共和国起到了一种承前启后的作用。如果没有哈米德时期奥斯曼帝国的发展、人们思想的变化以及社会的全面变革，就很难有青年土耳其时期及随后的土耳其共和国的发展和变化。后继的变化在哈米德时期就埋下了种子。

二　改革的特点及对文化交往的影响

哈米德二世统治时期帝国的权力中心由最高波尔特转回到了宫廷，宫廷和皇帝本人重新成为统治中心。虽然1876年宪法改革中也推出了限制皇帝权力、朝代议制发展的国家管理理念，但

第四章 改革年代的交往

由于这一宪法无法得到实施，哈米德二世时期的中央集权和专制程度大大超过了过去。也正是因为中央集权统治的加强，哈米德二世强调用伊斯兰精神团结民众，凝聚人心，他视自己为全体穆斯林的哈里发。在与欧洲国家交往过程中，哈米德二世坚决捍卫伊斯兰教，但在学习西方先进科学技术方面他又能够重视吸收它们的优点。下面以教育为例来论证哈米德二世时期与欧洲国家交往过程中的这一特点。

自19世纪后半期以来，奥斯曼帝国像当时世界上其他国家如英国、法国、德国、俄罗斯、日本等那样开始通过教育来塑造国民特性从而造就对国家有用的公民。这就要求教育为塑造有责任心、民族自豪感的公民而作出努力，同时还应努力学习欧洲国家的先进科技。哈米德二世时期在强调伊斯兰教教育的同时也注重对实用科技的引进。教育自坦齐马特改革以来一直都是奥斯曼帝国对其公民塑造的一个重要途径，但在哈米德二世时期公共教育延伸扩展到了小学阶段，在小学、中学和高等学校教育中都强调了宗教教育的重要性。

"1887年3月2日，哈米德二世在伊尔迪兹宫（the Yildiz Palace）下达了关于修改中等教育和高等教育课程设置的命令，这一命令要求从宗教的深层次来对待国家的安全和建设。他认为在帝国的小学（primary school）和初级中学（secondary school）教育中严重缺乏宗教教育以及阿拉伯语的教育，因为阿拉伯语是奥斯曼语言的基石。高级中学（Higher Secondary/middle Schools）和帝国公务员学校（Imperial Civil Service School）的课程设置也要进行修改，增加了一些宗教课程的设置。同样，对于帝国军事学院（Imperial Military Academy）、医学院（School of Medicine）和工程学院（School of Engineering）也要求进行类似的改动。这样一来，虽然我们无法准确判断科学教育是否达到了一定的要求，但通过对增加了的宗教材料的阅读却可以强化学生们的宗教信仰。加拉塔萨雷学校（The Galatasaray Lycee）是一所按照法国模式设立的精英中学，它强调对法语的使用，因而可以例外。但这所学校的学生'应该远离那些对帝国利益有害的西方书籍'。一些用外语进行教学的穆斯林学校也被认为是一件坏事，'应该避免'。只有那些经过许可的书籍才可以翻译成奥斯曼语。加拉塔萨雷中学的校长说：'拉丁语和哲学课程要被取消，任何与欧洲哲学家们有关的都应该从教学中取消。'宗教教育应该得以增加，而且应该让那些在宗教上十分虔诚并没有任何信仰问题的老师来授课，讲授关于先知穆圣以及圣门弟子的生平和事迹等内容。该命令中还包括了对于5年制学校课程设置的详细要求。第一年，在每周总共12小时的教学时间中应该用8个小时来教授宗教和阿拉伯语，土耳其语语法课应该以'伊斯兰道德'有关书本为基础。地理和与'欧洲国家在地球上的位置'相关的课程到了第三年的时候才教授，而且只占全部一周12小时中的1个小时。整个5年的教学都朝传统伊斯兰教育倾斜。每个赖买丹（Ramadan）节，学生们都要背诵哈乃斐的著作，而且在每次诵经结束之前都要念诵祝素丹身体健康和万寿无疆的祝福语。"[1] 哈米德二世时期对宗教教育的重要程度可见一斑。

对于高等教育，哈米德政府也强调把对于培养一个忠诚而能干的国家精英的理念放在第一位。"正如一份来自于教育部（Ministry of Education）关于高等教育学校的指导册中所说的：高等学校的毕业生应该成为'有着良好教养和品性的、时刻准备不遗余力地为国家效力'的人才。在国家公务学校（the Civil Service School）尤其如此，所有的教师都应该'利用一切可能的

---

[1] Selim Deringil, *The Well-Protected Domains: Ideology and the Legitimation of Power in the Ottoman Empire* 1876—1909, London, I. B. Tauris, 1998, p. 95.

机会为学生灌输他们对于国家的神圣职责,这正是每一个国家公务人员都应该清楚的第一要务。'所有的教师都要强调宗教课程和伊斯兰法。"①

另外,虽然哈米德政府注重宗教教育,但宗教教育并没有影响到对科学的教育。"虽然在教育方面带有保守的色彩,但实际所实施的教学却很实用。尽管对于从小学到高等学校的课程设置都很强调宗教教育,尽管《古兰经》(Qur'an)的诵读被放在了很重要的位置上,但同时一些重要的出于实用方面考虑的教学也被付诸实施。在各省的中学里,学校课程都包括了诸如天文学、世界地理课和奥斯曼地理课、经济学、几何学和农业科学等课程。另外,在有些地区这些课程还可以用阿拉伯语、亚美尼亚语、保加利亚语和希腊语教授。在阿拉伯省区里,尤其是在像大马士革这样的文化中心,政府学校一直是教育的中心所在,而且对奥斯曼帝国解体后新独立的民族国家而言贡献了一批阿拉伯世界的精英,他们对于这些阿拉伯国家的生产产生了重要影响。在加拉塔萨雷中学,法语和翻译继续繁荣,在一些中学,除了对阿拉伯语的教授之外,希腊语、保加利亚语和亚美尼亚语也出现在课程设置中。"②

阿卜杜勒·哈米德二世在位时期与欧洲文化交往的成效显著,奥斯曼帝国在很多方面都取得了进步。通信方面,连通帝国内外的通信设施都得到了迅速发展。自电报于克里米亚战争期间被引进奥斯曼帝国以后,到哈米德时期国内各大城市都已敷设了电报线路,电报已广泛地应用于帝国与西方国家之间的外交以及国内通信等方面,帝国内外的联系更加快捷方便。印刷出版及新

---

① Selim Deringil, *The Well - Protected Domains*: *Ideology and the Legitimation of Power in the Ottoman Empire* 1876—1909, London, I. B. Tauris, 1998, p. 9.

② Ibid., p. 98.

闻事业在这时也发展到了一个新的水平，由于广大人民受教育程度的提高，这时的书刊报纸已开始进入普通民众的日常生活。由于哈米德二世实行新闻审查制度，禁止刊登有关政治方面的内容，各种出版物大量刊登关于文学艺术、历史地理及科学技术等方面的内容，这样一来，奥斯曼帝国民众就有了更多的渠道来了解外面的世界及科学文化知识。

哈米德二世作为奥斯曼帝国后期的一位素丹，试图建立起针对英国、法国、奥匈帝国及俄国等欧洲国家的一道穆斯林防线。他所推行的政策在于抵制地方分离主义并促进帝国境内外全体穆斯林的团结以捍卫帝国的信仰、文化和民族特质，以此来增强帝国穆斯林的文化认同以及对伊斯兰文化遗产的自豪感。由于法国对突尼斯的占领及英国在埃及的登陆加深了欧洲的威胁，但同时也使得伊斯兰领袖哈里发在捍卫穆斯林权力和自由方面的作用得以加强。"哈米德二世继续了他的前辈们所进行的改革活动甚至将现代化的范畴扩大到了新的领域。现代教育体系的三个层次，包括职业教育学校的扩张，都带来了真正意义上的现代化知识分子和专门人才，铁路运输及其他各种现代设施都初见成效。而且同样是在他的任期内，现代土耳其的文学得以成熟，帮助土耳其民族实现思想上的现代化，而且也由此产生了第一次文学上的大众化。虽然政治活动和辩论在哈米德二世时期是一个禁忌，但事实上在其他所有的领域都有着高度的自由，因此现代化的媒体在这一时期出现而且基督教徒也享有着几乎无限制的宗教自由和文化自由。"① 哈米德二世毕竟是一个封建帝王，虽然他也对欧洲的现代化和西方文明充满了羡慕与赞同，但同时他却设法为他的帝王独裁制度作辩护，认为只有这种独裁制度才适合奥斯曼和伊斯兰传统，但这显然与新兴的改革派和民族主义分子的思想相抵

---

① Kemal H. Karpat, *Ottoman Past and Today's Turkey*, Leiden, 2000, p. 17.

第四章　改革年代的交往

触，因此他最终落了个被废黜的下场。而奥斯曼帝国的现代化需要的是与伊斯兰思想相吻合的具有西方和世界眼光的新型人才。穆斯林精英们，包括乌里玛中的开明分子开始认识到素丹独裁统治的危害性，但他们却没有充分意识到在这表面的帝国体制下，一个新的民族国家正在酝酿之中。

第 五 章

欧洲文化对帝国文化的影响

奥斯曼帝国后期，欧洲文化与帝国文化进行了有效的交流。两者之间的交流形式多样。其中欧洲文化对帝国文化产生了重要影响，这种影响涵盖了帝国社会文化的很多方面。

第一节 欧洲文化对奥斯曼帝国文化影响的主要方式

奥斯曼帝国作为地处欧、亚、非三大洲，沟通红海、地中海、黑海，连接大西洋、印度洋的帝国，历史上从来不乏与欧洲的文化交流。帝国早期开始征服欧洲，后来将东正教牧首驻地君士坦丁堡收入囊中；巴尔干各地也纷纷成为奥斯曼帝国的属地；再后来帝国对维也纳进行了两次有惊无险的围攻；另外，在英、法、奥匈帝国、沙俄等国互相之间争夺领土与霸权的错综复杂的活动中，奥斯曼帝国时而成为它们争取的对象、时而又被无情地抛弃。奥斯曼帝国自建立以来，短期内迅速向欧洲扩张，到1453年，它已将拜占庭帝国的首都君士坦丁堡占领，东罗马帝国在欧洲的大部分领土成了奥斯曼帝国的领地；随后，数位奥斯曼帝国素丹都大力向欧洲扩张，将领土扩展到多瑙河流域。在奥斯曼帝国统治的近六个世纪里，它与欧洲之间的文化交往从未间断。到后期，以法国大革命后拿破仑入侵埃及为开端，帝国逐渐衰落而西方却飞速发展，帝国在与欧洲国家的交往中处于劣势。但这并

第五章 欧洲文化对帝国文化的影响

不妨碍双方的文化交往，而且这一时期双方的交往相当活跃，这对奥斯曼帝国社会形成了很大的冲击，帝国进行了一系列改革，逐步走向开放，最终破旧立新，在其废墟上诞生了一系列新的民族独立国家，而奥斯曼帝国时期的文化遗产却被不同程度地保留了下来，继续接受时间的考验。

一 欧洲影响下的改革

奥斯曼帝国在后期面临着强大的欧洲国家的直接挑战，但能延缓其衰落并存续了相当长的时间，这在一定程度上是由于它持续不断地进行改革，设法调整策略以应对内忧外患。应当说，奥斯曼帝国后期的青年土耳其革命以及随后的凯末尔革命都是与前面的一系列改革一脉相承的，土耳其共和国的诞生是当时历史条件下的必然产物。这一系列改革是与吸取外来文化的优秀成分并将之转化而为其所用的文化态度密不可分的。事实上，始自谢里姆三世并逐步深入的奥斯曼帝国后期的改革到20世纪早期已经取得了相当的成绩，改革所带来的变化体现在诸多方面，当然最重要的是奥斯曼人在思想文化上的变化。多元文化在这时已经有所展现，伊斯兰文化仍然占据主流地位，而西方文化的某些成分开始在奥斯曼社会找到其生存的土壤。

欧洲文化通过各种不同途径流入奥斯曼帝国并与其相融合。事实上，奥斯曼帝国一直与西方存在千丝万缕的联系，其对外交往在不同时期的方式与程度有所不同，但它从未断绝与外国的联系。战争形式的交往是双方交往的一个重要组成部分，当然除了军事方面的较量与战争的交往形式以外，它与欧洲国家的交往还表现在后者的外交人员、商人、传教士、探险家、考古人员、逃难者、叛教者以及游客等将西方的知识与文化带入帝国。下面的文字是对这一现象很好的印证。虽然它描写的是15世纪末和16世纪初犹太人到奥斯曼帝国进行交往的情况，但是这和帝国后来很长时期内与其他欧洲主要国家进行交往的情况相比有过之而无不及。"但在战争的间歇期间,于是有了和平,也有了商业;欧洲的外交家坐在伊斯坦布尔;欧洲的商人和学者在奥斯曼境内各地旅行,许多人来到这里便待下来不走了;亡命徒和冒险家设法在奥斯曼政府中谋得一官半职;由于政治或宗教迫害逃亡在外的人们,在奥斯曼的权力下面找到了他们的庇护所。这样就造成了十五世纪末和十六世纪初犹太人从西班牙和葡萄牙的大迁移,并且由他们随身带来了印刷术和一些有关医药和技术的知识。"[①] 这表明,在这一时期更多的是欧洲国家人士来到奥斯曼帝国并进行着各种交流,只是到了帝国后期,奥斯曼帝国才更多地逐渐来到欧洲国家进行学习和交流。也就是说,起先奥斯曼帝国到欧洲去学习、旅游、经商或从事别的活动的人员并不多见,只是在帝国后期公民才开始大规模地前往欧洲国家进行相关活动,双方的交流才开始更加频繁,互动性更强。下面我们先就欧洲国家对奥斯曼帝国后期的文化影响作一分析。

二 影响帝国文化的欧洲人员成分构成

影响帝国文化的欧洲人员成分首先是为数众多的欧洲各国外交人员,他们从欧洲各国的政治文化中心来到奥斯曼帝国的首都及其他重要城市进行外交活动。这些外交人员都是各国充满智慧与具备一定能力的有识之士,他们看到奥斯曼帝国所存在的问题,会对周围的帝国人员提出一些建议,当然通常都是他们从自身利益出发的,这会遭到奥斯曼官员的反对。但仍有些建议被采纳,而且起到了良好的效果。比如加拉塔萨雷学校(The Lycee of Galatasaray)就是在拿破仑三世时期在法国大使的极力游说之

---

① [英]伯纳德·刘易斯:《现代土耳其的兴起》,范中廉译,商务印书馆1982年版,第51页。

第五章　欧洲文化对帝国文化的影响

下,帝国最高波尔特[①]按照法国教育部一个专家的建议所建立的。

这一时期来到奥斯曼帝国的欧洲人中有许多是以各种形式的宗教活动为依托的,包括专业传教团、也包括在帝国境内从事其他行业但同时却宣扬西方宗教的人士,甚至包括一些西式学校和军队中的执教人员等。"奥斯曼国内的基督教徒和犹太教徒在宗教和教育方面的需求,是由一个纵横交错的传教团、学校,以及其他的教育、文化和社会机构网络完成的,这个网络越来越遍布全国……穆斯林显然是西方传教团的目标,后者也争取到几名改宗者——叛教在伊斯兰教律法中罪可处死。"[②]虽然改宗对穆斯林而言后果极为严重,但这并不妨碍西方传教团在帝国以各种途径和方式进行传教活动,而这种种传教活动的效果在当时也许不甚明显,它所宣扬的西方式信仰和生活方式以及文化取向和价值观等对奥斯曼帝国的影响却在逐渐产生着种种作用。这种作用有时会来得很直接很迅速,比如伊斯兰教沙里阿法中一直奉行的叛教可以处死的规定在1844年就被废除。

为数更多的是一批一批的以私人身份出现在奥斯曼帝国的外国人,主要有商人、冒险家、投机者、游客、传教士以及教师等。奥斯曼帝国的普通公民,甚至国家工作人员有时都可以从这些欧洲人那里得到相关知识与启示。比如在许多学校里,奥斯曼帝国的教师就可以与他们的欧洲同事进行很好的交流,当然学生也不例外。尤其是坦齐马特改革以后,更多的欧洲国家教师进入了奥斯曼帝国,这种交流也就越来越频繁与深入。这些学校的毕

[①] Sublime Porte,指奥斯曼帝国政府。Porte 为法语,意为高大的门。
[②] [英]伯纳德·路易斯:《中东:自基督教兴起至二十世纪末》,郑之书译,中国友谊出版公司2004年版,第306页。

业生很多后来都成为奥斯曼政府的重要成员,更多的人成为日后社会的中坚。在这方面欧洲文化对于奥斯曼社会的影响是显而易见的。

在众多的外国人当中,有许多是直接从事某些具体的特殊行业和特殊事务的,包括对奥斯曼帝国的军队建设提供建议的军事工作人员,也包括对工业等行业进行指导的专业技术人员等,他们对奥斯曼帝国的影响长久而显著(比如在法国大革命和拿破仑统治期间,法国的影响就占据了主导地位)。以麦哈迈德二世为例,他在位时期从欧洲引进了大量各行各业的专家和技术人员。他"雇用法国人开办了一所医学院,聘请西班牙人作为海军学院的校长,让苏格兰人管理他的汽船,康沃尔人帮他建起了制革厂,意大利人为他的军乐队作指导,美国人为他造船,英国军官为他训练海军,普鲁士军官为他建设军队"[①]。

另外,对奥斯曼文化与欧洲文化交流有较大影响的应该是1830年、1848年以及1863年等19世纪中期在欧洲发生的革命事件所导致的欧洲流民的力量。他们来到奥斯曼帝国并随之带来文化的交流与影响。这些人当中很多人皈依了伊斯兰教,与奥斯曼帝国女子组成了家庭,并在当地居住下来。他们在奥斯曼帝国或者作为医生,或者作为工程师,或者作为文职人员及军官,还有的甚至成为地方的政府工作人员,他们很好地融入了奥斯曼社会,带来了欧洲生活对帝国社会诸多领域的影响。

三 帝国主动寻求与欧洲文化的交往

帝国后期的一系列改革都把向先进的欧洲国家军事技术的学习作为军事改革的重要内容,这就需要大批的欧洲军事技术人员

---

① Roderic H. Davison, *Essays in Ottoman Empire and Turkish History*, 1774—1923, *the impact of the west*, University of Texas Press, Austin, 1990, p. 99.

第五章　欧洲文化对帝国文化的影响

来到帝国与其军队进行直接的交流，因而也为他们的交往提供了便利条件。"1796年，新任法国驻土耳其大使上任时，带了一整队法国的军事专家同行。法土两国的军事合作，因为1798年到1802年的战事而中断，两国在这场战役当中是敌对双方。但是这项合作在法土两国成为同盟之后又恢复了，并在1806年到1807年英俄联军攻击土耳其时达到了高峰。19世纪30年代，这项发展有了一个新的开始，当时有心改革的素丹麦哈迈德二世（MahmudⅡ）为了把本国军队现代化而向西方政府寻求协助。于是，一支普鲁士的军事团在1853年来到土耳其，一支英国的海军团在1838年来到土耳其，开展了双边的合作关系。这个友好关系贯穿19世纪，一直维持到20世纪。"①

除了大量欧洲人士来到奥斯曼帝国所带来的文化交流与影响之外，影响更深远的也许是奥斯曼帝国公民自己到欧洲接受教育或者在国内接受类似教育所带来的影响。受过这种教育的人通常能得到较好的工作，比如在翻译局工作或在驻欧洲国家使馆工作。奥斯曼人通过多种途径接受欧洲文化，有的到欧洲国家接受正规教育；有的流亡到欧洲进行学习，如青年奥斯曼或青年土耳其组织中的一部分人就是如此；更多的则是通过在奥斯曼帝国境内的高等学校接受教育而成为受欧洲文化影响较深的人士。尤其是到了奥斯曼帝国后期，越来越多的青年可以比较容易地在国内就接触到欧洲文化。这些学校的课程设置中越来越多地包含了欧洲的文化与科学知识，其中有些相当于现代的政府管理类课程或者公共与国际关系理论等课程。这些学校为奥斯曼社会培养出了掌握先进科学技术与欧洲文化，同时又对奥斯曼帝国充满忧患意识的人才，他们在奥斯曼帝国的改

---

① ［英］伯纳德·刘易斯：《中东：自基督教兴起至二十世纪末》，郑之书译，中国友谊出版公司2004年版，第306页。

革与发展中起到了重要作用,自然成了对内对外文化交流与传播中不可忽视的力量。

另外,除了在军事、教育等方面的交流以外,双方在贸易方面的交往也构成了一个重要方面。由于在双方的国际贸易中会涉及诸如语言的沟通、思想的交流、贸易谈判的进行、外交礼仪的应用、生活方式的遵循、经济利益的权衡、交换的实施甚至讨价还价等众多环节,因此双方的交流具体、直接而深入,这对于在对外贸易中处于弱势而主要是向西方国家学习的奥斯曼帝国而言,对其生产和消费观念、生活方式以及相关方面都产生了影响。

总之,到奥斯曼帝国后期,帝国与欧洲国家的交往几乎是全方位的,也是比较深入的,在各个层面上对帝国产生了影响。个人之间因教育、外交、贸易以及旅行等方式产生的交流越来越多,而这又大大地有助于新观念的传播。研习外语人数的日渐增多,译书量的增加,又使得这些观念进一步传布——自19世纪20年代以后,帮助这些译作流通的起先是定期刊物,后来则是每天发行的新闻报纸。很显然,帝国后期与欧洲国家在各个方面的交往中主动的成分越来越多。除宗教以外的许多方面都在发生着深刻变化,而宗教问题则是双方交往中最为敏感而复杂的层面,它是双方在当时和其后长时期交往中一个不可回避的话题。

第二节 欧洲文化对奥斯曼帝国文化影响的主要表现

欧洲文化对奥斯曼帝国文化的影响是全方位的,既有宏观的影响,又有微观的影响,既包括了艺术领域的影响也包括了物质领域的影响。我们将从以下几个方面着手分析欧洲文化对奥斯曼帝国文化的总体影响。

第五章　欧洲文化对帝国文化的影响

一　欧洲文化对帝国文化影响的宏观层面

自15世纪到18世纪,在欧洲发生了诸如地理大发现、文艺复兴、宗教革命、启蒙运动、产业革命、资产阶级革命等一系列具有划时代意义的重大事件。纵观欧洲文化,我们发现它的一个主要特点是与基督教信仰密切相连。它作为一个概念是在反抗穆斯林对欧洲的进攻过程中而形成的,而且是与海外的发现相对比的。随着欧洲的概念由于地理上的及事实上的扩展,也由于基督教在欧洲进入分裂状态,"基督教世界"逐渐成为过时的说法而被代之以"欧洲"的说法。"正是这种海外发现及对外扩张使得欧洲的概念又多了一层含义,即欧洲及欧洲人的优越性。欧洲人开始以要么'欧洲'要么'其他地区'的两分法来看待世界。'欧洲'一词成了当欧洲人与世界其他地区的人们相遇时他们对自己的称谓;'西方'一词成了其他社会与欧洲打交道时对它的称谓。"① 有两个因素表明了18、19世纪西欧社会的主要特征:以法国、英国为代表的国家政治和以英国为代表的经济上的资本主义。经济的资本化整合了欧洲的经济资源,而国家政治为它们提供了中央集权的内在的协调性公共组织,从而使它们有了统一行动的基础。法国代表了当时欧洲文化的最高水平,法语成为当时欧洲社会的通用语言;英国对欧洲新形象的贡献是它的新式的大规模生产所带来的大量新颖时尚的物质文化。此后的英国和法国很快发展,成为西欧强国,引导了当时欧洲乃至全世界的发展潮流。

对奥斯曼帝国而言,它并不具备当时其他欧洲国家那样的条件以尽快赶上英、法的发展,但它也受到了这股大潮的影响。奥斯曼帝国受西方的影响主要表现在它对欧洲器物的采用以及对西

---

① Fatma Müge GÖÇek, *Rise of the Bourgeoisie, Demise of Empire Ottoman Westernization and Social Change*, Oxford University Press, 1996, p. 5.

方文化艺术的采纳并使其本地化；它的另一个重要表现就是学习欧洲先进的军事、科技、教育等成就，来改造自己的社会。

克里米亚战争后不久就开始的奥斯曼帝国的铁路建设由于19世纪70年代的财政危机而没有完成，此后引进西方投资进行铁路建设成了奥斯曼帝国利用外资发展自己经济的一个重要方面，阿卜杜勒·哈米德试图以大规模发展帝国铁路建设来寻求帝国经济的发展。他力图通过挑起帝国主义国家之间的矛盾，将它们对奥斯曼帝国领土的争夺转化为经济上的竞争，以发展自己的经济。因此在1888年9月27日，奥斯曼帝国与德国签订了由德意志银行来全权建设由伊兹米尔到安卡拉并最终通往巴格达和波斯湾的铁路，这改变了长期以来英国、法国和奥地利在奥斯曼帝国经济领域处于优势地位的局面。英、法两国对这种公然冒犯反应强烈，要求参与这项工程。这样奥斯曼帝国就有了抬高条件的砝码。比如奥斯曼帝国只保证拿出建成并投入使用的铁路每公里的总收益的最低额度，以补充当铁路的岁入低于协议中规定的数额时的差额。由于采取了一些有效措施，帝国境内的铁路线路及里程迅速增多，同时帝国的岁入也大量增加。在阿卜杜勒·哈米德统治期间，"到1907—1908年之交，铁路总里程增加了5883公里，比他即位时的里程总数超出3倍还多。同时，来自铁路运营的政府岁入几乎增加了10倍，从1887—1888年之交的8050万库鲁斯[①]（kurus）增加到1907—1908年之交的7.4004亿库鲁斯。"[②]

二 影响的具体表现

交通运输、教育、通信、城市发展等方面是帝国后期欧洲国

[①] 库鲁斯（Kurus），货币单位，一里拉=10库鲁斯。
[②] Stanford J. Shaw, Ezel Kural Shaw, *History of the Ottoman Empire and Modern Turkey*, Volume Ⅱ: *Reform, Revolutio, and Republic: The Rise of Modern Turkey*, 1808—1975, pp. 226—227.

第五章 欧洲文化对帝国文化的影响

家对其影响比较集中的方面。铁路在帝国后期有着重要发展。奥斯曼帝国铁路网中最引人注目的新成就要数汉志铁路了,该铁路连接叙利亚和两圣城,是政府利用德国的技术指导,通过公众认购及财政补贴的方式建成的。该铁路是哈米德二世为了加强对圣城及附近阿拉伯地区的控制同时显示奥斯曼素丹对全体穆斯林的权威而修建的。它的政治象征意义比它在经济方面的作用更大。另外,奥斯曼帝国后期还修建了许多其他铁路,如幼发拉底河流域铁路(the Euphrates Valley Railway)、从伊兹米尔(Izmir)到爱丁(Aydin)再到萨拉科伊(Saraykoy)的铁路、雅法(Jaffa)到耶路撒冷(Jerusalem)的铁路、斯米尔纳—卡萨巴铁路(Smyrna–Kassaba Railway)等。除汉志铁路之外的其他铁路都主要是西欧各国在奥斯曼帝国投资修建的。它们对奥斯曼帝国的经济社会和文化发展有很大的推动作用。例如,伊斯坦布尔在1872年就有了自己的铁路。"到1872年为止,从伊斯坦布尔的谢尔克齐(Sirkeci)到埃迪尔纳(Edirne)和索菲亚(Sofia)的铁路已经代替了古拜占庭帝国在伊斯坦布尔的海墙(sea wall),帝国首都终于有了自己的铁路。"[①] 这在当时也是世界上比较先进的,虽然它是由外国所修建的。

铁路的大量修建对帝国的经济发展影响显著。资料显示,奥斯曼帝国在1898—1913年间虽然领土和人口减少了,但经济上却与其他主要欧洲国家一样经历了第二轮的扩张(the second wave of expansion)。按照赛维柯特·帕姆克(Sevket Pamuk)在《奥斯曼帝国与欧洲资本主义,1820—1913,贸易、投资与产品》一书中的说法,奥斯曼帝国在这一时期经济增长的一个主

[①] Wilfred T. F. Castle, *Grand Turk, An Historical Outline of Life and Events, of Culture and Politics, of Trade and Travel during the Last Years of the Ottoman Empire and the First Years of the Turkish Republic*, Hutchinson & Co. (Publishers), Ltd. London, 1950, p. 58.

要原因是:"就商品的供应而言,由外国资本所修建的铁路为这一时期奥斯曼帝国对外贸易的较快增长做出了贡献。19世纪80年代帝国主义国家间对市场和廉价而丰富的原材料的竞争由于德国作为世界力量的兴起而进一步加剧。奥斯曼帝国对这个新来者显得尤其有吸引力,因为它在世界上还没有什么殖民地。当德国资本主要在安纳托利亚中部和马其顿等地修建铁路时,法国公司却在叙利亚、马其顿和西安纳托利亚等地修建新的铁路。正当这些线路在19世纪90年代中期得以完成时,世界经济'大萧条(the Great Depression)'时期已经过去。通过大量减少主要港口和遥远的内陆地区如中安纳托利亚等地的运输成本,铁路将后者与欧洲工业更加紧密地联系起来,而且还将这些地区为世界市场所提供的农产品商品的速度加快。"[①]

水运在奥斯曼帝国后期也取得了很大发展,它与铁路的发展结合起来为奥斯曼帝国经济的发展和对外贸易做出了贡献。蒸汽发动机作为新的动力这时开始代替帆船,这大大增加了货物载运,缩短了航行时间,安全可靠性也因此大幅度提高。"19世纪60年代,奥斯曼帝国水域上由蒸汽发动机作动力的船只载物重量达到了1000吨,比帆船时代的平均载运量高出了10到20倍。19世纪60年代,在进驻伊斯坦布尔港口的船只中,帆船的数量是蒸汽机船的4倍。而到1900年时,帆船向蒸汽机船的转换已基本完成,在进驻伊斯坦布尔的船只中,帆船的数量只占百分之五。"[②] 水运方面的巨大发展使奥斯曼帝国对外交流与贸易的效率大大提高,沿海城市如伊斯坦布尔、伊兹米尔等成为帝国繁忙的水运港口,这些城市作为欧洲国家商人的聚集地及货物的进出

[①] Şevket Pamuk, *the Ottoman Empire and European Capitalism*, 1820—1913, *Trade, Investment and Production*, Cambridg University Press, p. 35.

[②] Donald Quataert, *The Ottoman Empire*, 1700—1922, Cambridge University Press, Cambridge, 2000, p. 118.

第五章 欧洲文化对帝国文化的影响

口集散地很快发展。在全球贸易加速发展的19世纪，在当时的交通技术和运输条件下，港口贸易在进出口贸易中占了很大的份额。对奥斯曼帝国这样一个有着良好水运条件的国家而言，尤其如此。正是借助于铁路的发展和便利的水运，奥斯曼帝国内陆在经济上与外界联系频繁。运输成本与其他因素一起影响着贸易中商品的价格。就奥斯曼帝国而言，由于出口的商品主要是农产品和农产品加工而成的初等产品，因此对连接内陆农产品生产地区与沿海港口地区修建铁路所节省的运输成本可以转化为对产品价格的提高，同时在进口方面可以降低工业制成品的成本。赛维柯特·帕姆克在《奥斯曼帝国与欧洲资本主义，1820—1913，贸易、投资与产品》一书中写道："萨洛尼迦和伊兹米尔等是18世纪重要的出口港。当1828—1834年的《自由贸易条约》(*Free Trade Treaties*)剥夺了奥斯曼政府对食品和原材料等出口产品的年度限制权之后，这些地区及其相邻的内陆地区出口最先迅速增长。出口增长的第一次高潮一直持续到19世纪70年代初，这时正是全球经济增长高潮结束之时。克里米亚战争和美国内战在这方面起了重要作用，因为它们带来了对初级商品的大量需求。这些地区出口的第二轮增长高潮直到世纪末才来临，这时的世界经济进入了又一轮的长期增长。"[①] 这些都显示了水运的发展对奥斯曼帝国后期经济发展的巨大推动作用，也正是这些港口在将奥斯曼帝国经济与世界经济相结合方面发挥了重要作用。

在铁路与水运等交通系统快速发展的同时，邮政与电报等通信技术在奥斯曼帝国后期也取得了很大发展，但与铁路发展的轨迹略有不同的是，西方国家间的竞争直接刺激着奥斯曼帝国自主发展本国邮政及电报的事业。电报是在克里米亚战争刚刚结束的

[①] Şevket Pamuk, *the Ottoman Empire and European Capitalism*, 1820—1913, *Trade, investment and production*, Cambridge University Press, 1987, p.99.

几年里由西方国家在奥斯曼帝国开始采用的，但奥斯曼自己的学校很快就培养出了既敬业又能干的电报工作人员，他们在1876年以后与西方国家的电报人员一起服务于电报业。"铁路线路发展的同时电报线路也在发展，地上线路的长度由1882年的23380公里猛增到1904年的49716公里，而水下线路变化不大，同期由610公里增加到621公里。这一时期所发送的电报数量由大约100万增加到300万，而岁入由3920万库鲁斯增加到8938万库鲁斯。虽然其中大约一半为成本所抵消，但仍然有相当可观的财政收益。"[1]

1841年以前，奥斯曼帝国一直没有自己的邮政服务，只有奥地利、沙皇俄国和英国等国家在奥斯曼帝国开展了此项服务，但此后，邮政服务在奥斯曼帝国发展迅速。尤其是"在阿卜杜勒·哈米德在位期间得到了长足发展，通过邮政系统所发送的信件及包裹由1888年的1150万件增加到了1904年的2438万件"[2]。从1901年开始，奥斯曼帝国邮政局开始通过提供更好的服务、销售折扣邮票等方式同外国邮政服务相竞争，这使奥斯曼帝国在邮政体系发展的同时也给奥斯曼帝国国民带来了更好的邮政服务，他们可以更方便地进行通信与交流。

教育的发展也在奥斯曼帝国后期受到了应有的重视并取得了一些成就，这主要体现在通过改革教育使其更加现代化，加强世俗教育以适应政府、司法、军队的要求。奥斯曼帝国后期教育发展的另一表现是直接鼓励西方国家在帝国兴办教育，这有利于教育向西方学习，加快了奥斯曼帝国在教育方面与西方的交流，培养了大批适应新形势的新型人才。西方国家在奥斯

---

[1] Stanford J. Shaw, Ezel Kural Shaw, *History of the Ottoman Empire and Modern Turkey Volume* Ⅱ: *Reform, Revolution, and Republic: The Rise of Modern Turkey*, 1808—1975, Cambridge University Press 1977, p. 228.

[2] Ibid., p. 229.

第五章　欧洲文化对帝国文化的影响

曼帝国开办各级各类学校，"在全部西方国家所开办的413所学校中，法国最多，占到115所，美国也有83所，英国有52所，俄罗斯及希腊等占到50所，奥地利和德国共有32所，意大利有25所"①。这些外资学校按照西方的教育模式进行教学，使学生直接接触了西方文化及现代科学知识，也为以后奥斯曼帝国的现代化培养了一批具有世界眼光和能够客观了解奥斯曼帝国与西方文化差异及建设奥斯曼帝国的优秀人才。新兴的世俗教育的集大成者——奥斯曼大学（Ottoman University）取得了很大的成就。它下设四个分院，分别研究宗教学、数学、物理科学和文学，帝国法学院与医学院也附属于该大学。"宗教学院开设《古兰经》研究与翻译、圣训、宗教法学、哲学和宗教学；数学与物理学学院共同开设数学、代数学、工程学、会计学、物理学、化学、生物学、农学和地质学。文学院开设奥斯曼及世界历史、哲学与逻辑学、奥斯曼语、阿拉伯语和法国文学、地理总论及奥斯曼地理、考古学和教育学。奥斯曼帝国有史以来第一次拥有了一所真正有效的大学，开启了直至今日不曾间断的高等教育。"②

虽然阿卜杜勒·哈米德统治时期实行了严格的书报等出版物的审查制度，但这一时期大众文化的发展却仍然很引人注目。由于接受教育的公众比例越来越大，大众文化活动非常活跃，很多公共图书馆建了起来，出版印刷业迅速发展，各种书籍、刊物、报纸、小册子等纷纷涌现，成为人们手头的读物。出版发行业的繁荣也使各类文字撰稿人取代了乌里玛成为大众文化的领袖，这

---

① Fatma MÜge GÖÇek, Rise of the Bourgeoisie, Demise of the Empire, Ottman Westernization and Social Change, Oxford University Press, 1996, p.86.

② Stanford J. Shaw, Ezel Kural Shaw, History of the Ottoman Empire and Modern Turkey, Volume Ⅱ: Reform, Revolution, and Republic: The Rise of Modern Turkey, 1808—1975, Cambridge University Press, 1977, p.251.

反过来更进一步提高了大众接受教育的水平,增强了他们参与社会事务的意识,促进了信息的快速传播。这也为以后的民族民主革命及现代思想的传播打下了基础。许多作家在不违反法律规定的前提下想方设法满足公众的阅读需求,结果产生了无数小说、散文、纪实文章以及其他各种书籍,各种出版物的极大丰富使得这一时期成为奥斯曼帝国历史上除了20世纪初期以外文化活动最有生机和最活跃的时期。

当然除了铁路、电报、邮政系统及教育、大众文化得到发展以外,其他方面如公路、水运、电力、商业贸易等也都有很大发展。奥斯曼帝国后期的这种发展对文化交流的影响体现在社会生活的方方面面。城市建设方面:"城市生活在阿卜杜勒·哈米德二世统治时期取得了长足发展。在伊斯坦布尔、伊兹米尔、亚德里亚、萨洛尼迦及其他城市,街道和人行道被铺设一新并且装有汽灯,都很干净很安全。街上有许多马车,通常主要是外国人乘坐。成千上万的小商贩在销售来自世界各个角落的货物及奢侈品。无数的邮局、电报线以及蒸汽船方便了帝国的对内及对外交往……作为帝国首都,伊斯坦布尔也许是世界上最大的都市,在那里,帝国居民与外国居民及来自全球各地的游客混居一起。如何让快速增加的人口迅速融合成了伊斯坦布尔的一大问题,1848年时伊斯坦布尔的人口为391000;而到了1856年就变成了430000;1878年时增加到了547437;到1886年时更增加到了851527,在短短40年里增长率超过100%。这其中包括了10万在同一时期来到伊斯坦布尔的外国人口。"[①]

在文学与艺术方面,这种影响也是相当大的。根据传统的说

[①] Stanford J. Shaw, Ezel Kural Shaw, *History of the Ottoman Empire and Modern Turkey, Volume II : Reform, Revolution, and Republic: The Rise of Modern Turkey, 1808—1975*, Cambridge University Press, 1977, p. 241.

第五章 欧洲文化对帝国文化的影响

法,欧洲影响下的土耳其新文学的起点是1859年伊卜拉欣·邢纳西的一本石印版小册子的问世,它包括一百多首翻译过来的诗,诗人包括拉辛、拉封丹、拉马丁、吉尔伯特和费奈隆等。在同一年,科学社的创办人米尼夫帕夏也发表了一组译自方廷内耳、费奈隆和伏尔泰等人的谈话,向读者介绍了一些关于"爱国主义、社会道德和妇女教育"以及其他题材的既生疏而又新奇的观点。

此后,翻译运动迅速发展。一项具有深远意义的后果是,两种全新的写作类型——戏剧和小说被介绍了进来。这些翻译作品和改写本,帮助奥斯曼帝国的读者和观众了解到一些过去他们知之甚少的欧洲风俗习惯,并帮助他们以后接受这些东西。读者和剧场观众的人数无疑都是很少的,不过,那些连续不断地在奥斯曼帝国煽动叛乱的人,数目也是很少的。

奥斯曼帝国文学的西化,从种类、形式、主题、格调和文体等方面来看,进展都是迅速的。最初,新文学多数都是派生的和模仿的,大多借鉴法兰西文学。但是到青年土耳其党当政的时代,便出现一种新的、独创性的文学,采用西方的风格已很平常,也可说是已经变为很自然的事了。然而,西化并非奥斯曼文学的唯一趋向。奥斯曼的作家,还借助这种本土文化的辐射作用,从隐藏在帝国生活深处的文化之根吸取了养料,从而能够从内部实现一次新的复兴。中世纪弹唱诗人尤努斯·埃姆雷受到崇拜,民间诗歌的音节诗体取代波斯—阿拉伯韵律而再度流行,民间传说和文学对现代作品产生影响。所有这一切,全都在表明,奥斯曼帝国作家关注的重点由正规的奥斯曼宫廷文明传统转移到下层的民间生活与艺术上。甚至奥斯曼的过去,也并没有全部被抛弃。随着岁月的流逝,原有的回忆逐渐淡化,过去的文化有可能得到更加公正的评价。另外,从某些现代作家的作品中,我们看到了新古典主义带来的有趣现象,这种有意识引人怀旧的新古典主义，翻来覆去地就土耳其人自己也都感到模糊和奇异的过去大做文章，大摆其种种的光荣和传统。这也很好地证明了已经发生的这场变化的规模是很宏大的。

在模仿西方文化方面，奥斯曼土耳其文化和建筑方面的情况相似。例如，在18世纪，帝国境内兴建了许多类似欧洲巴洛克式的建筑；在19世纪清真寺尖塔的设计中也糅合了科林斯式圆柱和柱头的混合形式等。以著名的努罗斯曼尼耶清真寺（一译作"努鲁奥斯曼尼耶清真寺"。——作者注）为例，"我们可以从努罗斯曼尼耶清真寺（Nuruosmaniye Mosque）的内部装饰，看出建筑风格发生深层转变的端倪。此寺建于1755年，位于大市场（Great Bazaar）的入口处，但是其内部装饰，却采用了意大利的巴洛克风格"[①]。再例如兴建于1853年的多姆巴舍宫（Doimabahce Palace），它一改之前将大量人力物力用于建设清真寺的惯例，而是建设了一座用于素丹工作和生活的豪华宫殿；并且它糅合了来自欧洲的风格和主题。建筑方面对于西方的模仿只是其总体文化学习和借鉴西方文化的一个缩影。其他方面也经历了大体相近的情况。

除了对西方同时代文化进行借鉴和使其本土化以外，奥斯曼土耳其文化也经历了一个对本民族文化进行挖掘和复兴的过程。奥斯曼土耳其民间传统的复兴，尽管在文化上影响相当大，然而对于当代土耳其文学的影响，却远远没有西方的影响那样大。这种情况，从土耳其的艺术和音乐来看，就更为清楚。在西方受到训练的当代的画家和作曲家，虽然在向安纳托利亚的民间艺术去寻找自己的灵感，但他们已经从奥斯曼帝国的古典伊斯兰艺术和音乐中解放出来。

---

① ［英］伯纳德·路易斯：《中东：自基督教兴起至二十世纪末》，郑之书译，中国友谊出版公司2004年版，第318页。

第五章　欧洲文化对帝国文化的影响

帝国后期的奥斯曼土耳其艺术反映出了其形式主义的一面和来自官方的特征。1868年帝国成立一个博物馆，1874年创办一所博物馆学校，1881年又开办一所艺术学校。正如一些当代批评家对帝国后期的艺术的看法所表明的那样，即这一时期的奥斯曼艺术过于强调西方元素，拘泥于机械的模仿，因而忽略了传统艺术的装饰特色、色彩和图案设计、线条和花纹的传统，一味去追求欧洲和外国的表现派和学院式的艺术。

西洋音乐在土耳其，也像多数其他事物一样，一开始限于军事领域。1826年消灭近卫军团之后，素丹希望能够找到一种东西来代替过去以唢啦、喇叭、铜鼓和边鼓组成的著名近卫兵"梅赫特"（Mehter乐队）。1831年，吉色佩·唐尼泽提，即更为著名的盖厄塔诺·唐尼泽提的兄弟，应聘前来伊斯坦布尔组织一个军乐队，并且在素丹创办的帝国音乐学校任教。第一个到欧洲去学习音乐的奥斯曼留学生是萨费特，一位长笛手，他于1886年前往法国。随后，又去了一些人。帝国也在推进音乐在国民中的发展和普及方面作出了努力，诸如建立音乐学校等。

总体上讲，帝国后期利用它与西方国家时战时和、西方国家之间彼此也存在矛盾、因此它们在对待奥斯曼帝国的问题上非常谨慎、甚至为了制衡对方而与奥斯曼帝国联合等客观事实，这些客观事实为奥斯曼帝国赢得了宝贵的资源和深入交流的机会。奥斯曼帝国也正是利用这一点，一方面使西方国家服务于自己的改革和发展，同时也在此过程中做到了双方文化的深入交流。在西方国家间错综复杂的矛盾中，奥斯曼帝国与西方主要大国法国、英国、德国等国之间的交流最为广泛、深入，也最有代表性。西方国家的军事人员、科技专家、教师、外交人员、商人、传教士、新闻工作者、探险家、考古人员、逃难者、叛教者以及游客等将西方的知识与文化带入帝国。另外，奥斯曼帝国公民自己到欧洲国家接受教育或者在国内接受欧式教育也为西方文化在奥斯曼帝国的传播提供了条件。其中流亡到法国等的青年奥斯曼人和青年土耳其人后来成为国家重要领导。到了帝国后期，越来越多的奥斯曼帝国青年可以比较容易地在国内接触到西方文化。奥斯曼帝国现代改革派中的很多人士都是接受过西式教育的文职人员或军官。这些接受西式教育并受西方文化影响的人士为国家的发展做出了贡献。

欧洲文化对奥斯曼帝国文化的影响，实际上是西方的工业文明及基督教文明对以奥斯曼帝国为代表的中东封建社会和伊斯兰文明的挑战。但是这两种文明的交往与文化交流是在特定的历史时期进行的，而且不同国家在不同时期或不同领域对奥斯曼帝国文化影响的程度不同。但总体而言，"1763年至1914年的一个半世纪，作为欧洲获得对世界大部分地区霸权的时期，在世界历史进程中据有显著地位。1763年时，欧洲仅在非洲和亚洲有一些沿海据点，还远远不是世界的主人。然而，到1914年时，欧洲诸强国已吞并整个非洲，并有效地建立了对亚洲的控制；这种控制或者是直接的，如在印度和东南亚，或者是间接的，如在中华帝国和奥斯曼帝国"。欧洲之所以能进行这种前所未有的扩张，是因为三大革命——科学革命、工业革命和政治革命——给了欧洲以不可阻挡的力量。① 而以这三大革命为标志的变革又以英、法、德三国为代表，它们对世界其他地区的控制也最强。因此，下面以英、法、德三个国家对奥斯曼帝国文化的影响为例来分析这个问题。

另外，由于欧洲资本主义国家已先后完成了工业革命，生产力得到很大发展，国内市场已无法满足其需求，因此，伴随武力

---

① [美]斯塔夫里阿诺斯：《全球通史——1500年以后的世界》，吴象婴等译，上海社会科学院出版社1999年版，第243页。

征服的是向其他地区进行的经济贸易和文化扩张。英、法、德三国在这方面尤为突出（见表5—1）。"实际上，各强国，尤其是英国、法国和德国，对外国进行了大量的投资。例如英国，到1914年，已在国外投资了40亿英镑，等于其国民财富总额的四分之一。那时，法国也已在国外投资了450亿法郎，约合其国民财富的六分之一。德国虽然是后起者，一直将其大部分资本用于国内工业发展，但也在海外投资了220亿至250亿马克，约合其国民财富的十五分之一。"[1]

表5—1　　　　　　1914年时的海外殖民帝国

拥有殖民地的国家	殖民地数字	面积（平方英里）		人口（人）	
		母国	殖民地	母国	殖民地
联合王国	55	120953	12043806	46052741	391582528
法国	29	207076	4110409	39602258	62350000
德国	10	208830	1230989	64925993	13074950
比利时	1	11373	910000	7571387	15000000
葡萄牙	8	35500	804440	59600565	9680000
荷兰	8	12761	762863	6102399	37410000
意大利	4	110623	591250	35238997	1396176
合计	115	707116	20453757	205453831	530493654

资料来源：斯塔夫里阿诺斯，《全球通史——1500年以后的世界》，上海社会科学院出版社1999年版，第314页。

第三节　法国对奥斯曼帝国文化影响的主要表现

在与西方国家的关系中，奥斯曼帝国与法国的交往最频繁，也最密切。除了哈布斯堡奥地利以外，法国与帝国的交往最早，

---

[1] ［美］斯塔夫里阿诺斯：《全球通史——1500年以后的世界》，吴象婴等译，上海社会科学院出版社1999年版，第312页。

而且它也是与帝国交往最持久、最深入的一个西方国家。其主要原因在于：一方面，奥斯曼帝国长期与它的欧洲近邻奥地利相互抗衡，而法国是奥地利的西邻，两者之间也充满了王朝之间的争斗。因此，在与奥匈帝国抗衡中涉及奥斯曼帝国时，法国有时会倾向于奥斯曼帝国；另一方面，文艺复兴、启蒙运动、资产阶级革命和工业革命等使法国成为当时欧洲比较先进的国家，在向东方扩张的过程中，奥斯曼帝国又成为法国的首选目标。在二者后来的交往中，法国文化对奥斯曼帝国文化影响全面而深入。

一 法国文化对奥斯曼帝国文化的影响全面而深入

在奥斯曼帝国外交关系中最重要的内容就是它与法国长达两个多世纪的交往，因为哈布斯堡的奥地利基本上一直是双方共同的敌人。奥斯曼帝国后期，双方的交往更加频繁深入，而且对奥斯曼帝国产生重要影响。因此，法国是西欧国家中与奥斯曼帝国交往较早而且较为持久稳固的国家之一。例如，"奥斯曼帝国十八世纪的改革所呈现出的主要特点一是改革的大部分想法来自于法国的模式，因为法国既是西方文明的缩影又是奥斯曼帝国的传统盟友。二是改革的主要方面是对军队的改革、技术的革新、组织的健全以及武器的改进等。"[①] 由此可见，奥斯曼帝国与法国的关系由来已久。如前所述，素丹谢里姆三世与法国皇帝路易十六一直保持着联系，这使法国与奥斯曼的关系延续到1798年拿破仑在埃及登陆。拿破仑入侵埃及的背景很复杂。一方面它是长期以来法国和英国之间殖民地及商业利益争夺的延伸，当时两国在印度的争夺还在继续；另一方面是由于法国想绕开与英国在中东的直接冲突，借道北非开辟新的殖民地从而迂回地与英国展开进一步的争夺；再者

---

① Roderic H. Davison, *Turkey, A Short History*, The Eothen Press, Huntingdon, second edition, 1988, p. 68.

第五章 欧洲文化对帝国文化的影响

当时法国的情况不允许它与英国展开正面对抗。因此拿破仑选择在埃及登陆,以使埃及成为法国远征的立足之地,这样奥斯曼帝国与法国便处于敌对状态。奥斯曼帝国转而求助于其夙敌英国,结果是拿破仑在埃及的远征行动并没有持续很长时间,因而双方的交往未受到严重影响。在1802年的《亚眠和约》中,双方又重新恢复了先前的友好关系。尽管拿破仑对埃及的军事行动是一次国家间的侵略行为,但从文化交流上看,这次行动却使古埃及文化重新得到发掘,法国文化也在埃及得到传播。

18世纪末发生在法国的大革命不仅在西欧社会引起巨大震动,而且其影响也波及了东方的奥斯曼帝国。"为什么单是法国大革命的思想,而不是西方百家争鸣中的任何其他思想,竟然赢得了如此广泛的接受?这一点,并不是靠欧洲的国富民强就能解释清楚的。大革命的这些思想最初具有的吸引力——此后为了适应当时当地的政治,曾有所修改——不是别的,而是它的唯俗论。法国大革命是发生于欧洲、作为纯属非宗教性的精神表现的第一次社会大动荡。像这样一种唯俗论,对于穆斯林来说,是没有太大吸引力的,但是,穆斯林世界可能希望在不损及本身宗教信仰与传统的情况下,能从这样一个非基督教的、甚至是反基督教的、同时还被它的主要阐释人强调说是由基督教分裂出来的运动中,去找出那个难以琢磨的西方力量的秘密来。"[1] 由于法国大革命在世界范围内的影响,奥斯曼帝国实施了更大范围内和更深层次的与西方文化的交往与改革。正如《土耳其——一部现代历史》一书中所说的:"对于土耳其的'现代历史'而言,最好的划分方法是将法国大革命和随后发生的一些事件及影响看做其起点。十八世纪晚期以来,奥斯曼帝国的经济越来越多地融入

---

[1] [英]伯纳德·刘易斯:《现代土耳其的兴起》,范忠廉译,商务印书馆1982年版,第61页。

资本主义世界体系中去,而且在十九世纪的前二十五年加快了这一进程。拿破仑战争导致了帝国卷入欧洲政治和外交事务的速度加快,而且有关民族和自由的革命性思想也开创性地来到了利凡特地区。"[①] 因此,发端于法国的大革命对奥斯曼帝国的影响是不可低估的。

二 法国对奥斯曼帝国军队改革的影响

法国大革命除了对奥斯曼帝国在意识形态和思想方面的影响以外,还引发了帝国在军事、教育、管理和司法等方面的改革和变化。首先,在军事上,奥斯曼帝国的改革最早是以法国的军事技术为指导的。18世纪末,拿破仑法国军队在欧洲的所向披靡使奥斯曼帝国认识到了法国军事的优越性。从谢里姆三世时期奥斯曼帝国开始在军事上效仿法国。谢里姆三世最初打算对传统军队如耶尼切里部队以及炮兵等进行改革。他采取措施,严格规定军事指挥官的作战任务和管理权限以减少军队中的腐败;取消在作战中玩忽职守的军官的头衔,等等。但这些做法由于旧体系内部的抵制而无法实施。随后,"谢里姆政府决定尝试更激进的做法:即在现存体制之外建立一支新军。新军组建始于1794年,及至1807年谢里姆三世统治结束时达到3万人的规模,新军拥有精良的装备并受到严格训练。海军也同样得到重组。当然,要实现这些目标首先需要一个新的培训和教育体系。为满足这一需要,素丹聘请国外军官作为顾问和教练。他们中的大多数是法国人,并由法国政府所推荐。有趣的是,他们中既有帝国时代的拥护者,又有共和国的支持者,还有拿破仑政权的功臣"[②]。另外,

---

[①] Erik J. ZÜercher, *Turkey: A Modern History*, I. B. Tauris & Co., Ltd, London, 1998, p. 3.

[②] Erik J. ZÜercher, *Turkey, A Modern History*, I. B. Tauris & Co., Ltd, London, 1998, p. 25.

第五章　欧洲文化对帝国文化的影响

谢里姆三世还仿照法国建立了一些军事学校。

被称为"改革者"的麦哈迈德二世（Mahmud Ⅱ，1808—1839年在位）继续推进谢里姆三世的军事改革。他在军队改革方面的突出贡献是取缔了耶尼切里部队，在新军中引进了以法国军队为主要参考系的先进管理制度和训练方法。"西方的方法、西方的书籍以及西方的教官都出现在新的军事学院和部队医学学校中。法语成为了传播新思想和新技术的通用媒介，越来越多的奥斯曼军官、外交官和政府官员开始学习法语。那些能够熟练使用法语的人士开始在奥斯曼帝国政府中形成一个新的具有西方头脑的精英阶层。"①

坦齐马特时期，"在军事改革方面，贯穿整个坦齐马特时期的是军队的规模得到扩大，并且配备了现代欧式武器装备"②。一位奥斯曼帝国历史的研究者也认为："这一时期奥斯曼帝国军队在使用西方科技与方法的同时其规模迅速扩大，由1837年的2.4万人增加到1880年的12万人。"③

三　法语的使用对奥斯曼帝国文化的影响

法语的使用为扩大法国社会生活、文学等在奥斯曼帝国的影响发挥了作用。18、19世纪的西欧在很多方面引领社会发展及变化的潮流，而且迅速向世界其他地区传播。在西欧向外扩张的过程中，法国充当着重要角色，因为当时的法国社会具备欧洲新形象的几乎所有因素而成为典型的欧洲文化中心。法国的语

---

① Roderic H. Davison, *Essays in Ottoman and Turkish History*, 1774—1923, *The Impact of the West*, University of Texas press, Austin, 1990, p. 23.

② Erik J. ZÜercher, *Turkey, A Modern History*, I. B. Tauris & Co., Ltd, London, 1998, p. 59.

③ Donald Quataert, *Ottoman Empire*, 1700—1922, Cambridge University Press, Cambridge, 2000, p. 63.

言——法语是当时外交、学术、通信、商业以及文明社会的通用语言,法国社会也是衡量其他社会变化的参照物。不仅当时欧洲的其他国家如奥地利、葡萄牙、西班牙、丹麦、瑞典等国家纷纷效仿法国,就连后起的普鲁士和沙皇俄国也争相加入这一效仿的洪流中。这一影响逐渐波及欧洲以外的其他地区。法国主动推销它的新成就,其他国家则积极效仿,地处中东的奥斯曼帝国也加入到这一行列。法国文化得以向奥斯曼帝国扩展。

语言作为社会生活的一面活镜子能够全面生动地反映一个社会的文化。"语言代表文化,语言反映文化,语言象征文化"[①],这一说法同样反映在奥斯曼帝国后期的社会文化中。法国文化对奥斯曼帝国文化影响的一个重要表现,就是在奥斯曼土耳其语里有很大比例的法语词汇及其他法语成分。关于这一点,奥斯曼帝国的研究人员作了较为系统的分析。"1811 年,在麦哈迈德·埃萨德·艾芬提(sheik - öl - islam Mehmed Esad Efendi)的《语言的词典》(Dictionary of Language)里,他列出了 851 个西方语言里的词汇,并称这些词汇已经被'奥斯曼化';而 1880 年另一本词典《附有外来语汇的奥斯曼土耳其语词典》(Ottoman Dictionary with an Appendix of Foreign Words)指出了奥斯曼土耳其语中的西方语词汇、阿拉伯语词汇及波斯语词汇。在 19 世纪 80 年代的最后几年,有好几本关于奥斯曼土耳其语中的西方语言的小词典接连出版。其中有一本是专门关于奥斯曼语中的法语词汇的小词典,它是由一位名为穆斯塔法·伊兹特的奥斯曼知识分子编写的,里面列出了对法语的不确切的用法,并且给出了这些词的准确的法语拼写及读音。奥斯曼帝国的学者们编撰了《土耳其语中的外来语》词典,这一词典所作的分析显示奥斯曼语中有大约百分之七

---

① Claire Kramsch, *Language and Culture*, Oxford University Press and Shanghai Foreign Language Education Press, Shanghai, 2000, p. 3.

第五章　欧洲文化对帝国文化的影响

的语汇来自于西方语言。在全部 6930 个来自西方语言的词汇中，法语词汇占了绝大多数：法语占到了全部西方词汇的 71%，其他西方语言如英语就无法与法语相提并论，英语词汇占到 6.3%，巴尔干及日耳曼语词汇则各占 1.3%，由于长期与意大利和希腊的贸易关系，意大利语词汇占到了 11.8%、希腊语词汇占到了 6.5%，……"[1] 这一结果清晰地显示出法语及其所蕴涵的文化在奥斯曼帝国文化中所占据的显要位置。这一点很好理解，正如当代全球兴起的英语热一样，英语之所以成为全世界使用范围最广和作为绝大多数非英语国家人们的第一外语，以及英语和英语背后的文化得到了最大限度的传播，这与英语国家的影响在一定程度上是成正比的。奥斯曼帝国后期的法语在奥斯曼土耳其语中的这一地位恰当地体现了法国文化对奥斯曼帝国的影响。

在当时的奥斯曼帝国，法语不仅作为一种外语在奥斯曼帝国的日常生活中得到应用，而且还得到了官方的认可。"1896 年的《奥斯曼帝国公共教育条例》规定新成立的奥斯曼大学的全部课程应该采用法语进行法式教学，直到接受培训的学生学习期满后能够用奥斯曼语讲授这些课程。"[2] 奥斯曼帝国也将法语放在西方语言中的首位；法语是在外交部翻译处工作的每位人员必须掌握的一门外语。由于 18 世纪末以来奥斯曼帝国驻欧洲国家的使馆不断增加，驻这些国家使馆的大使及其他工作人员也接触到了法语并且在返回伊斯坦布尔时将有关法语语汇及表达方式带了回来。19 世纪 40 年代以后法语在奥斯曼帝国得到更广泛的使用，因为越来越多的奥斯曼青年被送往法国留学，他们所学的法语在他们回国后通过各种途径得以传播，比如到伊斯坦布尔等大城市的欧洲人

---

[1] Fatma MÜge GÖÇek, *Rise of the Bourgeoisie, Demise of the Empire Ottoman Westernization and Social Change*, Oxford University Press, 1996, p. 121.

[2] Ibid., p. 122.

开设的商店里购买法语书籍及报纸杂志、同法国人进行艺术交流、生活中的接触等方式得到传播。在这一时期，驻奥斯曼帝国的法国军事人员、其他专业技术人员以及工程师甚至家属们在人数上远远超过了在奥斯曼帝国的其他国家的人数。这些都是法语在当时的奥斯曼帝国得到较为广泛传播的原因。

此外，除了以上这些法语直接在奥斯曼帝国传播的途径以外，还有另外一种通过法语的间接影响而使法国文化得到传播的途径，那就是法国文学对奥斯曼帝国文学及文化的影响。在进入奥斯曼帝国的外来文学作品中法国的是最早的，比如雨果和夏多布里昂等法国作家的作品被翻译成奥斯曼土耳其语而进入奥斯曼帝国的文学领域。另外，奥斯曼帝国的文学作品风格在一定程度上也受到了法国文学的影响，但其主题却与奥斯曼帝国的生活相关。有些法语词汇在进入奥斯曼语汇之后受到了奥斯曼语的影响，逐渐带有奥斯曼语的色彩，这种对于法语的接受、消化及本土化也体现了西方文化与奥斯曼帝国文化相融合的特点。

四 教育方面法国文化对帝国的影响

法国文化对奥斯曼帝国影响更为深远的就是法国在奥斯曼帝国开办的各级各类学校以及以法式教育模式为参照的奥斯曼帝国教育体系。法国是最先在奥斯曼帝国开办学校的欧洲国家，而且其数目远远多于其他欧洲国家。在等级较高的学校方面，早在1734年奥斯曼帝国就仿照法式学校建立了一所军事工程学校，只是由于当时耶尼切里的原因而使得它没有存在多长时间就停办了。1776年奥斯曼帝国就仿照法国开办了海军学校，1793年又重新开办了军事工程学校，这时的耶尼切里虽然存在，但已经开始衰退，所以这次的军事工程学校得以延续。1826年开办了医学学校，1831年开办了外科手术学校，另一所军事科学学校于1834年开办，这些学校不仅在教学模式上参照法式教育，而且

第五章　欧洲文化对帝国文化的影响

大多用法语授课。① 当然，法国还在奥斯曼帝国开办了许多包括基础教育及中等教育在内的其他学校。这些学校的学生在学习专业知识的同时，与以法国为代表的西方文化有了接触，更加容易了解到西方社会的新思想及新变化，这对推动奥斯曼帝国社会以后的发展和变化起到了重要作用。

以法国为主的西方国家在奥斯曼帝国各级各类西式学校的开办为奥斯曼帝国培养了一批批具有开放眼光和先进科学知识的现代管理人才，从而为奥斯曼帝国的改革和建设起到了必要而有力的智力支持。奥斯曼帝国主要改革派人员大多都接受过西方教育，懂得法语。"政府官员们，尤其是'通晓法语者'（French-knowers）主导了坦齐马特改革时期的帝国事务。"② 阿里帕夏、福阿德帕夏等都有着在法国留学、精通法语的经历和能力，是帝国改革和建设不可多得的人才。除了培养了大批改革精英以外，这些西式学校还为帝国培养了大批普通民众中改革政策的拥护者和逐渐摒弃封建传统、帮助改革得以实施的支持者。这些群众基础为后面的改革和建设产生了深远影响，其影响甚至延续至共和国时代。

五　法国文化对帝国文化其他方面的影响

其他方面，法国文化也对奥斯曼帝国产生了很大影响。以奥斯曼帝国的司法改革为例：19世纪后半叶奥斯曼帝国的司法经历了一系列以西方司法体系为蓝本的改革，其中以法国的司法体系为主要参照。奥斯曼帝国这一时期司法改革中所涉及的刑法、土地法、商法、海事法以及民法等都以法国的相应条例为依据。

---

① Roderic H. Davison, *Essays in Ottoman and Turkish History*, 1774—1923, *the Impact of the West*, University of Texas Press, Austin, 1990. p. 25.

② Roderic H. Davison, *Turkey: A Short History*, The Eothen Press, Huntingdon, second edition, 1988. p. 78.

"坦齐马特时期在司法领域经历了一系列重要改革，其中许多是与地位不断发生变化的非穆斯林人群相关的。虽然伊斯兰教法沙里亚没有被废除，但这时它的适用范围却主要被局限在了家庭法的范围之内，而且是参照1865—1888年的欧洲法系来制定的。1843年一部规定非穆斯林与穆斯林拥有平等地位的新的刑法典诞生。同时，设立了有外国人士参与的有关商业案件的混合法庭。1844年，沙里阿法中关于因背叛伊斯兰教而应处以死刑的规定被废除。1850年引进了一部完全法国式的新商法，1863年引进了海事法。1869年，针对非穆斯林的各级世俗法庭成立。"[1]

除以上所讨论的法国文化对奥斯曼帝国文化影响的几个主要方面以外，法国文化还在政府管理体系方面，包括设立新的政府部门和进行职能划分、各省和地方事务的管理办法、税收制度、以及通信等方面对奥斯曼帝国文化产生了影响。

第四节 英国对奥斯曼帝国文化影响的主要表现

同法国相比，英国在文化方面对奥斯曼帝国后期的影响并不占明显优势。因为在此时期英国主要致力于对世界其他地区的殖民和渗透，如它在北美洲及大洋洲与印度等地区投入了更大的精力，因而在文化上对中东地区的影响不敌法国。英国在文化上对中东的影响主要集中在巴勒斯坦、埃及以及伊朗等国家和地区。

一 英国文化对帝国文化的影响后来居上

自麦哈迈德二世统治以来，奥斯曼帝国在缓解沙皇俄国对英国利益威胁方面发挥着重要的缓冲作用。这一点从以下谈话中可

---

[1] Erik J. Zücher, *Turkey: A Modern History*, I. B. Tauris & Co., Ltd, London, 1998, p. 64.

第五章 欧洲文化对帝国文化的影响

以看出:"1853年1月9日,俄国沙皇与英国大使乔治·汉密尔顿爵士(Sir George Hamilton)在圣彼得堡的欢迎宴会上会晤。有报道称,在谈到奥斯曼帝国时,沙皇说:'我们手上现在有一个病夫,一个病的很重的人,如果有一天在我们还没有做出妥善安排之前他就从我们手上溜走,那样对于我们而言将是一件很不幸的事。'塞默尔建议应该很温和地对待这个病人并且应该帮助他康复。他说我们需要一个内科医生而不是外科医生来对待他。"① 从这里我们也可以看出英国对奥斯曼帝国所持的小心翼翼的态度,而且英国也一直在想办法帮助奥斯曼帝国得以存续。正是基于这个原因,克里米亚战争中英国与法国站在奥斯曼帝国一方与沙皇俄国为敌,并且最终取得战争的胜利。

在地区事务方面,以巴勒斯坦为例:虽然传统上包括巴勒斯坦在内的利凡特地区是法国的势力范围,法国在这一地区的活动由来已久,而且它自认为是圣城耶路撒冷及天主教在这一地区的利益的维护者,但是英国对巴勒斯坦同样十分关注,因为它对英国在东方的属地印度及亚洲其他地区具有重要的战略价值。控制好这一地区对于加强英国在印度、埃及、伊朗及亚洲其他地区的存在意义重大。故而有很多英国传教士当时就在巴勒斯坦地区进行传教活动,也有许多英国人在该地区建立学校及慈善机构等。"与法国形成鲜明对比的是,英国人成功获得了全体巴勒斯坦人的尊敬。"② 英国后来居上,在巴勒斯坦地区的影响超过了法国。

英国在奥斯曼帝国的许多利益都与法国的利益相联系,双方有时为了共同的利益会采取合作态度,有时又为了同一地区或同一利益相互争斗。仍以巴勒斯坦地区为例,双方都力图在这一地

---

① Bernard Lewis, *The Middle East*, *2000 years of History from the Rise of Christianity to the Present Day*, The Orion Publishing Group Ltd, London, 1995, p. 331.

② Caesar E. Farah, *Decision Making and Change in Ottoman Empire*, The Thomas Jefferson University Press, Missouri, 1993, p. 207.

区占据优势,因此展开了一系列的竞争活动。但总体上讲,奥斯曼帝国后期英国文化在巴勒斯坦的影响更加深远。"在所有与巴勒斯坦产生了联系的欧洲国家当中,英国和法国与巴勒斯坦地区的关系最为密切。巴勒斯坦在英国政府的眼里具有非常重要的意义,因为它对于英国和它在亚洲其他地区的联系至关重要,它处于英国与印度等地区联络的重要位置上;还有包括苏伊士运河的开通、对埃及的占领以及后来对伊朗油田的介入等都增加了这一地区的重要性。另外,英国人还在巴勒斯坦建立了许多宗教组织和慈善机构。虽然英国的国教或新教从来没有在巴勒斯坦地区作为当地的主要信仰而使英国发挥它应有的作用,但英国却是所有在巴勒斯坦的外国社团中最有影响的,而且这种影响随着时间的推移越来越明显。而法国在巴勒斯坦地区也有着自己的利益,它对这一地区的介入主要表现在它借助于历史上与利凡特地区整体的联系,以及它长期以来对于由拉丁僧侣所保护的圣地的关注以及对于该地区天主教机构的总体关照。"[1]

在埃及,自19世纪中期起英国势力就占绝对优势,在开通苏伊士运河及购买运河股份等方面英国都处于主导地位。1882年埃及变为英国的殖民地后,英国对埃及的影响日益加深。虽然这种占领和统治对埃及人民意味着剥削和压迫,但我们同时不得不承认,就像拿破仑入侵埃及以及穆罕默德·阿里仿照欧洲的改革对埃及所带来的文化方面的巨大变化一样,英国在埃及占主导地位的时期也给埃及文化带来了很大的影响。如英语成为埃及的主要外语,英国的文学作品包括莎士比亚的文学作品等大量传入埃及,这些都在客观上对埃及文化产生了影响。

---

[1] David Dushner, *Palestine in the late Ottoman Period Political Social and Economic Transformation*, Yad Izhak Ben‑Zvi Press, Jerusalem, Israel, 1986, p.310.

第五章　欧洲文化对帝国文化的影响

二　英国在科学技术领域对奥斯曼帝国的影响

下面主要以科学技术为例来分析英国文化对奥斯曼帝国后期的影响。英国对于奥斯曼帝国在科学技术领域的影响主要是将一些新发明、新技术带入了奥斯曼帝国，如蒸汽机的应用、铁路的兴建、电报的引进及纺织技术的传播等。克里米亚战争期间奥斯曼帝国的同盟国英国和法国将电报技术传播到奥斯曼帝国就是一个很好的例证。电报技术于1837年发明后，当年就在英国建成了第一条商用电报线路。在对奥斯曼帝国传播电报技术方面，英、法两国都有功劳，但因为英国最早拥有成熟的电报技术，也因为英国对奥斯曼帝国电报建设在包括提供线路设计、提供材料及技术人员方面都起了主要作用，因此英国对奥斯曼帝国的电报建设贡献最大。电报的使用是奥斯曼帝国在19世纪科技方面所取得的一个重要成就。它于克里米亚战争期间被首次引进，由于电报的配套设施及建设相对容易，投入较少的人力、财力及物力就能在山上、谷地及水底等各种地形条件下架起电杆，拉上电线，因而电报业在奥斯曼帝国发展较为迅速。开始只是政府有权使用电报，后来包括商人在内的普通民众也可以使用电报，电报作为一种通信方式在奥斯曼帝国得到大范围推广。

克里米亚战争中前线与伊斯坦布尔之间的通信以及在奥斯曼帝国的英、法军队向国内汇报战况的需要是在奥斯曼帝国敷设电报线路的直接动因。奥斯曼帝国境内的第一条电报线路是由英国和法国共同敷设的位于巴尔干前线的黑海海底，连接克里米亚半岛与凡尔纳之间的水下线路，这条线路长340英里，是当时世界上最长的水下电报线路。不久，英国又敷设了一条连接凡尔纳与伊斯坦布尔的线路。几乎同时，奥地利电报系统也与奥斯曼帝国在巴尔干的重要城市杰希（Jassy）相连接。"这样到了1855年2月，奥斯曼帝国驻伦敦大使考斯塔基·穆苏鲁斯（Kostaki Musurus)已经敦促英国外交大臣克拉里顿(Lord Clarendon)用电报与奥斯曼政府进行磋商了。"① 当年春季,凡尔纳与杰希之间的线路通过布加勒斯特直接连接了起来,另一条线路从布加勒斯特通到维也纳然后直通西欧。这样英国和法国在克里米亚作战的部队与它们在国内的政府之间联系就更加紧密及时。伊斯坦布尔与欧洲各国首都之间也可以通过电报进行联系。

克里米亚战争期间所敷设的这些电报线路只是奥斯曼帝国后来更大规模电报建设的前奏。在战争期间,连接其他城市的线路也已经开始酝酿。一名英国人得到最高波尔特的允许敷设从达达尼尔海峡南端到亚历山大的海底线路。这些都反映出英国对于在奥斯曼帝国境内建设电报线路的极大兴趣,因为它想通过这里与印度取得更加便捷的联系。一家英国公司还提议建设连接亚的利亚、克里特、亚历山大、叙利亚、伊拉克以及波斯湾通往印度的线路,这条线路穿越了奥斯曼帝国大部分领土,加强了英国与印度等地区的联系,同时加强了奥斯曼帝国同印度及境内其他地区的联系。另外,英国还敷设了从卡拉奇穿过印度洋然后到达波斯湾的一条线路,因此到1865年1月时,电报通信已经能够从伦敦到达印度,然后再折回奥斯曼帝国。

奥斯曼帝国电报的建设自素丹阿卜杜勒·麦齐德时期的克里米亚战争开始,阿卜杜勒·阿齐兹时期电报建设继续发展,到了素丹阿卜杜勒·哈米德时期,电报的建设规模进一步扩大。英国公司继续沿奥斯曼帝国海域敷设水下线缆,一条线路从马耳他通到亚历山大,另一条从苏伊士沿红海及印度洋与印度相连。英国公司还建设了从印度经伊朗到欧洲的电报系统;奥斯曼帝国境内的电报线路也与此相连。到1914年时,每年大约有550万条电

---

① Roderic H. Davison, *Essays in Ottoman and Turkish History*, 1774—1923, *The Impact of the West*, University of Texas Press, 1990, p. 135.

报在奥斯曼帝国境内传送。电报在奥斯曼帝国境内的使用除了方便奥斯曼帝国政府对外交往及对内加强中央对地方的管理以外，也起到了方便穆斯林朝圣，团结穆斯林的作用。阿卜杜勒·哈米德在位期间在大马士革和麦加之间也敷设了电报线路，与原来沿途的邮政驿站相比，朝圣的人们与家人的联系变得既方便又及时，它同后来的汉志铁路一起，凝聚了穆斯林的力量。

电报的进一步使用促使奥斯曼政府加快了相关的科技教育。为了摆脱对外国电报技术人员的依赖，奥斯曼帝国着手培养自己的电报工作人员，他们逐步取代了在奥斯曼帝国的外国专家。另外，一些与电报相关的维修系统也逐步完善起来。"直到1869年，奥斯曼帝国所使用的电报设备全部是从国外进口的，后来在伊斯坦布尔有了一个修理厂，在两个月之内这个修理厂制造了一百多台电报用具。1873年时，这个厂子有11名员工，1915年时达到了一百多名。到1918年时，这个厂子已经生产了5000多件电报设备以及电池和配件等。这些产品为奥斯曼帝国节省了大量资金，也为奥斯曼帝国在科技方面赢得了荣誉，因为这个工厂的产品在1884年的维也纳展览会、1893年的芝加哥展览会和1911年的土伦展览会上都获了奖。显然，这个厂也培训了许多优秀的奥斯曼机械师和工程师。"[1]

电报的使用也加强了奥斯曼帝国同英国、法国等西欧国家的交流，培养了一批奥斯曼帝国自己的工程技术人员。最初，从事电报业务的人员是在外国专家的指导下进行学习的，他们同外国专家之间有着很好的交流；随后，奥斯曼帝国的专家开始逐渐掌握相关技术，并促进了这一技术在本国的发展。电报的引进为奥斯曼帝国带来了一系列深远影响。这个由美国人发明，由英国人

---

[1] Roderic H. Davison, *Essays in Ottoman and Turkish History*, 1774—1923 *The Impact of the West*, University of Texas Press 1990, p. 144.

和法国人传播到奥斯曼帝国的新事物，虽然在推广过程中也受到一些质疑甚至反对，但最终被推广开来。另一方面，这一新事物造就了一批新式政府工作人员；政府建立了电报工厂和电报学校；通过电报交换国家间的各种协议和文本，便利了国家间的交往；它对商人沟通信息非常重要，也加快了新闻的传播速度。电报的出现使奥斯曼帝国在技术方面受到西方国家的影响，并产生了土耳其语的莫尔斯电码；提供了新的就业机会；也为奥斯曼向现代化的发展做出了贡献；最重要的是，电报是奥斯曼中央政府加强统治的一个强有力的手段，它在一定程度上强化了中央对地方的控制，也使奥斯曼帝国与西欧国家的联系变得更加便利。

电报技术传入奥斯曼帝国，培养奥斯曼帝国电报工作人员，以及在奥斯曼帝国境内和沿海敷设大量线路等的工作主要是由英国人来完成的，但就电报语言而言，在奥斯曼帝国开始使用电报时无论是境内电报还是境外电报都使用当时国际通用语法语，英语并不那么流行，只是要求在伊斯坦布尔—巴格达—法奥这一线路上的电报工作人员懂英语。后来在奥斯曼专家学会用奥斯曼土耳其语传输电报内容以后，法语与土耳其语成为并用的两种电报用语。

综上所述，奥斯曼帝国后期英国在文化和科学技术上对帝国既有宏观影响，也有微观影响。这种影响虽然在整体上不如法国，但同样起到了推动奥斯曼文化与西方文化交往和发展的重要作用。

第五节 德国对奥斯曼帝国文化影响的主要表现

相对于法国和英国，德国发展较晚，作为后起的欧洲资本主义国家，德国介入奥斯曼帝国事务相对较晚。德国对于奥斯曼帝国的影响主要表现在铁路修筑、军队训练等有关的科技方面。

第五章　欧洲文化对帝国文化的影响

一　德国是欧洲国家在后期对奥斯曼帝国产生影响的重要国家

德国对奥斯曼帝国事务的介入虽然起步较晚，但它对帝国文化的影响却不可低估，这可以从德国与英国在奥斯曼帝国后期这段时期的影响对比中得到反映。"到1885年，英国作为欧洲国家的地位与1815年，甚至与帕默斯顿全盛时期相比都有了很大的改变。帕默斯顿的批评家（如张伯伦、波特）坚持认为，在欧洲事务中，英国在任何事件中的影响就像在意大利统一事件中的影响一样，从未像帕默斯顿自称的那么大。在普鲁士的引导下，德意志联邦的建立不可避免地减少了英国在大陆政治上的影响，这点当时几乎无人预计到。中欧出现的这个强国，由俾斯麦的中欧联合体得以巩固，它与俄国联手，使英国在除影响奥斯曼帝国的事务之外的其他事件上无回旋余地，这一点迪斯累里很快就意识到了。"[①] 从中可以看出，后期德国对于奥斯曼帝国事务的介入使英国仅仅有点"回旋余地"，这足以表明德国的强势地位。由于德国的前身普鲁士通过改革而强大起来，而且德国对中东地区没有明显的殖民倾向及占有企图，奥斯曼帝国在后期对德国相对比较信赖，在与欧洲国家交往时，有时更愿意选择德国作为合作伙伴；这种关系一直维持到第一次世界大战前夕，第一次世界大战中，奥斯曼帝国加入了以德国和奥匈帝国为主的轴心国集团，基于此，它同沙俄等其他帝国一样，分崩离析，其废墟上兴起了一系列新的民族独立国家。

[①] ［英］约翰·劳尔：《英国与英国外交：1815—1885》，刘玉霞、龚文启译，上海译文出版社2003年版，第136页。

二　德国对奥斯曼帝国军队建设的影响

德国对奥斯曼帝国的军队改革功不可没。由于普鲁士是一个新兴的欧洲强国，而且此前在中东一直没有表现出它的利益倾向，加之又有很强的军事力量，因此普鲁士专家在奥斯曼帝国享有特殊待遇。麦哈迈德在建设新式部队时聘请了以赫尔穆特·冯·毛奇为首的一批普鲁士军官作为专家进行指导，毛奇后来成为欧洲最著名的军事家之一。他对奥斯曼帝国军队进行全面改革，奥斯曼帝国也由此开始了与德国军事专家的合作，此后在军事方面奥斯曼帝国主要向德国求教。

1877年，来自柏林的卡尔·德特瓦特（Karl Detroit）被奥斯曼帝国素丹任命为奥斯曼军队在欧洲的总司令，并且授权他保卫伊斯坦布尔免受俄国进攻的责任。这时的德特瓦特已皈依伊斯兰教，成为穆罕默德·阿里帕夏。第二年，他作为奥斯曼帝国的代表被派往柏林参加柏林会议。从这时起奥斯曼帝国与德国之间的军事、经济等交流规模迅速扩大。在内外局势对奥斯曼帝国都不利的形势下，德国对奥斯曼帝国的军事改革确实起到了一定的帮助作用。"1883年，奥斯曼帝国聘请德国军官与军事历史学家冯·德·戈尔茨（Von der Goltz）重新整顿奥斯曼帝国军队。他对于奥斯曼帝国军队改革付出的十二年的努力在1897年对希腊的战争所取得的胜利中得到了证明。"[①] 坦齐马特改革之后的时期，由于对中东的介入尤其是对奥斯曼帝国军队改革和建设的直接参与，德国在第一次世界大战之前的时期里都是帝国在军事方面的主要合作者。

[①] Roderic H. Davison, *Turkey: A Short History*, Second Edition, The Eothen Press, Huntingdon, England, 1988, p. 97.

三 德国对奥斯曼帝国铁路建设的影响

德国在奥斯曼帝国铁路建设方面的作为颇为引人注目。铁路的建设使奥斯曼帝国广大农村及偏远地区同大城市或港口城市相连接,方便了农产品和其他商品的流通,也使奥斯曼帝国境内交通更加便利,联系更加紧密。国际方面,1888年的时候,伊斯坦布尔及埃迪纳等大城市已经通过铁路经维也纳与欧洲的铁路线相连接。此后奥斯曼帝国在铁路修建方面主要与德国合作,签订了许多修筑协议。著名的三B铁路,即从柏林通过巴格达到巴士拉的铁路就是由德国帮助修建的,当然,这一庞大的工程在当时没有完成,只是完成了奥斯曼帝国境内的部分,被称为巴格达铁路。由德意志银行资助的巴格达铁路公司负责修建这一线路。这条铁路也代表了德国与奥斯曼帝国之间交往的最高成就,加强了德国与奥斯曼帝国的关系。此后德国与奥斯曼帝国之间的贸易额迅速加大,它与法国和英国共同成为奥斯曼帝国在欧洲的最大贸易伙伴。到1914年时,德国在奥斯曼帝国的直接投资已经超过了英国,仅次于法国。在奥斯曼帝国众多铁路中具有特殊意义的汉志铁路也主要是由德国人提供工程设计和指导修建的,尤其是在进入圣城之前的半岛地区,由于地形地势对于修筑铁路而言难度较大,在开挖隧道等技术方面聘请了德国的技术人员作为指导。而对于奥斯曼帝国而言,这些铁路意味着与帝国其他地区联系的加强,军需品运输的便利以及全世界穆斯林凝聚力的加强。

这里以巴格达铁路的修建为例说明铁路的修建对加强两国文化交流的作用。巴格达铁路的修建并不像以往人们所说的那样,即它仅仅是德国帝国主义对奥斯曼帝国侵略的工具。该铁路在修建过程中和建成以后的情况表明,它对于促进奥斯曼帝国与德国的文化交流起到了很大的推动作用,也在一定程度上为日后的德土关系奠定了基础。正如《虽远尤近,德国、奥斯曼帝国以及巴格达铁路的修建》一书中所说的:"巴格达铁路建设沿线都位于文化、意识形态、阶层和信仰的相互交错之地,正是在这种文化间大交融当中形成了难得的奥—德(土—德)友好关系。与原本残酷的外交手段迥然不同的是,这一工程需要极大的勇气、折中与合作来完成在奥斯曼境内广大地区对于铁轨的敷设。铁路的修建影响到了很多人的生活,它将所处文化完全不同而为了追求共同目标的陌生人联系在一起,同时为现代土—德关系奠定了基础。"① 巴格达铁路是在德国工程技术人员的指导下、奥斯曼帝国人们的辛勤劳动之下建成的,它是双方合作的一个项目。在建成后,它并不是由德国一国独占,而是在很大程度上服务于奥斯曼帝国的。"巴格达铁路并没有迫使奥斯曼帝国进入德国的轨道。相反,该铁路帮助奥斯曼帝国重获健康并使得俄国的需求得以重新调整以满足奥斯曼帝国的需求。尽管德国专业人员积极参与到每一段铁路修建计划的制订与修建之中,但奥斯曼人始终控制着铁路修建的速度、路线及进度。巴格达铁路给了奥斯曼帝国一个新的契机,加强了它对德国经济与政治扩张的反击能力。奥斯曼领导层充分利用巴格达铁路这一工程在大国之间周旋从而保证了它作为主权国家的地位。"② 此外,正如巴格达铁路一样,其他铁路的修建也同样加大了奥斯曼帝国的外交筹码,加强了同其他国家的文化交流。

四 德国在后期加强与奥斯曼帝国全方位的关系

在英、法、俄、奥等国对奥斯曼帝国觊觎之时,德国因其没有殖民历史而成为奥斯曼帝国在很多方面寻求帮助的对象。德国

---

① Jonathan S. McMurray, *Distant Ties, Germany, the Ottoman Empire, and the Construction of the Baghdad Railway*, Westport, Connecticut, 2001, p. 9.

② Ibid., p. 1.

第五章　欧洲文化对帝国文化的影响

也利用这一机会加强同以奥斯曼帝国为首的穆斯林世界的联系，它支持奥斯曼帝国团结穆斯林世界的泛伊斯兰政策，努力充当中立者及调和者的角色。德皇威廉二世（Kaiser Wilhelm Ⅱ）在位时分别于1889年和1898年对奥斯曼帝国进行了两次访问，他赞同并鼓励阿卜杜勒·哈米德作为穆斯林世界的领袖哈里发。在他第二次访问奥斯曼帝国时，威廉在位于大马士革的穆斯林英雄萨拉丁的墓前讲话，声称自己是全世界3亿穆斯林的朋友。19世纪末20世纪初，许多年轻的奥斯曼人来到德国接受军事方面的训练，还有许多人来到德国接受医学、工程学等方面的训练，这些人回国后都成了各自领域的杰出人才。还有些持不同政见者来到德国寻求避难。"'青年土耳其党'时期正是德国军事、经济及科技迅速发展的时期，许多以德文出版的'青年土耳其党'刊物许诺在将来青年土耳其党的政府领导下将与德国保持良好关系。许多德国政治家给了他们很大的支持。德国人不仅支持阿卜杜勒·哈米德使用伊斯兰主义政策，也支持青年土耳其党的政策。在第一次世界大战中主张奥斯曼帝国站在德国一边的'统一与进步委员会'成员恩维尔帕夏就是在德国接受训练的。在第一次世界大战来临之前，土耳其正逐渐变成德国的一个卫星国。"[①] 因此德国与奥斯曼帝国的交往虽然起步较晚，但它对奥斯曼帝国的影响却非同寻常，它们之间的交往直接影响到了今天的土耳其共和国与德国的关系。

---

① BetigÜl Ercan Argun, *Turkey in Germany, The Transnational Sphere of Deutchkei*, London, Taylor & Francis Books Inc. 2003, p. 53.

第 六 章

奥斯曼帝国后期现代性的生成

奥斯曼帝国后期在与欧洲文化的交往过程中其文化在诸多方面都受到了欧洲文化的影响，这一交往的直接结果就是奥斯曼帝国文化中逐渐形成了它的现代性。尽管这些方面的现代化程度是比较表面的，缺乏坚实的物质基础和精神支持，但它毕竟向现代化的发展迈出了第一步。

第一节 帝国后期现代性在物质文明上的体现

奥斯曼帝国后期与欧洲文化的交往促使了帝国现代性的产生，这一现代性在以农业、通信与交通运输和贸易等方面为主的的物质领域有着充分的体现。

一 农业的发展

奥斯曼帝国后期的农业发展充分体现了与西方交流的成果。尤其是在哈米德二世统治时期，对农业的发展给予了足够的重视并设法引进西方先进的农业管理和生产技术，农业生产得到了应有的发展。1893 年以前，奥斯曼帝国的农业生产归贸易与公共事业部管理，在这期间，国家先后派出一些年轻人到欧洲的农业学校接受培训。1893 年以后，成立了专门的农林及矿产资源部，农业的重要地位得到加强。帝国境内更多的年轻人被派往欧洲进

第六章　奥斯曼帝国后期现代性的生成

行培训，他们回国后作为农业巡查员被派往各地指导农业生产。另一方面，当有了足够的农业专业人员后，奥斯曼帝国政府于1892年建立了哈里卡利农业学校（the Halkali Agricultural School），并开设了各种现代农业课程，包括农业理论与实践、化学、数学、土地税收法，以及如何使用农业机械、相关农具和不同作物的耕作方法等，1895年又新增了兽医课程。该校学生毕业后都回到自己的家乡继续推进农业部门的工作。另外，农业部也积极在各地建立更多初级农业学校。奥斯曼帝国还在欧洲各国首都设立了商业会所，以鼓励将奥斯曼帝国农产品和其他物品销往各国，这些措施大大促进了19世纪末20世纪初奥斯曼帝国农产品和其他商品在欧洲国家的销售。"为了解决农业发展过程中的资金不足问题，奥斯曼帝国采取了很多措施，其中包括于1888年成立农业银行以解决整个农业系统中的新问题。该银行后来不仅发展成为奥斯曼帝国农业资金的主要来源，而且成为奥斯曼帝国最大的银行，这种地位一直保持到当今的土耳其共和国。"[1]

奥斯曼帝国后期已经开始有意识地借鉴国外的先进农业生产技术来发展本国的农业，而西方各国也为争取奥斯曼帝国农业市场而竞争，它们争相将本国的农业生产技术和机械引入奥斯曼帝国的农业。加之由于铁路的涵盖面逐步扩大以及众多外国农业设备推广公司的介入，奥斯曼帝国后期农业取得了很大的发展。"起初奥斯曼帝国主要引进了英国和美国的大型农用机械，但是后来德国由于其农业机械生产公司能够生产出适合奥斯曼帝国安纳托利亚地区崎岖不平且土质坚硬等特点的小而轻的农业机械而逐渐占据了奥斯曼帝国的农业市场。"[2] 奥斯曼帝国后期在农业

---

[1] Stanford J. Shaw, Ezel Kural Shaw, *History of Ottoman Empire and Modern Turkey*, Volume II: *Reform, Revolution, and Republic: the Rise of Modern Turkey*, 1808—1975, 1977, p. 230.

[2] Ibid, p. 232.

方面与国际接轨的另一个表现就是利用美国内战期间由于国际市场对于棉花的需求受到影响而大力发展棉花种植业,并由此使得奥斯曼帝国的产棉业得到发展。它从美国引进了优质的棉子并在帝国境内进行推广,奥斯曼帝国的棉花产品打入了国际市场,在哈米德二世统治后期,棉花的出口增长了25%。

农业的发展是帝国现代化的一个重要方面,帝国后期农业领域的变革反映出在向西欧国家学习时,奥斯曼帝国经历了一个艰难的过程。一方面由于长期处于落后局面而又缺乏人才,因此在很多方面直接依赖欧洲的科技人员,这样就导致了欧洲国家对奥斯曼帝国技术方面的控制,增加了其掌握先进技术的难度;另一方面大规模的改革需要大量资金,奥斯曼帝国往往无法满足这一需求,因此在经济方面也不得不依赖欧洲国家。但是,在这样艰难的条件下,奥斯曼帝国后期仍然想方设法通过交流将外国的先进科学技术拿来为其所用,解决了改革和学习过程中的各种难题。

二 通信和交通运输的发展

奥斯曼帝国后期现代性的显现也表现在通信和交通运输技术的长足发展。自克里米亚战争中将电报技术由英、法等欧洲国家引进帝国之后,电报线路由最初的只能将伊斯坦布尔与欧洲重要城市相联系的情况有了很大改善。克里米亚战争后电报线路快速增长,到了19世纪末,电报线路已经可以连接帝国各省的主要城市。这样一来,帝国政府可以更加便捷有效地与各地政府进行联系并实施管理,一大批熟练的电报技术人员也应运而生。

水运方面,"自1870年代开始,蒸汽机船开始成为东地中海地区长距离运输的主要交通工具。蒸汽机船公司与铁路公司都主要是由外国所拥有的,当然,在首都内和它周围的线路主要是由帝国所拥有的。水运把铁路将内陆物产与港口城市相联系的便利

第六章 奥斯曼帝国后期现代性的生成

相结合,加速了帝国广大地区和帝国经济不同门类与欧洲国家经济的联系。就交通运输的时间和经济活动而言,这些地区与欧洲国家的一些重要港口如马赛等的联系比起与帝国内陆一些地区的联系更加容易、更加紧密。"① 因此,不难看出,帝国后期与欧洲国家的交往加快了它的现代化步伐,促进了帝国与世界的联系。

铁路方面,由于铁路建设需要大量资金,相对于电报的建设而言,相对较慢,但在帝国后期铁路里程也在很大程度上得以增加。帝国境内最早的铁路由英国和法国公司所承建,这些线路一般较短,主要是将内地农业区与沿海港口相连接。"连接伊兹米特(Izmit)和哈得帕西(Haydarpasa)的铁路建于1873年,同年,布尔萨(Bursa)至穆丹那(Mudanya)的铁路得以修建。由伊兹米尔到向东通向肥沃河谷的几条线路早自1866年就开始建了。在1880年代和1890年代,铁路里程由几百英里增加到几千英里。自1888年起,法国和英国在叙利亚内地和巴勒斯坦沿海修建铁路。马其顿与帝国首都连接起来,安纳托利亚腹地也由于安纳托利亚铁路的修建与帝国首都相连接,该铁路于1892年接通安卡拉,并于四年后接通科尼亚(Konya)。1903年,政府授命一家德国公司将该铁路由康亚向东延伸,并与巴格达和巴士拉相连接。这就是著名的'巴格达铁路',该铁路在第一次世界大战前的一段时间里在欧洲各国间造成了很大的紧张情绪。"② 这些铁路的修建不仅将富饶的内陆与港口城市相连接,它们还是帝国政府统治国家和强化中央政权的有力工具。

汉志铁路的兴建在帝国有特殊的意义。在修建汉志铁路以

---

① Erik J. Zürcher, *Turkey: A Modern History*, London, I. B. Tauris & Co., Ltd, 1997, p. 82.

② Ibid, p. 81.

前,奥斯曼帝国已经在境内修建了几条铁路,它们主要依靠英、法等欧洲国家的资金和技术。哈米德二世决定改变这种局面,设法依靠主要由本国人员所组成的技术队伍和国内筹措的资金来修建汉志铁路,以连接通往圣城麦加和麦地那的交通。这些技术人员大多参与过前几条铁路的修建,掌握了一定的铁路修筑技术;资金通过多种渠道从国内募集。因此著名的汉志铁路主要是依靠自己的资金和技术所修建起来的,这在当时的情况下是难能可贵的。资金方面,"奥斯曼帝国决策者们决定只依靠国内资金,主要有捐款、特种税、帝国以外的穆斯林的资助等;全国上下都动员了起来,由素丹和大维齐带头,各级政府官员也参与了捐款活动,几年当中,包括基督教徒在内的国家公务人员还每年将自己一个月的工资贡献出来,作为修建汉志铁路的资金;在其他地区,埃及和印度的穆斯林最为积极,他们是重要的穆斯林捐助团体,其捐款表明他们作为穆斯林世界重要成员与奥斯曼帝国团结一致"[1]。另外,军队也被用来作为铁路建设的人力资源,这一方面缓解了修建铁路的劳动力问题,同时也为铁路建设节省了资金。这些都有力地保障了汉志铁路建设的资金问题。技术方面,奥斯曼帝国尽量利用本国的技术人员,但由于客观原因,他们无法独立完成铁路桥梁和隧道等难度较大的工程。因此不得不借助于西方的铁路技术人员。在工程进展到阿拉伯半岛及圣城附近时,部队在欧洲熟练技术人员的带领下承担了大量的修筑任务;埃及等其他地区来的穆斯林也参与到了修建铁路的劳动中。这条铁路的修建过程本身也是一个团结全世界穆斯林的过程,它将帝国首都与圣城相连接。它也显示了奥斯曼帝国素丹作为穆斯林世界领袖的重要作用。汉志铁路的成功修建表明了奥斯曼帝国在与

---

[1] Halil Inalcik, Donald Quataert, *An Economic and Social History of the Ottoman Empire*, 1300—1914, Cambridge University Press, 1994, pp. 808—809.

西方国家交往过程中努力学习西方先进科学技术并为自己所用的特点。

三 贸易的发展

与欧洲国家贸易的进一步加强无疑推动了帝国朝现代化的方向迈进。这一时期的对外贸易发展较快,按照斯坦福·肖教授的说法:"对外贸易得以繁荣。成百上千的欧洲商人和奥斯曼商人通过将产自奥斯曼的原材料运到欧洲然后将在欧洲生产的制成品运回奥斯曼进行销售而成为富有的阶层。对外贸易主要由始自阿里帕夏在19世纪60年代所设的商务部(Chamber of Commerce)负责,该机构总部设在伊斯坦布尔,另外在各地总共设有13个分部。在这一机构的协调和督促下,帝国在贸易方面取得了很大进展,它们还促成了在帝国实行度量衡的十进制、开办了贸易和商务学校以帮助新手理解欧洲的贸易法和如何与欧洲人进行贸易,等等。它们还开办了证券交易所、保险公司、银行,而且还敦促政府通过立法对银行业和商业进行改善,等等。"[1]但贸易的增长是以帝国的出口日益单一化和欧洲国家利润的更大化为代价的。"在阿卜杜勒·哈米德二世时期,出口增长超出了100%,从1878—1879年的8.396亿库鲁斯增加到1907—1908年的19亿库鲁斯"[2],但出口商品却主要是葡萄、无花果、橄榄油、矿物等农产品和矿产资源等。而从欧洲国家进口的主要是价格昂贵的工业制成品。这使奥斯曼帝国无法摆脱对欧洲国家的巨额贸易逆差以及对它们工业品的依赖,使民族工业难以发展。表6—1、6—2明确地显示了这一点。

---

[1] Stanford Shaw, *History of the Ottoman Empire and Modern Turkey*, Volume II: *Reform, Revolution, and Republic, The Rise of Modern Turkey*, 1808—1975, Cambridge University Press, Cambridge, 1977 p. 237.

[2] Ibid., p. 237.

表6—1　　　1897年奥斯曼帝国主要出口商品　（单位：百万库鲁斯）

农产品		其他产品	
葡萄	177.5	丝绸	135.8
无花果	67.8	步枪	64.8
橄榄油	62.7	矿产	47.0
鸦片	61.5	药品	23.1
坚果	57.7	咸鱼	10.0
棉花	48.0	海绵	8.1
燕麦	47.5	—	—
羊毛	46.9	—	—
羊皮	34.7	—	—
芝麻	31.8	—	—
咖啡	29.7	—	—
玉米	27.3	—	—
扁豆	24.4	—	—
烟草	24.0	—	—
盐	23.6	—	—
大枣	19.4	—	—
榛子	17.7	—	—
小麦	14.8	—	—
柑橘	13.5	—	—
干果	13.2	—	—

资料来源：Stanford Shaw, Ezel Kural Shaw, *History of the Ottoman Empire and Modern Turkey, Volum Ⅱ: Reform, Revolution, and Republic: The Rise fo Modern Turkey,* 1808—1975, 1977, p.237.

表6—2　　　　1897年奥斯曼帝国主要进口商品　（单位：百万库鲁斯）

农产品		纺织品		其他产品	
糖	157.7	粗布	139.4	木材	36.4
咖啡	102.7	棉纱	117.8	煤	27.0
大米	78.8	白棉布	69.5	药物	22.7
面粉	78.3	衣物	64.1	纸张	20.6
小麦	62.2	纱布	56.2	铜	17.3
牛	28.6	开司米	41.8	酒精	16.7
黄油	19.9	薄棉布	40.2	玻璃	16.1
香草	5.8	亚麻	35.1	皮革	15.8
		毛毡	31.9	小五金	12.6
		布匹	24.4	陶器	11.9
		土布	21.0	干邑	9.4
		帽子	20.9	火柴	8.9
		手绢	12.0	绳子	7.4
		毛毯	12.0	手表	7.0
		衬里	10.1	砖头	6.0
		蕾丝	7.6		

资料来源：Stanford Shaw, Ezel Kural Shaw, *History of the Ottoman Empire and Modern Turkey, Volum Ⅱ: Reform, Revolution, and Republic: The Rise fo Modern Turkey*, 1808—1975. 1977, p.238.

第二节　帝国后期现代性在精神文明上的体现

一个社会的现代化程度不仅通过物质领域的成就来体现，更重要的是应从其精神领域来考察。奥斯曼帝国社会后期的现代性在精神领域也得到了体现，主要表现在其教育的现代化成果方面、城乡面貌发生了新变化和其社会性质方面所发生的微妙变化。

一 教育的发展提供了现代性的生成所需的劳动力和国民素质

奥斯曼帝国后期在教育方面取得了明显进步。主要表现在培养应用型人才的世俗学校数量有很大增长；各类高等学校陆续建立起来，除了原有的综合性大学和军事类院校以外，包括农业类和艺术类等新的高等学校也在这时建立起来，这些学校一直延续下来，其中很多成为土耳其共和国时期高等院校的前身；另外，西欧国家纷纷在奥斯曼帝国开办各类学校，主要教授西方语言以及按照西方的教育模式设置课程，为东西方教育提供了更多的交流机会。哈米德二世在1879年的改革计划中称要解决现行公共教育体系中存在的任何不足与缺陷。由于缺乏足够的师资及建设资金等种种原因，教育改革没有完全实现他的愿望。为了解决教育建设资金方面的难题，"从1883年起，奥斯曼帝国设立了'教育受益股'（the Education Benefits Share），专门用于建设新的学校。这样一来，全国范围内的公共世俗教育得到迅速扩展"①。这一点从当时建立的学校数量、类别和名称以及毕业学生数量方面就会有所了解。"1878年到1897年之间文官学院（the Civil Service School）共有620名毕业生；帝国法学院（the Imperial Law School）在1885年至1897年之间共有502名毕业生；帝国医学院（the Imperial Medical School）在1874年至1897年之间共有882名毕业生；同一时期的工业艺术学校（the Industrial Arts School）也有352名毕业生。自1891年建校以来，帝国兽医学校（the Imperial Veterinary School）在头7年里每年招收学生42名；哈里卡利农业学校（the Halkali Agricultur-

---

① Stanford J. Shaw, Ezel Kural Shaw, *History of Ottoman Empire and Modern Turkey*, Volume Ⅱ: *Reform, Revolution, and Republic, The Rise of Modern Turkey* 1808—1975, 1977, p. 249.

第六章 奥斯曼帝国后期现代性的生成

al School) 在1892年至1898年之间平均每年招收77名学生;1873年至1897年之间,从军事学院(the War Academy)毕业的学生有8247名;从帝国工程学校(the Imperial Engineering School)毕业的有669名学生;军医学院毕业的有3602名学生;海商学院(the Merchant Marine School)有107名毕业生;海军学院(the Naval Academy)有974名毕业生。从1876年至1897年之间这些学校的毕业生总共有1758名,平均每年有160名毕业生。"[1] 从以上数据可以看出,奥斯曼帝国后期的教育发展比较迅速,同时也兼顾了国家对不同层次的学校和不同领域人才的需求,这些学校的发展为共和国时期的教育打下了良好的基础。另外,奥斯曼帝国后期,除了欧洲国家直接在奥斯曼帝国设立学校以外,在上述奥斯曼帝国自己的学校里,也借鉴了西欧国家的教育经验,有的还直接聘请西欧国家的师资进行交流。

由此可以看出,帝国后期政府对教育的重视程度明显加强。改革的实施需要一批有知识有能力的人才,而教育在培养人才方面的作用是不容忽视的。只有拥有新思想和新观念的大量国民的涌现才能保证各项改革的顺利实施,也才能使国家取得进步和发展。奥斯曼帝国后期对于通过教育塑造国民素质的重要性的认识促使政府在教育方面作了相应的改革,主要表现为世俗教育的加强和对国民现代化教育的重视。传统的伊斯兰教育在一定程度上让位于新兴的现代化世俗教育,但这并不意味着伊斯兰教育的消失,现代世俗教育也没有完全替代伊斯兰教育。它只是以相对较弱的局面存在于帝国后期的教育之中。在哈米德二世时期,伊斯兰教育又重新得到了强调,但它旨在通过伊斯兰教育对国民思想

---

[1] Stanford J. Shaw, Ezel Kural Shaw, *History of Ottoman Empire and Modern Turkey*, Volume II: *Reform, Revolution, and Republic, The Rise of Modern Turkey 1808—1975*, 1977, p. 150.

和道德起到教化作用，同时世俗的现代化教育对于国民科学素质的提高在这一时期得到了继续。现代化的科学教育已经深入人心，成为不可逆转的潮流和趋势。

自坦齐马特改革时期起，教育方面改变的一个重要特征就是将原来由宗教所垄断的教育转变为将教育置于国家的管理和控制之下，教育的世俗化比重加大。教育也被用来作为国家在军队建设、经济发展、政治统一、政府管理等方面的重要支持力量。由于教育世俗化首先是从军队、医疗及工程等方面的学校展开的，并且是以军事化管理的形式进行的，因此并没有遇到很大的阻力。后来当改革深入到公共教育领域时，受到了来自基督教、犹太教等社区的反对，因为这一改革对各种宗教教育是一个冲击。学校开始被建在清真寺之外，脱离了对清真寺的依附，乌里玛也被从管理教育的部门中清理出去。但由政府控制的世俗教育及由宗教势力控制的传统宗教教育并存的局面在奥斯曼帝国后期包括青年土耳其时期一直存在。

坦齐马特改革时期的教育改革对宗教学校的政策是一个循序渐进的过程。早期改革家们对改变教育的重要性并没有充分的认识。一开始，坦齐马特的改革家们并没有认识到宗教教育应该改变或取缔。但随着改革的推进，传统教育越来越不能适应坦齐马特改革对教育和人才的需要，教育改革开始被提上日程。这方面的"一个重要发展就是1869年'公共教育条例'（the Regulation of Public Education）实施，这一条例是在法国教育部长让·维克多·都瑞（Jean Victor Duruy）影响下制定的，是教育世俗化改革的重要一步，但有着明显的西方影响。这反映了坦齐马特改革时期教育世俗化改革、学校受政府监督的特点"[①]。为了加强世

[①] Selçuk Akşin Somel, *the Modernization of Public Education in the Ottoman Empire*, 1839—1908, *Islamization, Autocracy and Discipline*, Koninklijke Brill, Leiden, 2001, p. 3.

俗教育，国家设立了专门培养新型教师的学校。在新建世俗学校中，国家概念和公民意识逐渐被树立起来。从这个意义上讲，坦齐马特时期的教育改革是成功的，它帮助人们形成了奥斯曼国家概念和公民的爱国意识。同时，坦齐马特改革还给予妇女受教育的机会，也开始有妇女在一些公共部门任职。这一对妇女的教育和就业开放的态度后来在青年土耳其时期和共和国时期得到延续和发展。

哈米德二世在位时期虽然以泛伊斯兰主义为重，但是这一时期的教育现代化却得以推进和深入。对泛伊斯兰主义的强调并没有影响对教育现代化的进行，相反，教育现代化却得到了加强。泛伊斯兰主义以宗教的教化教育国民为奥斯曼帝国的事业而奋斗，现代教育在强化国民对现代科学知识掌握的同时也要求国民做到对信仰的虔诚。哈米德二世时期政府认为坦齐马特时期的现代化改革具有成功之处。在哈米德二世统治的后期，一种强调在公共学校中开设更多实用学科的教育措施被付诸实施。但是要在公共学校中加强现代化教育的实用学科势必会与以强调伊斯兰教育为主的哈米德二世的教育指导思想相矛盾，两者之间很难做到绝对的平衡。加之坦齐马特改革以来现代世俗教育在人们当中的影响已经相当深入，教育不可能再回到改革以前的伊斯兰教育一枝独秀的局面。

因此，总体上讲，奥斯曼帝国后期的教育有了很大发展。与欧洲的交往对帝国教育上的影响一方面表现为现代教育理念及教育体系在奥斯曼帝国的建立。这不仅表现在这一时期各级各类学校在数量上的增加，现代科学教育的继续深入，一些职业学校也开始建立。而且还体现在高等学校的发展越来越成熟，出现了包括现代法学、美术、农业、林业、商业、采矿业及动物医学等现代应用学科的高等院校或专业等。另一方面，作为相对落后的一方，奥斯曼帝国后期在教育上力图排除西方国家对帝国教育的控制,在借鉴西方先进教育经验的同时使其服务于帝国的需要。这就促使了帝国后期,尤其是哈米德时期教育对民族文化——伊斯兰文化的强调。即对公民自豪感和民族国家意识的培养,泛伊斯兰主义的教育为这一目标的实现起到了重要作用。

奥斯曼帝国后期教育改革的特点表现在它为共和国时期的教育打下了良好的基础,为奥斯曼帝国公民素质的普遍提高作出了贡献,为培养具有现代意识和民族国家等世俗教育理念的人才提供了教育支持等。帝国后期教育的发展为促进帝国与欧洲国家的文化交往提供了智力支持和人才保障,同时也为帝国的发展作出了很大的贡献。到19世纪末,初具规模的现代化学校开始为帝国各行各业和各级管理部门提供大量毕业学生。更多普通民众有了了解和关心国家大事的基础和条件,这又促进了帝国新闻事业的发展。其结果是哈米德二世统治时期帝国的出版物和流通数量都有大幅度提高。教育状况的改善使人们受教育的程度更高,而接受现代教育人数的增加是加速帝国现代化建设不可或缺的因素。奥斯曼帝国后期在教育方面的这些成就被其后的青年土耳其时期和共和国时期所继承和发展,这是由教育的循序渐进性所决定的。但不同的是在哈米德时期以泛伊斯兰主义为指导思想,而在青年土耳其时期是土耳其—伊斯兰思想,到了共和国时期则是建立在强调民族性、文化性和世俗性的指导思想之上的。

二 城乡精神面貌的新变化

普通城乡居民生活中所发生的变化最能表明帝国后期其现代化发展的特点。奥斯曼帝国后期的社会生活获得了前所未有的变化和发展,这种变化深入到人们的日常生活当中,反映了人们文化观念的更新及对现代文明的向往。现代社会的许多因素在当时已有了雏形,比如咖啡馆、饭店、旅馆、商业、旅游、银行和保险业等在帝国的社会生活中普遍存在;另外蒸汽磨面机等代替了

第六章 奥斯曼帝国后期现代性的生成

原始的人力畜力劳动;"与国际上其他城市以及国内的城市之间的通信及交通设施得到了很大的改善,旧的道路得到拓宽,新修了许多道路;城市都得益于外国和奥斯曼帝国自己的邮政及电报业务的发展;城市中的相关设施如供水、排水、保洁、街道照明、城市规划与维护等也在一定程度上得到了应用"[1]。

巴勒斯坦的这些情况,在很大程度上可以表明奥斯曼帝国后期的发展情况。因为城市是一个复杂的综合系统,它通常集一个国家和社会的各个领域的发展于一体,并能反映出某一时期该社会发展的总体状况。伊斯坦布尔作为帝国首都,它的发展水平最能代表当时帝国的发展情况。事实表明,由于与欧洲的充分交往,伊斯坦布尔在帝国后期发展迅速,在城市规划、建筑风格、居民的生活水平、受教育程度、文化生活、市民的综合素质等方面都有明显改善和提高,在某些方面甚至可以与一些欧洲城市相伯仲(参见本章第三节"伊斯坦布尔的变迁所反映的奥斯曼社会现代性特点")。在帝国其他地区如伊兹米尔和萨洛尼迦等地区的情况与巴勒斯坦地区和伊斯坦布尔大致一样。这些城市的发展达到了较高水平,它反映了奥斯曼帝国后期社会的发展程度。

奥斯曼帝国后期的社会得到了全面发展,包括铁路、公路及水运在内的交通设施都得到改善;通信业也有很大发展,甚至有少数地区已安装了电话,这为奥斯曼帝国与境内外的交流提供了很大的方便。另外,新闻出版也随着大众文化水平的提高而有所发展。当然,在奥斯曼帝国后期所发生的变化当中,教育的发展最引人注目,在一定意义上也为其他方面的发展奠定了基础。教育体系不仅在量的方面而且在质的方面都取得了进步。西方的教育模式被引进并与奥斯曼帝国实际相结合,新建了许多基础教

---

[1] David Kushner, *Palestine in the Late Ottoman Period, Political Social and Economic Transformation*, Yad Izhak Ben-Zvi Press, Jerusalem, 1986, p. 47.

育、高等教育及职业教育类学校。人们有了更多的接受教育的机会。与这些发展相联系的是，奥斯曼帝国对国内信仰不同的外国人实行宽容政策，提供安全保障。来自欧洲国家的商业、贸易、通信公司及其他团体和个人都能得到应有的保护，他们可以相对自由地在奥斯曼帝国境内兴办教育，建立学校，这有助于双方多层次的文化交流。

哈米德二世非常重视公共设施体系的建设，他建立了许多公众文化教育机构，其中包括一些博物馆、现代档案馆、图书馆等。这些都有利于传播新的文化知识和西方的文明成果。哈米德二世所建立的学校包括行政管理学院（School of Administration），也就是今天的政治学院（Political Science School），它是安卡拉大学（University of Ankara）的一部分。他还建立了财经学院、贸易学院、高等教育学院、法学院、海事学院、农学院、美术学院及冶金学院（Schools of Finance, Trade, Higher Education, Law, Navy, Agriculture, Fine Arts, and Mining）。另外，还建立了聋哑学校（the School for the Deaf and Blind）和为女性建立女子工业学院（Industrial Schools for Women）等。[1] 在图书馆方面，哈米德二世在伊尔迪兹宫（Yildiz Palace）所建的图书馆里丰富的各类藏书显示出了他对科学、对西方社会文化以及对奥斯曼社会历史的态度。"按照那个时代的标准，图书馆藏书非常丰富：它有大约 90000—100000 册各类图书，包括很难见到的突厥语、阿拉伯语及波斯语的著作以及很重要的西方历史、文学及哲学方面的书籍。1908 年，'革命者们'从图书馆获得善本图书的企图被成功阻止了。后来，作为伊斯坦布尔大学的图书馆，该馆里的书被用来教育共和国的年轻一代。20 世纪 40 年代，图书馆获得

---

[1] Kemal H. Karpat, *the Politicization of Islam, Reconstructing Identity, State, Faith, and Community in the Late Ottoman State*, Oxford University Press, 2001, p. 168.

第六章 奥斯曼帝国后期现代性的生成

了许多新书,同时也成了土耳其质量最好的图书馆。"① 按照该书作者的说法,包括书法、图书装订、雕塑、装潢、雕刻等在内的现代的、民族的建筑和艺术等都是在哈米德二世时期开始的。此外,土耳其的第一座国家博物馆——如今位居第一的土耳其考古博物馆也是在哈米德二世时期建立的。哈米德二世时期负责外国出版物的奥斯曼·哈姆迪(Osman Hamdi)帮助他建立了这座博物馆。哈姆迪接受过良好的欧式教育,是哈米德二世老道而富有经验的助手。以他为代表的新一代奥斯曼艺术家和建筑师、设计师们开始攻击"alafranga"的概念——即拒绝对西方事务的盲目的和不加区别的接受。他们追求"真"(authenticity)的东西,那就是找到在现代化名义下引进的物质文化和奥斯曼社会自身的根基、品味、需求和文化之间的关系。帝国后期,军队建设也在职业化方面得到了提升。军事学院(War College)的课程主要是按照欧式军队建设进行,为提高军官的专业化和军队的现代化而制定的。"一个基本的事实是哈米德二世对军队的重组给予了很高的重视。早在1880年,他就开始物色并在两年后找到了两名德国军官陆军上尉科勒(Kohler)和上校科尔玛·冯·德高尔茨(Colmar Von der Goltz)为军队做指导。也正是在哈米德二世时期,对军官的培训开始加强并朝正规化发展。"②

奥斯曼帝国后期其社会发展和变化与西方国家之间存在着千丝万缕的联系,正如《奥斯曼帝国后期的巴勒斯坦》一书的编者戴维·库什纳在该书的扉页上所写到的:"奥斯曼帝国后期(18世纪后期到20世纪早期)在巴勒斯坦体现为沧桑巨变的时代。这是一个外国渗透和干涉的时期,它使得这一地区成为欧洲各国力

---

① Kemal H. Karpat, *the Politicization of Islam, Reconstructing Identity, State, Faith, and Community in the Late Ottoman State*, Oxford University Press, 2001, p. 169.

② Ibid., p. 171.

量激烈较量的地方；它是经济发展的时期；同时也是与世界市场联系日益紧密的时期；一个人口不断增长、新的聚居地不断增加、新的城镇不断形成的时期；一个政府管理方式发生巨大变化的时期、一个新的社会力量不断生成的时期；一个对西方文化影响'逐步开放'的时期；这些方面以及当时其他方面的发展对这一地区的印记至今依然清晰而且可以看做是奥斯曼帝国对今天这一地区的遗产。"① 这段文字以奥斯曼帝国后期的巴勒斯坦为个案具体分析了这一地区与西方文化交流的情况，它反映了帝国同西方文化交往所达到的水准，及其对该地区的发展产生的重要作用。

三 社会性质的悄然变化

帝国后期以一系列改革为主兼有其他途径的与欧洲文化的交往一步步增强了帝国的现代性。奥斯曼帝国后期的主要改革包括谢里姆三世时期和麦哈迈德二世时期改革、坦齐马特时期改革、穆罕默德·阿里改革和阿卜杜勒·哈米德二世时期改革等。青年土耳其时期也进行了一些改革，但由于时间较短，并且是奥斯曼帝国与土耳其共和国之间的过渡时期，因此对其不作重点讨论。

谢里姆三世时期和麦哈迈德二世时期的改革是奥斯曼帝国后期一系列改革的开始，为后面较为深入和全面的改革打下了基

---

① David Dushner, *Palestine in the late Ottoman Period: Political Social and Economic Transformation*, Yad Izhak Ben-Zvi Press, Jerusalem, 1986, front page. 原文: The late Ottoman period (late 18th century to early 20th century) in Palestine stands out as a time of particularly dramatic changes. It was a time of particularly drastic changes. It was a time of foreign penetration and foreign involvement, making the country the scene of acute rivalry between the European power; a time of economic development and of increasing links between the country and the world market; a time of a growing population, new settlements and expanding towns; a time of significant changes in the methods of government and in the administrative structure, a time of emergence of new social forces; and a time of "opening up" toward Western cultural influences. These and other contemporary developments have left their mark on the country to this very day and can be viewed as the Ottoman legacy in present day Palestine.

第六章 奥斯曼帝国后期现代性的生成

础。这一时期主要是针对军队的改革。由于这时的奥斯曼社会在各方面还没有做好改革的准备，在废除旧式军队耶尼切里的问题上，谢里姆三世遇到了很大的阻力，他本人也由于推行改革而被当时势力强大的反对派所废黜。

而到了麦哈迈德二世时期，一方面由于他吸取了谢里姆三世的教训而采取了较为谨慎的做法，另一方面这时的人民大众对于改革已经有了一定的认识，这有利于改革的推进。因此麦哈迈德二世成功地废除了旧式的腐朽军队耶尼切里。当然他们也试图在其他方面进行改革，比如在宗教方面进行改革以削弱乌里玛阶层对国家管理的干涉，在教育方面进行改革以加强世俗教育等，但这些改革在这一时期没有深入进行，而是有待于坦齐马特时期的改革来将其推进。

坦齐马特改革是奥斯曼帝国后期的改革中规模最大、范围最广、影响最为深远的一次改革。它涉及了奥斯曼社会文化的各个方面，也取得了较好的效果。主要表现为对基督教徒和犹太教徒等非穆斯林以更加宽松的政策，在军队、科技、教育、司法、国家管理等方面充分借鉴西方国家的现有成就和先进成分为奥斯曼帝国所用。除了这些具体的改革成果以外，这一时期改革的另外一个重要成就就是经过改革和与西方国家的交流，奥斯曼帝国人民大众的改革意识和民族国家的意识得以培养。这为后来的更进一步的现代化改革和民族国家的形成打下了良好的群众基础。

阿卜杜勒·哈米德二世时期改革是前面改革的继续。穆罕默德·阿里改革虽然没有发生在奥斯曼帝国的中心地带，但它为奥斯曼帝国的改革，尤其是麦哈迈德二世时期的改革树立了效仿的对象并提供了改革的动力和加强了改革的信心。它是奥斯曼帝国改革的一个重要组成部分。经过多年的改革和与西方文化的交流，奥斯曼社会发生了很大的变化，在物质和精神上为后面的发展打下了基础。

奥斯曼帝国后期的社会发生着全方位的变化，后续社会文化特点的形成在此时已经埋下种子，一旦时机成熟，它就会发生应有的变化。奥斯曼社会在阿卜杜勒·哈米德时期的土耳其属性日渐突出。奥斯曼帝国在建国后，主要由奥斯曼家族作为帝国的皇室成员和高层统治者，除此之外的大量各级官僚由穆斯林及少部分基督徒和犹太教徒等构成。而帝国的文化更是融合了突厥、波斯和阿拉伯文化，其中以阿拉伯穆斯林文化为主。但帝国却在语言、政府管理与其他方面保有穆斯林属性的同时也发展了它的奥斯曼属性及突厥属性。在几个世纪的时间里，奥斯曼帝国文化中的这些属性不断的经历着变化与重塑。只是到了19世纪后期，主要是哈米德时期，在一系列新的因素包括现代化概念、民族意识的萌发等作用下，使得奥斯曼帝国的穆斯林—突厥属性在这些综合因素的作用下发生了新的变化。

在奥斯曼帝国的最后岁月里尤其是在青年土耳其时期，改革有了新的突破，比如妇女得到了更多接受教育的权利和机会，她们也开始获得进入一些工业部门就业的机会。这一时期改革的西化倾向越来越明显，如在教育方面就表现为进一步削弱了乌里玛阶层对教育的影响；同时将欧洲语言作为学生的必修课程等。但由于当时的国际形势恶化，奥斯曼帝国本身也面临着前所未有的困难局面，它对于西方的依赖越来越严重，奥斯曼帝国开始反思在与西方交往过程中存在的一些问题，那就是如何将欧洲文明与伊斯兰奥斯曼文明相融合，也就是说如何在进行现代化建设的同时而不失去自我的传统。这一问题恰恰是后来的土耳其共和国要着力解决而且直到目前为止一直是困扰土耳其社会发展的一个重要议题。

哈米德二世时期的改革对于奥斯曼帝国自18世纪末期以来的改革和此后的青年土耳其时期甚至共和国时期的改革在一定程度上是一种过渡，作为帝国后期改革的一部分，这一时期的改革和变化也影响了其后的社会文化，其改革和发展成就不容忽视。

第六章 奥斯曼帝国后期现代性的生成

卡尔帕特在《奥斯曼帝国的过去与今天的土耳其》一书中写道："坦齐马特时期的改革家们、哈米德二世以及青年土耳其时期的精英们作为现代化的缔造者，他们的现代化设想和理念并没有太大差异。就政治体制而言，这三种力量都是在帝国体制之下的一种政治体系，而共和国时期的领导者们追求的是'民族国家'的事业。"[①] 在该书中，他也指出哈米德二世时期和共和国的一党制时期在很多方面有着有着令人惊奇的相似之处。比如在这两个时期内，以铁路和公路为主的交通体系的发展，以邮政和电报为主的通信系统的发展，以学校和教师为主的教育系统的发展，包括报纸、杂志和书籍等在内的培训和出版系统的发展等都速度很快。他同时指出，虽然从奥斯曼帝国到共和国有一个线性连续发展的过程，但共和国时期将量化的积累转变成了质的飞跃。因为从农业社会到工业社会的转变是在共和国时期完成的。共和国时期现代化发展的另一个显著表现就是受教育人数的明显增加。但这些变化都可以在坦齐马特改革和哈米德二世以来的奥斯曼社会找到痕迹。哈米德二世时期着重加强了国家管理体制的系统化和中央集权化。教育上重新利用伊斯兰教来统一国民思想的政策反映了哈米德时期中央政权的强化。除了教育，哈米德政府将电报、铁路、商业部门、内政部门、新闻检查部门等自上而下深入到各地区。这些都是加强中央政府统治能力的有力措施。这些都在共和国时期得以进一步发展和加强。

奥斯曼帝国后期社会性质发生悄然变化的特点也反映在奥斯曼帝国后期的土耳其民族意识开始逐渐形成方面。奥斯曼帝国后期是土耳其民族意识形成的一个重要时期，它与现代土耳其的民族和国家意识是一脉相承的。虽然在具体表现形式上，奥斯曼帝

---

① Kemal H. Karpat, *Ottoman Past and Today's Turkey*, Brill of Leiden, Leiden, 2000, p. 49.

国后期的民族意识只是初步的而且主观上没有明确提出,也没有形成系统的构建和理论;而土耳其共和国时期则从现代民族国家的意义上对其进行了系统而完备的界定。但是始自奥斯曼帝国后期的泛伊斯兰、泛奥斯曼和泛土耳其主义却是这一现代民族观念明白无误的过渡和铺垫。现代土耳其的民族意识和民族自觉是建立在奥斯曼帝国后期以来逐步形成的广大民众的民族意识之上的,它不是一夜之间形成的,而是可以在奥斯曼帝国后期找到它的雏形。另外,奥斯曼帝国后期的民族意识也是在与西方交往的过程中催生出来的。在与奥斯曼帝国有着密切交往的欧洲国家中,英国、德意志、法兰西甚至沙皇俄国都是由有着占绝对优势的主体民族构成的民族国家,它们在与奥斯曼帝国的交往中显示出了民族团结的优势。加之,奥斯曼帝国后期西方的民族国家也处在不断重组与演进之中。比如奥地利与德意志联邦之间最终的势力分割与划定也显现了民族国家的必然趋势;奥匈帝国属下的匈牙利、捷克等民族国家也在这一时期分离出来,形成独立的民族国家;奥斯曼帝国所辖的巴尔干地区各民族即东南欧的希腊各民族也纷纷效仿,加之与奥匈帝国等欧洲国家间在这一地区错综复杂的领土变更等因素,都促使了奥斯曼帝国民族意识的形成,而土耳其共和国时期更为明确的民族意识和国家意识是这一漫长演变过程的集大成者和最终的必然结果。

奥斯曼帝国民族意识的加强到了穆斯塔法·凯末尔时期进一步得到推动,并且朝着更加世俗化的方向发展。"在穆斯塔法·凯末尔(1881—1938),即后来众所周知的阿塔图尔克(土耳其人之父)的领导下,新的土耳其政府推行范围广泛的改革纲领,目的在于将本国转变成为沿西方路线行进的现代世俗的民族—国家。经过15年(1923—1938),一大批世俗主义法律改变了公众的生活。1923年土耳其成为共和国;1924年废除了哈里发制度。土耳其政府实施了以欧洲为模式的成文宪法,以新法典取代了伊斯兰的法律制度；伊斯兰教不再是国教。西方化还意味着禁止颁布教令，废除'费兹帽'，实行家庭姓氏，用罗马字母取代阿拉伯字母。尽管大众的压力终于迫使政府及时地从严格的世俗化后退，允许伊斯兰逐渐地重新进入公共场所，但是土耳其仍然设法保持它在反对它的伊斯兰的过去时所铸就的这种世俗的认同。"[1] 由此可见，奥斯曼帝国后期与欧洲国家的交往为后来土耳其民族国家的形成奠定了物质和精神的基础，促使其形成了具有奥斯曼—土耳其特色的民族国家。

总的来讲，奥斯曼帝国后期国家在各个方面都经历了巨大的变化，外国力量全方位介入奥斯曼社会，奥斯曼帝国本身也在一定程度上成为西欧国家彼此实力较量与竞争的场所。为了取得竞争中的优势，它们纷纷争取与奥斯曼帝国政府的合作，有时直接参与奥斯曼帝国的建设，奥斯曼帝国也越来越多地卷入了国际社会。当然奥斯曼帝国本身接连不断的改革是发生这些变化的主要原因，起先是帝国政府及社会精英们自上而下的改革，由于缺乏群众基础而收效甚微；随着改革的一步步深入，改革的群众基础也越来越深厚，改革的效果日益明显。在改革的过程中，西方文化也渐渐在奥斯曼帝国传播开来，这种传播与交流在奥斯曼帝国打下了深深的烙印，直到今天这些影响仍然发挥着作用。

第三节　伊斯坦布尔的变迁所反映的奥斯曼社会现代性特点

城市是衡量一个地区或国家发展水平的最佳选择，它最能体现一个地区或国家的综合发展水平，选择奥斯曼帝国首都伊斯坦

---

[1] ［英］弗朗西斯·鲁宾逊主编《剑桥插图伊斯兰世界史》，安维华、钱雪梅译，世界知识出版社 2005 年版，第 105 页。

布尔作为研究帝国后期现代化成就及与欧洲文化交往的结果有重要意义；因为就研究欧洲文化与奥斯曼文化交往的个案而言，伊斯坦布尔应该是最合适的。它不仅在地理位置上得天独厚，地跨欧、亚两洲，而且在其历史上也呈现出文化交流的深深印记，从而造就了它独特的文化特质。

一 城市建设方面对欧洲城市建设的仿效

位于欧洲文明和中东文明交错之地为伊斯坦布尔提供了城市建设上与欧洲接轨的便利条件。伊斯坦布尔之所以在文化上表现出欧洲和中东文化相互交融的状态首先是因为它独特的地理位置。在位于亚洲大陆西端的黑海和地中海之间的部分，有一条可被称为"黄金水道"的水上交通要道。在这里，它把亚洲大陆和欧洲大陆分开，这其中，中间的那部分为马尔马拉海峡，南端为达达尼尔海峡，北端为博斯普鲁斯海峡，它们统称为黑海海峡。而这一"黄金水道"是黑海通向外部世界的咽喉要地，奥斯曼帝国首都及后来土耳其共和国曾经的首都伊斯坦布尔就坐落在博斯普鲁斯海峡的南端，横跨欧亚两个大洲。从这里出发向北经海路可直达黑海沿岸各国；向南则与地中海相连，从而可通向欧、亚、非三个大洲。站在伊斯坦布尔的高处向西而望，欧洲大陆近在咫尺。这种优越的地理位置，不仅使其成为洲际交通枢纽，而且大大地便利了文化的交流，使其成为自然的欧洲和中东文化交融之地。"在奥斯曼帝国的管辖之下，同时又处于西方国家的影响之下，伊斯坦布尔被公认为是'大自然王冠之上最亮的宝石之一'。位于地跨欧、亚两洲之处，往来于大洋间的轮船可以在它的中心地带穿梭，海上航运非常方便。不仅海上运输发达，铁路运输也相当发达，这里是欧洲'东方铁路'的终点，又是'巴格达铁路'的起点。它的地理位置是无可比拟的，它是一个集神秘与宏伟、美丽与欢乐、悲伤与罪恶、肮脏与奢华、

第六章 奥斯曼帝国后期现代性的生成

晦暗与传奇、故事和音乐于一身的大城市。"[1] 在伊斯坦布尔矗立着各种各样不同宗教的清真寺、教堂、会堂等,它们比邻而立,呈现出不同宗教文化在这里的交融,其中欧式教堂和中东清真寺尤为显眼。"由拜占庭式教堂改造而成的有高耸的尖塔守望的肃穆、宏大、威严的清真寺——阿亚索菲亚(Ayasofiya)清真寺与许多土耳其式清真寺比邻而立。它们勾勒出了这个有建筑传统的民族在融合拜占庭、东方以及文艺复兴的建筑风格方面所具有的最光辉的篇章。"[2]

这种得天独厚的地理位置也使其享有了悠久的文化交流的历史。作为"丝绸之路"一端的城市并且深受阿拉伯文化熏染和作为曾经的拜占庭帝国首都等使得伊斯坦布尔集本土文化、欧洲文化及其他文化于一体,具有悠久的文化交流历史。伊斯坦布尔本身就是一座历史文化之城。因为"奥斯曼帝国首都是曾经的拜占庭帝国的首都。当康斯坦丁大帝决定在公元 323 年将它作为帝国首都的时候它已经有着一个漫长而动荡的历史;而当它在 1453 年落入土耳其人之手的时候,这座城市已经反映出了罗马帝国时期的世界历史;伊斯坦布尔充斥着突厥人和生活在这里的各民族人民的故事,这些人的成分纷繁复杂,齐聚了多种民族、多种信仰、多种习俗、多种色彩和多种文化,这些都在一个中央集权的政府统治之下。伊斯坦布尔是一座历史性的大都市"[3]。在帝国后期,伊斯坦布尔作为历史性大都市的特征更多地表现为其与欧洲文化的交流所带来的影响。

伊斯坦布尔的建设反映出它对欧洲城市效仿的一面。按照雷

---

[1] Wilfred T. F. Castle, M. A., *Grand Turk, An Historical Outline of life and Events, of Culture and Politics, of Trade and Travel during the Last Years of the Ottoman Empire and the First Years of the Turkish Republic*, Hutchinson &Co. Ltd, London, 1998, p. 29.

[2] Ibid., p. 30.

[3] Ibid, p. 29.

奈普·塞里克（Zeynep Çelik）教授的说法，"十九世纪的伊斯坦布尔使人们对于从比较的角度研究城市历史的框架充满好奇。在欧洲，十九世纪后半叶是各国首都建设非常盛行的时期。这一时期欧洲的首都建设主要包括拿破仑三世（Napoleon Ⅲ）对巴黎的重建、维也纳市的环线建设以及罗马的重组等。在对伊斯坦布尔进行现代化建设的时候，奥斯曼统治者们寻求对欧洲国家类似做法的效仿。因为一个有着现代模式的首都城市将会象征整个帝国的活力"①。正是在这一指导思想的影响下，奥斯曼帝国开始了对伊斯坦布尔的重整和建设的计划。这一计划在其设计之初是雄心勃勃的，奥斯曼政府派国内官员到欧洲城市进行访问，以期仿照它们的城市建设模式，而且也聘请了国外的城市规划和建设专家对伊斯坦布尔的建设进行指导。最后，在综合多种方案的基础上，帝国以德国专家海尔姆斯·冯·莫提特克所设计的方案为主并以坦齐马特改革家之一的穆斯塔法·瑞斯特帕夏对伊斯坦布尔市的整体规划为指导开始了改造和建设。在这一方案中，伊斯坦布尔传统的木质建筑由于容易引发火灾而被改用砖块，因此新的建筑都采用了砖质材料。另外，街道也被拓宽，增加了很多笔直宽阔的街道。这一方案引进了欧洲城市规划的科学性和整体布局的特点，重新规划后的伊斯坦布尔在城市功能上大大加强，即将使其成为新型的现代化城市。但是由于资金等问题，一些建设项目不得不放弃、缩减或者在建设过程中被迫停工等。

虽然原来的规划没有被严格执行，但伊斯坦布尔的建设还是强烈地体现出了其对欧洲国家城市建设的效仿特点。这种效仿主要体现在三个方面："首先是在城市规划的法律和立法方面对欧

---

① Zeynep Çelik, *The Remaking of Istanbul, Portrait of an Ottoman City in the Nineteenth Century*, University of Washington Press, Seattle and London, 1986, introduction, pxvi.

第六章　奥斯曼帝国后期现代性的生成

洲城市的效仿；其次是在城市设计原则方面，这一原则由新的法律和规定促使其得到实施，它要求形成高效的街道网、有纪念意义的公共广场、规范的街道模式以及浑然一体的城市外观；再次是建筑方面。这些新的建筑物类型是按照新的建筑风格来设计的，而这些新的建筑风格本身是最近才在欧洲得以'发明'的。事实上，我们应该清楚我们在伊斯坦布尔所要追求的变型即使在西方世界也是正在处于形成过程中的一些最近的'发明'。"[1] 对欧洲城市建设的效仿使伊斯坦布尔与欧洲城市在布局、功能、建筑风格等方面具有相似之处，也使伊斯坦布尔越来越现代化。

参照欧洲城市建设的莫提特克规划的主要贡献是在首都历史上首次把城市作为一个整体来设计，它的主要目的是通过建立连接城市中心——行政区和商业区到老拜占庭大门的宽阔街道为伊斯坦布尔提供一个通畅的交通网，与此同时，居民区的砖石建筑也取代了木头的建筑。莫提特克规划修建5条主要干道：第一条连接巴布·胡玛蕴（Bab-Humayu）和阿科萨瑞；第二条连接阿科萨瑞和托普卡帕宫（Topkap）；第三条连接拜占庭广场和法迪赫区；第四条沿马尔马拉海岸连接卡德加（Kadirga）和耶迪库勒（Yedikule）；第五条连接埃米努努（Eminonu）和阿尤布。莫提特克规划的主干道为15.2米，两边为3米的人行道，中间的车行道为9.2米。其他的路分别为11.5米、9米、7.6米。道路的宽窄依其所处的位置而定，路两边植树，完全取消死胡同，在清真寺或其他纪念性建筑前面建立大众广场。同时清理金角湾两岸的水道，并建议用15.2米的石头码头取代木头结构的码头。

---

[1] Zeynep Çelik, *The Remaking of Istanbul, Portrait of an Ottoman City in the Nineteenth Century*, University of Washington Press, Seattle and London, 1986, introduction, pxvii.

莫提特克规划的缺点是缺少南北向干线。①

莫提特克规划拉开了伊斯坦布尔街道改造的序幕，城市改革的范围进一步扩大。大维齐任命的7人委员会起草了一份建议，该建议把城市分为14个区并选择皮瑞（Pera）、加拉塔和图费恩（Tophne）组成第六区，作为城市改革的实验区。建筑活动集中在街道的规范化铺设和建设，安装自来水和排水系统，等等。然后把从第六区实验中得到的经验推广到其他13个区。第六区被选为示范区有两个原因：一是在19世纪40年代后该区已开始流行欧式建筑；二是该区大部分人口是欧洲人。为更好地进行第六区改造工作而成立的第六区管理委员会（Sixth District Administration）的职责涵盖了对市场规则的制定、对道路的修建和维护做出决定、提供街道照明系统以及对供、排水线路的建设等。该委员会所承担的第一项重要任务是对第六区进行地籍测量，这是奥斯曼帝国首都有史以来的第一次。对街道网的规范和对主干道的加宽是该委员会所完成的大量工作中的另外一个方面。汽灯及供排水线路被尽可能地结合到改善后的体系中。在1870年皮瑞大火之后，委员会规定建筑物必须以砖石为材料。该委员会还修建了两所医院和一座市政厅。在此之前，按照伊斯兰教的慈善理念，医院一直都是由瓦克夫修建并管理的。因此这一市政工程标志着欧洲风格的城市管理模式开始逐渐取代传统机构的做法。与此相应的是，该古典主义风格的市政厅成了第六区的象征。②

第六区确实为其他区以后的改造计划和重组树立了样板。1868年，为了将1856年所制订的计划付诸实施，帝国政府将市政管理体系推广至整个城市。但是这一做法只在当时的14个区

---

① 车效梅：《中东中世纪城市的产生、发展与嬗变》，中国社会科学出版社2004年版，第173页。

② Zeynep Celik, *the Remaking of Istanbul, Portrait of an Ottoman City in the Nineteenth Century*, University of Washington Press, Seattle and London, 1986, p.46.

第六章 奥斯曼帝国后期现代性的生成

中包括加拉塔（Galata）在内的3个区得以实施，而其他两个区也可看做是加拉塔的延伸，因为它们是住在市里的欧洲人夏天的避暑胜地。1877年的法律又将城市分为20个区，但是针对原先各区的重新划分并不容易。但之所以这样做就是为了模仿巴黎市将城市分为20个区的做法。一年后，这一数字被缩减为较为合理的10个区。在接下来的30年里，欧洲式城市管理理念继续渗透到奥斯曼帝国的体系中。从1878年到1908年，更多的现代化模式被运用到伊斯坦布尔的城市管理中去。但是这些尝试对城市管理带来新的更加激进的变化的做法并没有全部成功。因为用一种全新的客观的理念和组织来代替几百年来所形成的人为的管理并不容易。因此它们的影响只是部分的和零星的。西方的市政管理理念只有到了青年土耳其时期才更好地融入城市机制中，而且也由此被带入了共和国时期。尽管19世纪的城市改革影响是部分的和零星的，但是它还是为伊斯坦布尔带来了巨大的变化，并为它的未来发展打下了坚实的基础。[①]

二　欧洲文化对伊斯坦布尔的影响

帝国后期，随着与西方文化交流的加深，伊斯坦布尔也像整个帝国那样经历了许多变化。其实它的变化是与整个国家的变化相联系的，它的变化在一定程度上反映了帝国后期与西方文化交流的状况。19世纪是伊斯坦布尔在各方面发生剧烈变化的重要时期，这一时期的变化甚至超过之前几百年变化的总和。

经济方面，伊斯坦布尔经济受到了欧洲经济的直接影响。始于18世纪末贯穿整个19世纪的问题是奥斯曼政府已经无法完全按照自己的意志实行独立的经济政策。这主要是由于受到了欧洲

[①] Zeynep Celik, *the Remaking of Istanbul, Portrait of an Ottoman City in the Nineteenth Century*, University of Washington Press, Seattle and London, 1986, p.46.

的影响。因为欧洲对出产于奥斯曼帝国的粮食和其他原材料的需求日益增长。这一需求最终迫使当地商品的价格抬高,同样的情况也出现在了奥斯曼帝国国内市场,欧洲工业品冲击了当地的传统市场。1829年,帝国政府试图固定咖啡价格,1832年又设法为在伊斯坦布尔销售的其他商品设定价格,但都没有成功,尤其是粮食价格,不但没有得到控制,反而大幅度上涨。① 伊斯坦布尔经济体系所面临的压力主要是欧洲国家自由市场经济的结果,帝国政府已无法通过传统的经济政策缓解这一问题,也无法通过政治和外交的手段解决这一问题。

社会方面,伊斯坦布尔在欧洲社会的影响下形成了一个新的阶级,即官僚阶级。帝国与欧洲国家越来越深入的交往以及随之而来的一系列国内问题显然需要具有专业素养的文职人员,旧式的官僚体系和文职人员已经不能适应日益频繁和深入的对外交往的需要了。因此,帝国政府不得不在各个领域成立能够完成各种各样专业任务的部门。这样一来,实际上就形成了一个与传统奥斯曼官僚体系迥然不同的新的官僚体系。新的官僚体系首先在伊斯坦布尔出现并且改变了城市的面貌。以往大多数帝国政府官员都是从军官系统中不断升职而来的,而19世纪30年代以后,他们却主要产生于翻译局(Translation Bureau)。因此,19世纪著名的改革派大维齐如拉希德帕夏、阿里帕夏、福阿德帕夏和米德哈特帕夏等都来自翻译局。翻译局的重要性在于它象征着奥斯曼帝国向欧洲靠拢的趋势,一种对新的文化心理的接纳以及一种新的文官系统开始掌握权力的事实,这就意味着这一新的阶级已经形成,而这一阶级主要集中在伊斯坦布尔。与此相应的是国家税收的很大一部分被用来供养这一阶级。在伊斯坦布尔的官僚阶级

---

① Kemal H. Karpat, *Studies on Ottoman Social and Political History*, *Selected Articles and Essays*, Koninklijke, Brill NV, Leiden, 2002, p. 247.

第六章 奥斯曼帝国后期现代性的生成

成了用现金进行消费的一个主要消费群体。他们的购买力至少对伊斯坦布尔的以下三个部门产生了重要影响,即食品、服装和住房。从各省会征来的大量现金在伊斯坦布尔得以消费这一特点使该市人口、食品业和服装业商户大量增加,也使得服务业人群有了很大的发展。伊斯坦布尔的商业在19世纪50年代以后受到持续流入的资金和文职人员以及军官系统人员增加的极大刺激。应该指出的是,伊斯坦布尔的经济增长更多的是消费、贸易和与服务业相关的活动刺激的结果,而不是生产刺激的结果。尽管这些经济活动能够提供一些就业机会,但却对国家的经济发展贡献不大。这一新的官僚阶级都在"现代化"学校接受教育并逐渐形成了对欧洲文化和它的器物以及物质的兴趣。换句话说,官僚系统中有着较高文化层次的人也表现在其消费习惯的品位方面。收入和所受教育程度越高,他们的消费品位和消费欲望也就越强。因而,伊斯坦布尔越来越变成了各种欧洲商品的接收者,与此同时,它也接纳了欧洲风格的商店和娱乐习惯等[1]。

整体而言,伊斯坦布尔表现出明显的欧化倾向。19世纪所发生的一系列重要事件为欧洲文化对帝国的影响铺平了道路。这其中包括1853—1856年的克里米亚战争、1838年和1861年与英国签订商贸条约、1856年的《巴黎和约》,尤其是1856年《哈蒂·胡马云法令》的颁布等都极大地促进了欧洲文化对奥斯曼帝国文化的影响。克里米亚战争为伊斯坦布尔提供了大量直接与欧洲接触的机会。战争中,伊斯坦布尔成了英国和法国士兵及军官的接纳之地。英、法官兵和帝国官兵是以朋友和盟军的身份并肩战斗的,这种友好的相处使伊斯坦布尔市民有机会深度接触欧洲式的卫生、健康、运输以及食品和服装等。与英、法的一系列

---

[1] Kemal H. Karpat, *Studies on Ottoman Social and Political History*, *Selected Articles and Essays*, Koninklijke, Brill NV, Leiden, 2002, p. 262.

条约使得英、法的商品在帝国得以倾销,伊斯坦布尔人渐渐地习惯于欧洲商品。

总之,与欧洲国家的结盟缓解了穆斯林对欧洲人和欧洲文化的恐惧和猜疑。《哈蒂·胡马云法令》力图建立穆斯林和非穆斯林之间的平等关系,这也帮助欧洲基督徒在经济文化等方面得到宣传。另外,一系列新型的现代化的教育机构和学校的建立也帮助帝国越来越与欧洲文化接近。比如建立于1868年的加拉塔萨雷学校,它是一所法式教育学校,是法国人为宣扬他们的文化和教育将他们的统治建立在帝国而设立的。后来,更多的法语学校、甚至德语学校和意大利语学校相继在帝国建立起来。以法语为例,到20世纪初,总共有62336名奥斯曼帝国学生在各种学校中学习法语,他们中的大多数是受法国政府资助的。[①] 欧洲式的生活方式也渐渐进入到伊斯坦布尔人的生活当中。"欧洲风格的咖啡馆、夜总会、宾馆饭店等反映出了欧洲城市的生活方式在这里得以进行。人们开始走出家庭去饭店吃饭,去娱乐场所休闲。许多欧式饭店出现在皮瑞的大街上。"[②]

此外,交通运输条件的改善也大大地促进了伊斯坦布尔与欧洲的文化交流。比如蒸汽机船就将伊斯坦布尔和马赛之间的航行时间由原来的6周缩短为6天。到19世纪后半期,伊斯坦布尔有20多条航线将它与世界各地相连。铁路的增加也进一步方便了伊斯坦布尔与欧洲的联系。对于欧洲教育的引进等做法使得欧洲文化在伊斯坦布尔享有越来越高的地位,伊斯坦布尔也成了欧洲文化的中心,而由这里又进一步传到帝国其他地区。

[①] Kemal H. Karpat, *Studies on Ottoman Social and Political History*, Selected Articles and Essays, Koninklijke, Brill NV, Leiden, 2002, p. 270.

[②] Zeynep Celik, *the Remaking of Istanbul*, *Portrait of an Ottoman City in the Nineteenth Century*, University of Washington Press, Seattle and London, 1986, p. 134.

三 伊斯坦布尔的变化所反映的双方文化交往的特点

从以上对伊斯坦布尔城市在帝国后期的发展变化的分析可以看出：伊斯坦布尔在外力揳入和内部改革两种力量的作用下，踏上了城市现代化的漫漫征途。不仅城市管理体制、城市市容、内部格局发生了剧变；而且城市人口空前增长，经济功能加强，城市在国内外的地位上升。不仅如此，城市还成为现代政治、思想、文化的孕育地，成为各种现代思潮的发祥地。但是也应该看到，城市的现代化是伴随着殖民国家的侵略开始的，所以在其现代化过程中，它们与资本主义宗主国的联系要多于与本国内地的联系，不仅不能把农业从封建的落后状态中解脱出来，而且其发展也不能代表整个国家现代化的水平；不仅展现出与资本主义城市现代化不同的特征，而且也不能成为与西方城市匹配的竞争对手。[1]

综上所述，19世纪末20世纪初的伊斯坦布尔表现出其奥斯曼传统与欧洲现代化相结合的一面。从欧洲引进的城市文化因素比较顺利地融入伊斯坦布尔的城市建设中。但这种交流的进一步发生以及如何将奥斯曼民族文化与欧洲文化和谐地融合在一起还有待时间和实践的检验。

---

[1] 车效梅：《中东中世纪城市的产生、发展与嬗变》，中国社会科学出版社2004年版，第217页。

第 七 章

奥斯曼帝国文化对欧洲文化的影响

奥斯曼帝国在其存在的500多年时间里,结合自身的早期游牧文明,并且继承了阿拉伯—伊斯兰文明,也吸收并融合了拜占庭文明、波斯文明、欧洲文明等。它得天独厚的地理位置,使得它可以在文化交流方面起到促进亚洲的东方文明与欧洲的西方文明有效交流的桥梁作用。除了在吸收并融合欧洲文化方面比较活跃以外,奥斯曼帝国后期对于将奥斯曼文化向西方传播也起到了一定的作用,不过相对而言,奥斯曼帝国后期吸收欧洲文明的成分要多于对欧洲文化的输出。这主要是由于当时奥斯曼帝国与欧洲之间存在的差距所导致的。但奥斯曼帝国作为地处五海三洲之地,存续时间长达500多年的一个庞大帝国,其对包括欧洲文化在内的人类文化的传播与交流所作的贡献是不可忽视的。

第一节 奥斯曼帝国国家管理体系对欧洲的影响

虽然客观历史原因使得奥斯曼帝国后期的中东与西方文化交流表现出西方文化对奥斯曼帝国的输入多于奥斯曼帝国向欧洲的文化输出,但奥斯曼帝国文化中的优秀成分还是传入了欧洲国家,并且产生了一定程度的影响。"如果我们将奥斯曼帝国从人类历史中排除出去,那么就会出现一幅截然不同的画卷。奥斯曼帝国对于中东的影响;对于东欧、中欧以及西欧的影响;对于北

第七章　奥斯曼帝国文化对欧洲文化的影响

非以及印度的影响是如此的重要并无所不在，以至于如果不结合奥斯曼帝国的历史就无法对这些地区的历史作一恰当的分析。对于巴尔干和中东其他地区而言，这种影响是直接的而且是有决定性意义的；对于西欧及印度而言并不是那么直接，但也不能忽略。"① 事实上，奥斯曼帝国对于西欧的影响早于西欧对它的影响，而且早期奥斯曼帝国对于西欧的影响多于奥斯曼帝国后期对于西欧的影响。到了后来则刚好相反，西方对于奥斯曼帝国的影响更大、更深入。这一方面是由于科学技术只有到了后来才大规模地得到应用；另一方面是由于文化的交流本身只有到了后来才更加容易，更加直接。

一　欧洲国家相对分散的政权管理模式

奥斯曼帝国中央集权的国家管理模式，尤其是在帝国衰落之前的时期，也是欧洲国家所向往的。在奥斯曼帝国，素丹不但是国家的最高行政领导，掌管国家的政治、经济等事务，各省和地方头领直接对素丹负责；而且素丹也是宗教的最高领袖，他兼有哈里发的职责，全体穆斯林在主麻日的祈祷中应念诵素丹的名字；素丹有自己独立支配的经济来源，他用自己的财富为民众修建公用的教堂、学校、厨房、喷泉及医疗卫生部门等。奥斯曼帝国中央集权的管理在一定程度上有利于团结不同地区的穆斯林民众，巩固国家的政权统一。

与奥斯曼帝国中央集权程度较高的国家管理体系相比，欧洲国家历史上长期以来却形成了较为分散和地方分立、各自为政的政权管理特点。"6世纪之初的时候，西欧已经没有一个中央政府，整个地区被众多的地方性统治者分成一个个独立的王

---

① L. Carl Brown, *Imperial Legacy*, *The Ottoman Imprint on The Balkans and the Middle East*, Columbia University Press, New York, 1996, p. 18.

209

国。这种不安定的状态当然不可能长久。在这种混乱之中，产生了某种协同与联合的制度，这就是一直到今日仍在欧洲的生活中留有痕迹的封建制度。"① 其他的资料也证实了这一说法："在中世纪的早期和中期，欧洲基本上只有领地的概念，没有民族国家的概念。整个欧洲分成大大小小许多块地产，世袭领地跟随领主而变动，可以通过姻亲关系而转手，有时一个家族统治着两个甚至多个国家。王国也可以根据遗嘱而转让，那不勒斯的王后可以立遗嘱，将王国的统治权转让给第二昂儒家族的路易一世和他的儿子，而亨利六世、英国查理五世和法国公主卡特琳的后嗣，在继承了英国王位几个星期以后，又因为法王查理六世的去世而继承了法国的王位。除了王位以外，封建领地也可以跨越语言和地区，一个贵族的封地可能有一块在法兰克，另一块在德意志。"② 事实上，这种各自为政的分立而没有中央政权管理的状态在欧洲持续了很长时间，直至"30年战争"后欧洲才开始逐渐形成新型的国家。在很长的时间里，欧洲都处在这样的情况之下，"这些君主与共和国，都在打着扩张势力的如意算盘。它们大多执行侵略邻国或建立侵略性的同盟的对外政策。直到今天，欧洲人仍然生活在这种君主国时代的阴影之中，也依然在为这种局势所引起的憎恨、敌意、猜疑而苦恼"③。这种缺乏中央集权的状态导致了欧洲局势的不稳定，从而战争频仍，社会不稳定等。相比而言，奥斯曼帝国的中央集权制度就显示出了它的优越性。

---

① [英]乔治·韦尔斯：《文明的故事》，琚宏、张军、李志伟译，五洲传播出版社 2004 年版，第 175 页。

② 陈乐民、周弘：《欧洲文明的进程》，生活·读书·新知 三联书店 2003 年版，第 50 页。

③ [英]乔治·韦尔斯：《文明的故事》，琚宏、张军、李志伟译，五洲传播出版社 2004 年版，第 229 页。

第七章　奥斯曼帝国文化对欧洲文化的影响

欧洲国家的国家管理制度及王室的特权使得王权无法得到有效的监督和限制，以国王为中心的王室经常会因挥霍无度或家族的需要额外增加税收或其他形式的徭役，使得国内农民起义和战争此起彼伏，绵延不断，也常常使王国或封地之间充满了矛盾，有时甚至对中央王权构成了威胁，因此奥斯曼帝国相对稳定的中央集权制度为他们提供了国家管理的另一种参照模式。奥斯曼帝国的许多做法是欧洲基督教国家所不具备的和有所羡慕的。"迄今奥斯曼人根据习惯，一直享有一些为自由人感到最珍贵的，也是各个基督教国家长期设法才争取得到的权利。奥斯曼人除对政府缴纳适当数目的土地税外，不缴纳任何其他项目的税；他不缴什一税，仅瓦克夫已经足够维持伊斯兰大臣们的开支。他可以随意到处旅行，而无须护照；没有海关官员的眼睛和脏手插到他的行李中来搜查，没有警察监视他的行动，或是偷听他在说什么。他的住所是不可侵犯的。它的孩子除非由于战争的需要，从来不会被人从他的身边拉去当兵。他的雄心壮志不会由于出身或家产问题而受到限制：出身哪怕再卑贱，也照样会有希望爬上帕夏的最高军阶，这并不是什么妄想；如果他识字的话，还可以当大维齐；这种在无数先例的灌输下滋长起来的意识，使他们具有高尚的意志，并且在一旦身负重任的时候，也毫不会感到忸怩不安。自由国家百般珍视的，不正是这些优点吗？法国大革命不也是由于人民被排除于功名之外才引起来的吗？"① 当然，奥斯曼帝国相对于欧洲国家在中央管理体系上的优点随着时间的推移和欧洲国家的发展与进步，在后期这种优势已经变得越来越微弱，甚至变得相反。

---

① ［英］伯纳德·刘易斯：《现代土耳其的兴起》，范中廉译，商务印书馆1982年版，第132页。

二　帝国宽容的民族宗教政策及其对欧洲国家格局的影响

奥斯曼帝国实行较为宽容的民族和宗教政策。除了在灭亡前夕的较短的一段时期之外，奥斯曼帝国在它存在的大部分时间里对于异教徒的宽容以及它能够很好地处理多民族、多语言的国家管理模式也为世界上包括欧洲在内的其他地区提供了一个有效的参考，这对于当今世界人口大量流动所带来的民族和宗教问题等都是一个有着借鉴意义的模式。民族问题和宗教问题在当今世界尤为突出，由此带来的国家甚至国际安全问题不容忽视。如何更好地解决民族问题和宗教问题对世界上很多国家提出了新的要求。历史上由于民族宗教问题而引发的相关问题甚至战争层出不穷。欧洲国家所存在的民族和宗教问题也非常复杂，历史上著名的"三十年战争"、西班牙王位之争、胡格诺战争、英国清教徒逃亡新大陆、异端裁判所、宗教改革等事件都是由于民族宗教的原因而引起的；这些都反映出合理解决民族和宗教问题的重要性。因此，奥斯曼帝国在其存在的大部分时间里能够很好地解决民族和宗教问题的做法对后世具有重要参考价值。

在欧洲，天主教大一统世界结束后，新兴的君主制民族国家如法国、英国和低地国家，以及德国的新教领地，都从奥斯曼帝国对哈布斯堡王朝所施加的压力中受益（他们有时甚至直接寻求奥斯曼帝国的援助）。奥斯曼帝国军队力量与政治力量起到了平衡欧洲皇室与教皇力量的作用。很显然，欧洲新教势力从奥斯曼帝国对天主教的哈布斯堡王朝的压力那里得到了支持。简而言之，"在进入现代社会前夕，在主教与君主统治下的欧洲无法达成一致，独立国家的君主制需要的是基于各种力量之间的平衡，基于独立的国家体系下的君主制国家的新型政治秩序需要建立在各种力量之间平衡的基础之上，而奥斯曼帝国在这种逐渐形成的欧洲国家政治体系中扮演了重要角色。在接下来的时间里，奥斯

第七章　奥斯曼帝国文化对欧洲文化的影响

曼帝国一直是保持欧洲国家体系存在的一个持续的必要的成分。虽然与奥斯曼帝国结盟在官方没有得到认可，但与奥斯曼帝国的联合对于法国和英国与哈布斯堡王室在争夺欧洲最高领导权的问题上的对外关系方面却是一个重要因素。当英国女王伊丽莎白一世派遣她的大使于1580年到奥斯曼帝国的最高波尔特那里去寻求不仅包括商业方面的利益，而且更重要的是寻求奥斯曼帝国对付西班牙的菲利普二世在地中海地区的压力时，菲利普二世正在准备用他的'无敌舰队'（Great Armada）入侵英国。一直到十八世纪，当奥地利、沙皇俄国和普鲁士瓜分波兰的时候，是奥斯曼帝国坚持不承认既成事实并与西欧国家一道致力于重建欧洲各势力之间的平衡的。"[1]

早期的奥斯曼帝国在将基督教欧洲的重要堡垒君士坦丁堡攻下后，继续向西进发，接着两次围攻西欧的前沿门户维也纳，直到1878年的柏林合约后失去大部分巴尔干领地为止，它一直在欧洲拥有领土，其政治中心都在欧洲。甚至在克里米亚战争时期奥斯曼帝国作为欧洲国家的一员被吸纳进欧洲国家联盟，与欧洲国家一起参与国际事务。另一方面，奥斯曼帝国的伊斯兰属性使得它与信奉基督教的欧洲国家之间存在一定的矛盾。与之直接接壤的哈布斯堡王朝便是奥斯曼帝国在欧洲经常的对手。奥斯曼帝国长期以来与哈布斯堡的奥地利及后来的奥匈帝国之间充满了战争，在一定意义上，奥地利发挥了奥斯曼帝国与西欧国家之间的缓冲带的作用，只是到了后来，奥斯曼帝国逐渐衰落，对于西欧国家处于守势。

长期以来，西欧各国纷纷将奥斯曼帝国作为侵略和瓜分的对象，但由于互相之间充满了矛盾，在对待奥斯曼帝国问题上，

---

[1] L. Carl Brown, *The Ottoman Imprint on The Balkans and the Middle East*, *Imperial Legacy*, Columbia University Press, New York, 1996, p. 22.

各国都想谋求各自的最大利益，因而在奥斯曼帝国后期产生了著名的"东方问题"，在当时主要是指欧洲各国之间设法维持奥斯曼帝国现状以及各国在奥斯曼帝国的利益不致发生大的变化。这一现状的维持对于西方国家特别重要，因为这不仅会影响各国在中东的利益，而且会影响他们在欧洲和世界其他地区的利益。但由于各国之间不可调和的矛盾，"东方问题"注定不可能得到所谓公平的解决。事实证明，这一问题的不可调和性导致了第一次世界大战，而正是第一次世界大战不但瓦解了奥斯曼帝国本身，也使一系列欧洲国家的性质发生了变化，奥匈帝国、德意志帝国、沙皇俄国及其他欧洲国家彻底结束了封建帝制的社会制度，形成了新兴的民族独立国家。另外值得一提的是，"事实上，多边外交的模式与国家间依据既定规则进行合作来处理国际问题的办法最终导致了联合国的诞生，这其中与19世纪时各欧洲国家间为解决关于奥斯曼帝国的所谓的东方问题而进行的频繁的磋商不无关系"[1]。因此作为第一次世界大战前中东乃至国际上的一支重要力量，奥斯曼帝国实际上不仅对于战后中东国家体系的形成有着直接的作用，它还对欧洲及世界格局有着重要影响。

第二节　奥斯曼帝国文化对欧洲文化其他方面的影响

由于奥斯曼帝国是距西欧国家最近的有别于欧洲文化的国家，在两者长期的交往过程中，除了对欧洲国家体系形成的影响以外，奥斯曼帝国也对欧洲文化的其他方面产生了一定的影响。

---

[1] L. Carl Brown, *The Ottoman Imprint on The Balkans and the Middle East*, *Imperial Legacy*, Columbia University Press, New York, 1996, p. 23.

第七章 奥斯曼帝国文化对欧洲文化的影响

一 奥斯曼文化在诸多方面对欧洲文化产生了影响

总体上讲，伊斯兰的奥斯曼帝国与基督教的欧洲之间双向的文化交流很频繁而且成为他们日常生活的一部分。现在所公认的事实就是咖啡是由奥斯曼帝国传入欧洲的；大米也是由奥斯曼帝国传入欧洲的，但相对较少为人所知；另外，郁金香是在16世纪中期的时候由哈布斯堡王朝驻伊斯坦布尔的大使引入低地国家的；欧洲国家军队中的乐队演奏也是来源于奥斯曼帝国的；法国等欧洲国家文学作品中的有些题材来源于奥斯曼帝国素丹及王室生活的故事；莫扎特等欧洲著名音乐家的作品中也充满了与奥斯曼帝国有关的内容，著名的《土耳其进行曲》就是一个典型的例子；一些欧洲建筑融合了奥斯曼帝国的建筑风格；奥斯曼帝国为欧洲国家提供了巨大的商品市场；等等。

奥斯曼帝国对西方经济发展方面的贡献不仅表现在通过贸易所做出的间接贡献，而且在有些行业还表现为直接的贡献形式。比如在中世纪时中东对于欧洲经济和技术发展的影响是不可忽略的，这种影响在奥斯曼帝国时期得以继续。具体地讲，对于欧洲而言，织染技术及纺织图案的设计就有赖于中东的贡献。织染技术及图案设计首先由意大利人从奥斯曼中东那里获得，然后其他西欧国家也先后掌握了这种发端于中东的技术并将它应用于棉布及丝织品的染织方面。事实上，丝织技术在西欧国家直到16、17世纪才开始发展，这在很大程度上有赖于由波斯等地区通过安纳托利亚输往欧洲的大量廉价而优质的生丝。利凡特地区的市场对于欧洲毛纺织业技术的发展也有着巨大贡献。比如英国人，他们意识到了改进毛纺织业技术的必要性，以满足16世纪末期以来直到17世纪后半期奥斯曼帝国市场的需求。棉纺织业在西方的兴起以及工业革命在西方的发生与奥斯曼帝国巨大的市场之间有着直接的关系。"奥斯曼帝国与欧洲国家之间进行了长期的市场竞争甚至将它的价格低廉的棉织产品直接出口到欧洲市场,尤其是17、18世纪时将这些廉价产品大量出口到法国市场。从伊兹米尔出口的白色和蓝色的粗棉制品在马赛有着很大的市场,这些产品再从那里出口到西班牙,作为在美洲的种植园和殖民地上劳作的奴隶的廉价的服装布料——这就是蓝色牛仔布的来源。"① 奥斯曼帝国及印度的印花棉布、白棉布等不但价格便宜而且对欧洲人有着很大吸引力,当这些商品开始大量涌入欧洲市场的时候,重商主义的英国同法国一样担心。

对于欧洲的重商主义国家而言,问题在于如何应对来自奥斯曼帝国的廉价商品日益增长的需求与国内生产的竞争。虽然法国和英国后来在棉纺织业方面取得了迅速的发展,但奥斯曼帝国仍在织、染以及图案设计方面占有优势,尤其是廉价的原材料和劳动力对欧洲的棉织市场有着很大的竞争优势。对于法国和英国而言,最重要的是如何在高劳动力成本的情况下降低棉织业的生产成本,从而在与奥斯曼帝国的竞争中占有优势,这也导致了纺织技术的提高,一系列纺织机器被设计制造出来,开始了大规模的机器生产。这也是与之前两者之间的竞争所分不开的,是竞争刺激并导致了机器生产的结果。就这一点而言,两者之间是相互依存、相互促进的共生现象。

二 奥斯曼文化对欧洲文化影响的表现

由于奥斯曼帝国在几个世纪里与西欧国家直接为邻,两者之间的关系错综复杂,不仅有战争作为交往形式,更多的则表现为和平形式的交往。有自上而下的政府间的交流,有民间的自由交流等。因为两者互为邻居,因此双方就免不了以对方的文化与自

---

① L. Carl Brown, *The Ottoman Imprint on The Balkans and the Middle East*, *Imperial Legacy*, Columbia University Press, New York, 1996, p. 26.

第七章 奥斯曼帝国文化对欧洲文化的影响

己的文化作对比,也免不了相互之间的直接借鉴与相互融合。对于欧洲人而言,他们对于自己的文化之所以赋予相关特征是因为传统上将它与奥斯曼帝国文化相对比。正如语言无所谓优劣一样,文化也没有好与坏之分,只是不同的民族、不同的人群有着相互不同特征的文化。在与奥斯曼帝国的交往过程中,欧洲文化会将有别于自己文化而又能够与自己文化相融合的奥斯曼帝国文化成分吸收进来,融入自己的文化当中。"奥斯曼文化已经融入欧洲文化并成为欧洲人日常生活的一个重要组成部分,但通常被今天的人们所忽视甚至遗忘。比如,大多数西欧人或美国人不会将他们享用咖啡和郁金香的乐趣归功于奥斯曼人所做的贡献;也不会将保护他们生命的天花疫苗接种看做是奥斯曼人的功劳。但事实却是,这些都是奥斯曼人的贡献,它们在16—18世纪之间传播到西欧并保留下来。从很早的时候起,奥斯曼帝国的文化就已经同后来所逐步形成的欧洲之间在日常生活、宗教信仰以及政治方面紧密相连。因此在很多受欧洲价值观影响的地区,都有奥斯曼帝国文化的影子;甚至在美国,由于许多西欧的价值观在那里得到了承继,因此包括美国在内的地区也有奥斯曼帝国文化的因素。"①

奥斯曼帝国的音乐艺术对西方音乐有着重要影响。18世纪时,西欧及欧洲其他地区开始大量从奥斯曼帝国那里吸收其音乐的特色。这一时期奥斯曼帝国对于欧洲古典音乐的发展做出了很大贡献,而且加入了现代管弦乐队的打击乐成分。从18世纪20年代到19世纪50年代,所谓的"土耳其音乐"在欧洲非常盛行。欧洲各皇室之间竞相推出奥斯曼式的打击乐音乐效果,铙钹、边鼓以及低音鼓、三角铁、小手鼓和铃铛等得到使用。这种

---

① Donald Quataert, *Ottoman Empire 1700—1922*, Cambridge University Press, 2000, p. 8.

音乐最早出于奥斯曼帝国耶尼切里部队的军乐队,用来鼓舞奥斯曼帝国士兵的行进并且可以给敌军带来心理恐慌的效果。耶尼切里军乐风格在其他乐队中得到了大量使用并且成为西方古典音乐的主流。在贝多芬《第九交响曲》的最后一个乐章中有一个精彩的段落,最初发表于1824年,里面的节拍就与行进中的耶尼切里的节拍相吻合;在勃拉姆斯军队交响乐《第四交响曲》中也可听到"土耳其式音乐";另外,在罗西尼的《威廉·退尔》及瓦格纳的《唐豪瑟》中也都有这一元素;莫扎特的A大调钢琴奏鸣曲中的K.331中就包含了著名的土耳其回旋曲,这一主题后来被美国爵士乐所采用,而且还成为许多著名音乐家创作灵感的源泉。在歌剧中,不仅奥斯曼音乐非常流行,而且奥斯曼的相关场景也非常流行。除借鉴奥斯曼音乐方面的成就之外,对奥斯曼帝国的其他方面的借鉴也开始在欧洲兴起,"土耳其风格"成为18世纪晚期欧洲的时尚。奥斯曼风格的咖啡馆遍布欧洲,奥斯曼风格的长裤、"土耳其式拖鞋"、"土耳其式的烟斗"以及"土耳其式甜点"风行全欧洲。由于奥斯曼帝国的器物在19世纪世界各地的展览会上展出并得到了认可,包括1876年在美国举行的"百年博览会",土耳其风格的家居布置成为当时欧洲和美国家庭中房屋布置的一种通行的风格。因此,奥斯曼帝国为欧洲社会的生活提供了丰富的想象空间和现实的相互对比与借鉴,为欧洲的文学和艺术提供了另外一种风格的灵感。甚至在今天,当奥斯曼帝国已经离人们的视线越来越远的时候,在欧洲以及欧洲文化延伸所至之处,奥斯曼帝国的文化遗产依然在发挥作用。

第三节 奥斯曼帝国文化对欧洲文化影响的个案分析——咖啡的传播

咖啡在当今世界已经不是什么新鲜事物了,它已成为欧洲社

第七章 奥斯曼帝国文化对欧洲文化的影响

会乃至全世界人们的日常饮品,但将咖啡作为饮料最早引进欧洲人生活当中的却是在奥斯曼帝国时期,将咖啡作为饮料传入欧洲也是奥斯曼帝国时期中东文化对于西欧文化的一大贡献。

一 咖啡由帝国传入欧洲的过程

咖啡树最早起源于非洲,尤其是埃塞俄比亚地区。现在人们无从得知咖啡种子最早是在什么确切的时间被引进到阿拉伯地区并在那里得到培育和发展的。但可以确定的是咖啡首先是由15世纪中期到17世纪早期之间奥斯曼帝国境内的苏菲派教团开始将其作为饮料饮用,后来逐渐在帝国其他地区传播开来的。当时在也门的苏菲派的一名宗教学者发现饮用咖啡可以提神,它对于苏菲派在夜间进行的消耗体力的修炼活动有很大帮助。因此,咖啡很快在阿拉伯地区大面积种植并推广。"有报告表明,咖啡最早于1517年在伊斯坦布尔开始被饮用,在最高波尔特的支持和推动下,咖啡进一步传播到帝国的北部和西部的安纳托利亚、巴尔干、匈牙利等地区。此后,咖啡在土耳其军队中广为流传,奥斯曼帝国部队所到之处,都会有很多车辆运送大量咖啡豆以供部队军官及其他管理人员享用。"[1]

到了1600年左右,咖啡已经在奥斯曼帝国全境流行开来。境内各地区和各民族的人们普遍开始饮用咖啡。随着时间的推移,咖啡也渐渐为在奥斯曼帝国境内的欧洲人所了解。但是咖啡真正传入欧洲是在稍晚的时候,始于奥斯曼帝国第二次围攻维也纳的时候,然后再由维也纳传播到法国等欧洲其他地区。

1683年,奥斯曼帝国军队将围困中的维也纳逼得几乎要投降了,形势对维也纳非常不利,奥地利军队一方面坚决抵抗奥斯

---

[1] Insel Verlag, Kaffee und Kaffeehaus, Die Geschichte des Kaffees, Frankfurt am Main und Leipzig, 2002, p. 21.

曼帝国军队的围困；另一方面争取调集各国援军。波兰军队在这次支援维也纳反抗奥斯曼帝国的军队中起到了关键的作用，正是由于他们的援助才使得维也纳得以摆脱围困，奥斯曼帝国军队被最终击溃了。

在这次战斗中，穿梭于奥斯曼帝国军队各营区，为奥地利军队传递消息的任务由一位名叫科尔席茨基的波兰人完成。他原先在地中海东部各地区工作，能说一口流利的土耳其语。凭借超人的胆识和精心的乔装打扮使他得以在奥斯曼帝国军营安全随意地来回穿梭，时不时地还可以品尝奥斯曼军队中的咖啡。"科尔席茨基将观察到的情报上报给洛林公爵（Duke of Lorrane）和索别斯基（Sobieski），在波兰国王为骑兵团制定闪电式反攻战略时起到了不可估量的作用。土耳其（奥斯曼帝国）军队溃败后，被困的人群冲出城来直奔土耳其（奥斯曼）军队留下的粮草。科尔席茨基也在其中，他很清楚自己要找什么——成袋的褐色豆。初见这种东西，维也纳人不知道是烤着吃好、煮着吃好，还是炸了吃好。只有那位勇敢的波兰人知道，由于他出色的表现，政府颁发给他神圣罗马帝国第一个执照，允许他开办'咖啡座'，就是后来辛格街（Singerstrasse）上的蓝瓶（Blue Bottle），此后，中欧地区争相效仿，咖啡屋也随之诞生了。"[1] 随着咖啡在奥地利开始流行，西欧其他国家和地区也相继效仿并很快流行开来。"咖啡和用来增甜的糖，一开始都是从中东引介入欧洲的。咖啡在一六七五年到一七〇〇年之间，是欧洲从中东进口的一个重要项目。"[2] 如今咖啡已成为欧洲人生活中必不可少的一个部分。

---

[1] 徐元铭、常烨、张艳丽译：《异域风情》丛书之《奥地利》，中国水利水电出版社1999年版，第49页。

[2] ［英］伯纳德·刘易斯：《中东：自基督教兴起至二十世纪末》，郑之书译，中国友谊出版公司2004年版，第301页。

第七章 奥斯曼帝国文化对欧洲文化的影响

二 咖啡对欧洲人生活的影响

下面的资料对于咖啡由奥斯曼帝国传入欧洲及后来在世界各地流行开来也有较详细的描述，它们和前面的材料以及其他相关材料都证明咖啡是在奥斯曼帝国时期由奥斯曼帝国传入欧洲的。"咖啡是十七世纪下半叶传入法国的。可靠的说法是：奥斯曼土耳其素丹的特使——苏里曼·阿贾，第一次向路易十四献上了这种'滚烫而又带有异香的黑色饮料'。"① "咖啡进入欧陆当归因于土耳其当时的鄂图曼（奥斯曼——作者注）帝国，由于嗜饮咖啡的鄂图曼大军西征欧陆且在当地驻扎数年之久，在大军最后撤离时，留下了包括咖啡豆在内的大批补给品，维也纳和巴黎的人们得以凭着这些咖啡豆，和由土耳其人那里得到的烹制经验，而发展出欧洲的咖啡文化。战争原是攻占和毁灭，却意外地带来了文化的交流乃至融合，这可是统治者们所始料未及的了。"② 咖啡一经传入欧洲就很快流行开来，在欧洲各国人的生活中扮演了重要角色。无数的咖啡馆被迅速建立起来，人们在工作之余有了更多的去处。在咖啡馆里，人们可以谈论政治，交流爱好等。很快咖啡馆便成了不同政见者交流和辩论的地方，成了文学家们汲取灵感和体验生活的地方，成了社交家们施展才华的地方等。咖啡馆在上自社会名流下至普通民众的生活中都扮演着重要角色。咖啡馆为快速发展的新兴资产阶级提供了新的去处，也适应了当时社会发展的需求。比如在英国，上层社会的人们在咖啡馆里议论政治、文学、商业、艺术等问题。在巴黎等法国城市，咖啡文化深深地影响着市民，咖啡馆布满了大街小巷。无数的咖啡沙龙内，

---

① 黄民兴主编：《巴黎》，世界古都丛书，三秦出版社2006年版，第156页。

② http://bbs.qq.com/cgi-bin/bbs/show/content? club=3&groupid=117：11044&messageid=23246。

新的文学、哲学与艺术不断涌现，咖啡馆里吸引了不少的文化巨匠如巴尔扎克、卢梭等。在维也纳，咖啡馆更多的与音乐产生了联系，咖啡馆是当时的几位音乐大师经常光顾的地方。一些主要城市都形成了自己的咖啡特色和文化。在欧洲，咖啡越来越受到大众的喜爱，发展至今，咖啡已经完全走进了寻常百姓家。除了众多的咖啡馆以外，在一般工作场合，也都会有自动咖啡机方便人们饮用咖啡。因此也有了英语中诸如"咖啡间歇"（coffee break）、"生活像一杯咖啡"（Life is like a cup of coffee.）等的说法。这些都足以说明咖啡在当今人们生活中的不可或缺性。

虽然咖啡从奥斯曼帝国传入欧洲的时间并不全部是在奥斯曼帝国后期，也就是本书所涵盖的时间，但鉴于文化的传承具有长期性和循序渐进性的特点，因此这里将咖啡的西传也列入本书的讨论范围，毕竟它是奥斯曼帝国文化对西方文化的一大贡献，而且咖啡在传入欧洲后被发挥到了极致，咖啡文化也是在欧洲变得更加成熟的。现在咖啡已深入到欧洲人的日常生活中去，成了他们生活中的一个重要组成部分。

三 咖啡的传播所显示的双方文化交流的特点

咖啡由奥斯曼帝国传入欧洲并得以成为欧洲人文化生活中的重要组成部分既是偶然的，也是必然的。从上面的传播过程中可以看出其偶然性的一面是指在特定的时间里和由特定事件所促成的结果，而其必然性是指撇开当时的具体时间和事件，咖啡也仍然会传入欧洲。咖啡在传入欧洲后之所以迅速受到普遍的欢迎是因为对咖啡的享用正好迎合了欧洲人的文化偏好和生活特点，它与资本主义上升时期欧洲的生活方式和消费习惯相契合。咖啡由奥斯曼帝国传入欧洲是偶然中的必然，它反映出文化交流活动中不同文化人群对异己文化中可取之处的肯定和互通有无的心态，是文化交流中所应持有的态度。

第 八 章

奥斯曼帝国后期与欧洲文化交流的遗产对现代土耳其的影响

奥斯曼帝国在其存在的500多年里,虽然疆域不是固定不变的,尤其是到了后期,它的疆域在逐步缩小,但它对所领有的大部分中东地区却有着相对较长时间的管理,在其文化等各方面也有着一定的影响。作为奥斯曼帝国曾经的领地,如今在其废墟上成长起来的20多个中东国家都有很清楚的对于奥斯曼帝国历史的认识和一定的奥斯曼帝国遗产的意识。只是这种意识都被各国政府作了针对本国实际情况的各种改动。而在土耳其,虽然一度对于奥斯曼帝国时期历史试图进行淡化或忽略,但却无法改变历史的真相。值得庆幸的是,土耳其政府已经逐步认识到了这一点,并且开始把这一时期的历史作为土耳其历史上伟大而独特的成就来加以认识,并由此将土耳其的历史与其在远古的中亚的崛起联系起来,为土耳其历史追根溯源。事实上,奥斯曼帝国作为一种制度和社会形态的消失并不意味着它的社会影响和文化遗产的陡然消亡。相反,它对于在其废墟上建立起来的国家,尤其是对土耳其的影响却是千丝万缕、难以抹杀的,而这些都打上了帝国后期与欧洲国家交往影响的烙印。现代土耳其也开始重新审视这段历史及对它的影响。

第一节　奥斯曼帝国后期与欧洲文化交流对土耳其民族意识的影响

穆斯塔法·凯末尔建立土耳其共和国以后的很长时间里，由于种种原因，共和国与奥斯曼的联系往往不能得到正确认识。而自20世纪40年代以来，由于长期实行民主制度、多党制度以及对凯末尔时期政策和路线的调整，土耳其社会已经无法而且也不可能再退回到以前的封建君主制了。因此，人们开始重新审视并以应有的更加客观的态度来看待这一时期的历史，奥斯曼帝国后期的历史与土耳其共和国的承袭关系也因此得以正视。"有着真正民主头脑的土耳其人，包括大多数伊斯兰主义者，都能够认识到土耳其共和国与奥斯曼帝国之间在历史、文化与社会生活等方面的沿袭关系是如此的紧密以至于要想解决当代土耳其的许多与文化心理相关的问题时都需要与奥斯曼帝国的过去相融通。在此基础上，土耳其社会的方方面面在过去20年里经历了对奥斯曼时期社会历史越来越浓的兴趣。"[1] 与此相关的是，土耳其社会的广大民众对于与奥斯曼历史相关的书籍及著作以及各类作品有着大量的需求。越来越多的关于奥斯曼社会的研究机构开始建立并致力于研究奥斯曼社会对于当代土耳其的影响，已有大量作品问世。比如"伊斯坦布尔研究中心"（Research Center on Istanbul）就是致力于研究奥斯曼帝国后期首都的机构；"历史研究基地"（History Foundation）是成立于20世纪80年代由资深历史学家及专家所领导的一个研究组织，这些都是土耳其国内研究奥斯曼历史对于现代土耳其所产生影响的重要研究机构，对于研究

---

[1] Kemal H. Karpat, Ottoman Past and Today's Turkey, Brill, Leiden, 2000. p. Viii.

第八章　奥斯曼帝国后期与欧洲文化交流的遗产对现代土耳其的影响

土耳其与奥斯曼帝国的传承关系作出了很大贡献。

一　民族意识的觉醒和民族性的形成

奥斯曼帝国时期的伊斯兰与突厥双重属性是土耳其的前身，当代土耳其民族国家特性可以在它的奥斯曼和伊斯兰双重属性中得到印证。事实上，"当代土耳其社会中的奥斯曼遗存无所不在"[①]。奥斯曼帝国的物质文化以各种形式傲然屹立于土耳其全国各地。其中以清真寺、巴扎尔、喷泉、学校、桥梁以及宫殿等为数众多，也分布最广。奥斯曼帝国时期服饰依然受到许多人的青睐。帝国时期的饮食习惯也被保留了下来。由于旅游是土耳其国民经济的主要收入来源之一，土耳其政府和地方政府都对奥斯曼帝国时期的各种遗存进行了修复和保护，并且指出了它们在当代土耳其文化中的应有地位。以托普卡帕宫为例，它作为15世纪到19世纪中期奥斯曼素丹们的生活和办公地点，在奥斯曼帝国历史上有着重要意义，现在已经被土耳其政府改造为一座巨大的博物馆。因为它的独特魅力，它对于外国游客有着很大的吸引力。奥斯曼帝国时期无处不在的物质文化对于当代土耳其而言是无法回避的，奥斯曼帝国文化顽强而持续地存在于当代土耳其生活当中，帝国后期与欧洲文化交往的影响也随之得以存留和发展。

奥斯曼后期与欧洲国家交往的遗产对现代土耳其文化的影响有一个逐步形成和发展的循序渐进的过程。帝国后期与欧洲国家在经济、贸易、教育、科技、建筑、音乐等各方面的一系列交往过程中所产生的影响在现代土耳其以新的方式得以显现。帝国后期自谢里姆三世以来的改革促使在奥斯曼社会形成了一个有知识、有开放眼光并且务实的中间阶层，这一阶层随着时间的推移

---

① Kemal H. Karpat, Ottoman Past and Today's Turkey, Brill, Leiden, 2000. p. X.

越来越壮大，在他们身上既有着要求变化的改革思维，又有着对传统文化的尊重，他们认为现代化与传统可以并行不背。这一中间阶层大量地存在于各地方政府以及农村地区。他们视素丹为传统文化的象征，一方面他们经常与当地的社会贤达与名流一起指责各级官僚对帝国皇权的滥用；另一方面，他们支持中央政府现代化改革中符合他们利益的道德理念和文化。虽然改革过程中常常会存在新与旧、本土与西化之间的矛盾，但这一中产阶级还是在两者之间找到了高度的协调和平衡。他们在坚持对自己的出身及所在地忠诚的基础上却装着一个更大的外面的世界。他们始终是改革的支持者，同时一定程度上也是传统的捍卫者。新生的中产阶级及他们的支持者们逐渐掌握了农村的社会政治生活，尤其是19世纪80年代以后，他们的力量日益显现并且在青年土耳其革命及战后的解放战争中，在以社会精英为中间力量的领导下，将这两次运动推向了胜利。在革命胜利后的共和国，坚持传统与现代相结合、土耳其与欧洲及西方文化相融合的中产阶级仍然是土耳其社会的重要力量。

二 泛伊斯兰主义、泛奥斯曼主义与泛突厥主义

始自20世纪40年代的多党民主制时期给了全力支持共和国制度及改革的新的中产阶级一定的权力及影响。相应的，这一中产阶级也在这场新的政府与地方精英的斗争中敢于要求并争取地方自治的权力，以及要求尊重他们自己对现代化及世俗主义的理解，他们要求将伊斯兰及奥斯曼遗产作为土耳其现代化的特征。这一点与他们的前辈如出一辙，表现出他们既是改革的支持者，又是传统的捍卫者的特点。这就意味着这一中产阶级所代表的基层的民间传统文化通过民主渠道上传到上层的官方文化并相互融合。大量农村人口进入城市也带来了一场真正的文化方面包括音乐、饮食、服装、语言等的大众文化革命，民主政治改革中又多

第八章 奥斯曼帝国后期与欧洲文化交流的遗产对现代土耳其的影响

了文化方面的因素。这种来自基层的民间文化是传统的，也是伊斯兰—奥斯曼的，同时也是向西方开放的、现代化的。它同奥斯曼帝国后期的中产阶级特点及其作用是一脉相承的。

按照凯末尔·卡尔帕特的说法，安纳托利亚及大城市的一些传统老家族在土耳其当代社会生活中扮演了主要角色的同时也将他们与奥斯曼帝国的社会文化遗产保留了下来。简言之，那些进入国家管理集团的农村民众从他们的祖先那里继承了与奥斯曼帝国的社会地位、家庭遗产及文化价值观的联系，也使他们怀着重新保有奥斯曼文化与历史遗产的愿望。以土耳其在 20 世纪末的两位总统厄扎尔和德米雷尔为例，他们都是来自于安纳托利亚的中产阶级家庭，他们都怀有深厚的奥斯曼情结。尤其是厄扎尔，他对所有与奥斯曼有关的事物都非常感兴趣，对那些既有奥斯曼特征又有欧洲或美国特征的事物极为关注。正是时任总理的厄扎尔在 1985 年的时候开始了将奥斯曼档案文献对公众开放的创举。1999 年，政府还支持了由文化部组织的有关专家教授、新闻媒体及文化传播机构等参与的国家所举行的奥斯曼帝国建立 700 周年的纪念活动。这一具有高度象征意义的姿态将会开启对土耳其共和国与其奥斯曼前身在社会和文化方面的延续性之间更为健康而积极的理解的道路。因此我们可以清楚地看到中产阶级自奥斯曼帝国后期到青年土耳其时期再到共和国时期的延续关系。这种关系是现代土耳其受奥斯曼帝国后期与欧洲文化交往影响的真实写照。

除了在土耳其社会中占重要地位的中产阶级在帝国后期与共和国时期的沿袭特点以外，土耳其发展过程中非常重要的一个方面——土耳其民族性的形成也是始自帝国后期，经过了一个逐步演变的过程。帝国后期开始萌芽的土耳其民族主义在共和国时期得以进一步发展，现代土耳其的民族形式在帝国后期泛伊斯兰主义、泛奥斯曼主义和泛突厥主义的基础上形成并发展的。"在19世纪后30多年里,三种主要的意识形态开始形成并得到发展,这三种形态都与当时正在兴起的土耳其民族主义有着密切联系。这三种形态是泛伊斯兰主义、泛奥斯曼主义和泛突厥主义。"[1]

应该说自伊斯兰教创始以来,泛伊斯兰主义一直是伊斯兰教的一个基本要义,因为伊斯兰教一直强调全体穆斯林在共同信仰的基础上实现团结。在奥斯曼帝国时期也继承了伊斯兰教的这一特点,但由于时代的发展和变化,到了奥斯曼帝国后期,伊斯兰教的政治号召作用日益凸显。尤其是哈米德二世在位期间,泛伊斯兰主义的政治意义在一定程度上甚至高于它作为宗教本身的意义。伊斯兰教的这一功能被充分利用并起到了一定的作用。这一时期,政治上的泛伊斯兰主义作为国家的政策力图达到使奥斯曼帝国免于内忧外患的目的。对内,可以利用泛伊斯兰主义争取民族之间的团结,减少纷争;对外,可以利用统一的信仰抵御政治军事侵略。内部穆斯林的忠诚和团结可以促使他们以素丹哈里发为中心使得阿拉伯地区和包括东南欧地区在内的民族增强向心力,不致分离出去;而且会通过全体穆斯林的共同努力以挽留企图独立的基督教地区如保加利亚、罗马尼亚、亚美尼亚等地区得以继续留在帝国。另外,泛伊斯兰主义的目标在于通过采用基督教国家所惯用的手段,即煽动其他国家基督教徒反对所在国政府中穆斯林对素丹哈里发的忠诚,从而服务于基督教国家的统治,泛伊斯兰主义也采用同样的手段以服务于奥斯曼帝国的统治,甚至在适当的时候发出反对各该国政府统治的威胁。虽然这种政策在西方国家的收效甚微,但它却是奥斯曼帝国宗教政策在国际舞台上的大胆尝试。

---

[1] Jacob M. Landau, *Exploring Ottoman and Turkish History*, C. Hurst & Co. Ltd, London, 2004, p. 21.

第八章　奥斯曼帝国后期与欧洲文化交流的遗产对现代土耳其的影响

在奥斯曼帝国后期同欧洲国家的交往中，由于欧洲国家对帝国的觊觎而使得帝国政府将伊斯兰教作为抵御西方的精神武器加以利用。这也是同欧洲国家相抗衡的一种手段，在现代土耳其同欧洲或西方国家交往中，伊斯兰教虽已逐渐减弱了它的这层意义，但它作为一种信仰折射出了人们对于历史的继承。哈米德二世作为奥斯曼帝国后期的一位素丹，试图建立起针对英国、法国、德国、奥匈帝国及俄国等西方国家的一道穆斯林防线。他所推行的政策在于抵制地方分离主义并促进奥斯曼帝国境内外全体穆斯林的团结以捍卫帝国的信仰、文化和民族特质，以此来增强帝国穆斯林的文化认同以及对伊斯兰文化遗产的自豪感。法国对突尼斯的占领及英国在埃及的登陆加深了西方的威胁，但同时也使得伊斯兰领袖哈里发在捍卫穆斯林权利和自由方面的作用得以加强。"哈米德二世继续了他的前辈们所进行的改革活动甚至将现代化的范畴扩大到了新的领域。现代教育体系的三个层次，包括职业教育学校的扩展，都带来了真正意义上的现代化知识分子和专门人才，铁路运输及其他各种现代设施也初见成效。而且也是在他的任期内，现代土耳其的文学得以成熟，帮助土耳其民族实现理想上的现代化并且也由此产生了第一次文学上的大众化。虽然政治活动和辩论在哈米德二世时期是一个禁忌，但事实上在其他所有领域都有着高度的自由，因此现代化的媒体在这一时期出现而且基督教徒也享受着几乎无限制的宗教自由和文化自由"[1]。哈米德二世毕竟是一个封建帝王，虽然他也对西方的现代化和西方文明充满了羡慕与赞同，但同时他却设法为他的帝王独裁制度做辩护，认为只有这种独裁制度才适合奥斯曼和伊斯兰传统，但这显然与新兴的改革派和民族主义分子的思想相抵触，因此他最终落了个被废黜的下场。而奥斯曼帝国的现代化需要的

---

[1] Kemal H. Karpat, *Ottoman Past and Today's Turkey*, Leiden, 2000. p. 17.

是与伊斯兰思想相吻合的具有西方和世界眼光的新型人才。穆斯林精英们，包括乌里玛中的开明分子虽然认识到素丹独裁统治的危害性，但他们却没有充分意识到在这表面上的帝国体制下，一个新的民族国家正在酝酿之中。

奥斯曼帝国后期与欧洲国家在宗教方面的交流也影响到了现代土耳其共和国成立后人们的宗教信仰。虽然土耳其共和国建国后不再将伊斯兰教作为国家宗教，使得奥斯曼帝国后期的泛伊斯兰政策没有得到有效延续，但在错综复杂的国际环境中，土耳其作为事实上的伊斯兰国家，又处在大中东的地缘政治圈中，它对于宗教政策的掌握是非常谨慎的，土耳其民众对于伊斯兰教的信仰也还是难以割舍的。

奥斯曼帝国后期与欧洲国家既合作又对抗的交往局面促使了奥斯曼帝国后期除泛伊斯兰主义以外，奥斯曼主义也找到了其生存的土壤。奥斯曼主义在相当程度上产生于泛伊斯兰主义的不成功。与泛伊斯兰主义不同的是它的目的在于团结奥斯曼帝国境内不同信仰、不同语言等的各民族，使他们团结在以突厥人为主的帝国政府统治之下。当然它也承诺各民族享有平等的权利和地位。这也是为了最大限度地团结帝国各种力量以抵制国内分离倾向的活动及加强同西方国家的抗衡。奥斯曼帝国初期是由突厥部落首领建立起来的，奥斯曼帝国的得名也是来自于帝国的缔造者奥斯曼本人的名字。但由于奥斯曼帝国的伊斯兰属性及多民族的性质，奥斯曼帝国对其突厥特征也就是后来的土耳其特征并没有得到应有的强调。只是到了 19 世纪，当奥斯曼统治阶层中的精英人物开始决定树立一种能够让民众忠诚并奉献的国家形象的时候，奥斯曼主义才出现在政治舞台上并开始发展。这一做法的主要目的是将素丹的臣民调教和转化成国家意义上的公民，这是一个革命性的行为。奥斯曼主义的核心是在全体奥斯曼臣民中形成超越信仰、民族及语言等的不同，以形成彼此之间的平等与统

第八章　奥斯曼帝国后期与欧洲文化交流的遗产对现代土耳其的影响

一。泛奥斯曼主义效仿西方国家，试图利用中央集权的方式建立现代意义上的国家。后来又通过建立现代教育体系及通过教育来传播它的政治文化，包括传统的伊斯兰文化和欧洲文化，旨在教导奥斯曼臣民具有归属意识，即他们首先的和第一位的是奥斯曼人，应该具有对国家的忠诚和驯服。这一教化对于突厥裔而言，奥斯曼人的身份很快成了他们的首要特征，他们将它内化于自己的行为当中。而这一做法，加之19世纪末的复杂国际形势，也使得帝国境内的非突厥裔的民族如希腊人、塞尔维亚人及保加利亚等的民族自决情绪日益加强。这也导致了土耳其民族国家身份形成的加快，土耳其民族国家最终在一个合理的地域范围和相应的历史、文化及民族情绪框架下形成。

哈米德二世试图将泛伊斯兰主义和泛奥斯曼主义结合起来。"哈米德二世所推崇的伊斯兰—奥斯曼主义在他离任后继续在起作用。'青年土耳其'于1909年废黜了哈米德二世，而他们一掌握政权，就试图恢复坦齐马特时期的世俗奥斯曼主义以凝聚帝国剩余力量。但他们最终还是回到了被废黜了的素丹的伊斯兰—奥斯曼主义。要废除之前30多年的时间里所形成的政策及建制并不容易。尤其是因为青年土耳其的目标——发展与中央集权——与哈米德二世的思想如此一致。"[①] 虽然由于土耳其共和国建国初期的反奥斯曼情绪和反伊斯兰情绪使得奥斯曼主义在共和国似乎无以为继，然而事实上，随着共和国的建立和国际形势的变化，在新的形势下，奥斯曼主义的名称已不复存在，土耳其所面临的对内对外问题也发生了变化，但近年来土耳其政府对历史的重视让奥斯曼帝国时期的历史又有了新的内涵和生命力。这并不是说土耳其要恢复奥斯曼帝国时期的制度或者回到奥斯曼帝

[①] James L. Gelvin, *The Modern Middle East*, *A History*, Oxford University Press, Oxford, 2005, p.136.

国时期，而是要证明任何国家和民族都不可能脱离自己的历史凭空而立。存在了500多年的帝国虽然消亡了，但它的社会文化遗产依然存在。

在泛伊斯兰主义以团结突厥之外的穆斯林为目标，奥斯曼主义以团结奥斯曼境内不分民族和信仰的所有奥斯曼人的基础上，泛突厥主义以形成奥斯曼帝国境内外的全体突厥人在文化上的认同和政治上的统一为目标，借此确保奥斯曼帝国的发展以及突厥精英对奥斯曼社会的领导权。泛突厥主义力图树立突厥民族的文化价值观并将此贯穿于帝国的教育、语言及经济生活等方面。它同时也是在西方普遍流行的各种民族思潮、主义及国家概念下的一个奥斯曼突厥版本，强调突厥语言或突厥民族对帝国主流文化的主体作用。正如詹姆斯·L. 吉尔文在《现代中东，一种历史》一书中所指出的，法国哲学家奥古斯都·孔德（1798—1857）提出了实证主义哲学的思想。这种思想在奥斯曼帝国和波斯如同在欧洲一样有许多的追随者。事实上，1913年取代奥斯曼政权的"统一与进步委员会"就是得自于孔德哲学中的两个核心字眼：统一与进步。虽然泛土耳其主义没有在帝国得以实现，但它却在共和国以另外一种形式，也就是它的变体，新的以土耳其为中心的爱国主义得以发展。因为"现代土耳其"的说法本身就是相对于奥斯曼帝国而言的。那么也就是说，现代土耳其是由奥斯曼帝国后期和共和国时期两个阶段所组成的。更有甚者，有学者指出，土耳其共和国在建立之初其实并不是通常所认为的那样，即共和国试图抹杀或忽略帝国时期的历史，而是"新的土耳其国家承认自己作为旧的帝国的继承者，即对旧帝国的延续性的事实被忽视了。大国民议会（The Grand National Assembly）在1922年10月13号的决议中以法律的形式和非常清楚的语言将新建立的国家描述为奥斯曼帝国的继任国。最近的一项研究成果显示，土耳其共和国继承了奥斯曼军队的百分之九十三和管理机

第八章　奥斯曼帝国后期与欧洲文化交流的遗产对现代土耳其的影响

构的百分之八十五"[1]。

三　由泛奥斯曼主义到泛突厥主义

由泛奥斯曼主义到泛突厥主义的演进是时代发展和变化的结果，也是历史的必然。在当时的历史条件下，对于奥斯曼帝国而言，能够唤醒人们的民族优越性和国家归属感的号召自然而然的落到了突厥主义上。奥斯曼帝国的突厥特征在19世纪中后期开始逐渐显现并清晰起来。首先是帝国统治集团中具有与欧洲国家交往经验并且有改革意识和开放眼光的精英分子当中产生了推动民族国家产生的因素，随后带动了一批又一批的改革派力量和民族中坚。例如，希德帕夏曾经是驻英国使馆大使，又是坦齐马特改革的主要推行者，福阿德帕夏作为他的后继者，在民族国家的思想上是一致的。那就是作为奥斯曼帝国主体的突厥人应作为民族国家的管理核心。"拉希德帕夏和福阿德帕夏都声称奥斯曼国家是建立在以下四个基柱上的：伊斯兰；王朝（以哈里发为体现的奥斯曼国家）；政府（突厥裔作为执行和管理阶层）；永久的国家首都（伊斯兰坦布尔）。这一说法在很多奥斯曼文件中出现，只是顺序略有不同。"[2] 另外，"19世纪70年代到90年代之间的20多年主要表现为'启蒙时代'——也就是知识的传播时代——而知识能够帮助形成民族自觉"[3]。与此同时，19世纪后半期，在奥斯曼帝国知识分子中开始出现对民族国家主义的思考，大量关于民族身份认同的文章和诗歌流传开来。其中有相当

---

[1] Ekmeleddin Ihsanoglu, *Science, Technology and Learning in the Ottoman Empire, Western Influence, Local Institution, and the Transfer of Knowledge*, Ashgate Publishing Limited, Hampshire, 2004, p. 8.

[2] Kemal H. Karpat, *The Politicization of Islam, Reconstructing Identity, State, Faith, and Community in the Late Ottoman Sate*, Oxford University Press, Oxford, 2001, p. 336.

[3] Ibid., p. 337.

一部分知识分子在他们的作品中反映了突厥民族主义的倾向,涉及了对突厥文化遗产的提升和推广问题。泛突厥主义者强调突厥裔在管理国家事务和对外关系中的首要地位。作为奥斯曼社会当时关于民族国家思潮中的一种,泛突厥主义在第一次世界大战前开始找到了它的市场。第一次世界大战中,它成为统一与进步委员会成员中占主导地位的思潮。

19世纪末20世纪初这几种思潮相互之间的关系在奥斯曼帝国和土耳其共和国既微妙又有着一定的演变过程。哈米德二世作为素丹哈里发,对于泛伊斯兰主义的倚重自有道理;而他的反对者——统一与进步委员会在对伊斯兰的政策方面却举棋不定,一方面反对素丹,另一方面却仍想利用帝国对穆斯林的号召凝聚力量,奥斯曼主义是国内政治的核心;而随着时间的推移,在第一次世界大战中由于形势的需要,泛突厥主义的宣传及组织机构逐渐取得对泛伊斯兰主义和泛奥斯曼主义的优势。但泛伊斯兰主义在针对英国和俄国等外国势力的潜在作用方面也没有被忽视。泛突厥主义以文化因素为主要的宣传内容。这两者有时被同时使用,因为在唤起国民的统一对外方面它们的目标是一致的。在第一次世界大战结束后,由于奥斯曼帝国的解体以及统一与进步委员会在政治舞台上的消失,泛突厥主义就成了新成立的宣称为世俗共和国的土耳其共和国的主要政治潮流。在多党制实行之后,伊斯兰主义又以突厥—伊斯兰的形式重新成为土耳其意识形态的一部分。

第二节　奥斯曼帝国后期与欧洲文化交往对土耳其共和国国家管理模式的影响

奥斯曼帝国后期与欧洲文化的交往对土耳其共和国在国家管理方面的影响是不能忽视的。虽然土耳其共和国在建国初期,尤

第八章　奥斯曼帝国后期与欧洲文化交流的遗产对现代土耳其的影响

其是在凯末尔时期人为地将共和国与帝国关系割裂开来，但历史的发展有着自己的内在规律，已经发生的事实无法被人为因素所掩盖。众所周知，土耳其共和国在各方面都是奥斯曼帝国的主要的和直接的继承者。这一点在近些年来所公开的帝国时期档案文献等资料中已得到证实。另外，随着时间的推移，共和国政府也开始正视这段历史，同时对共和国与帝国的继承关系的认识也有了新的转变。这也是忠于历史的人们所乐见的。虽然共和国的管理体制与帝国的管理体制有着明显差别，甚至是质的差别，但这其中却包含了长期的演变关系，有些管理模式和运作方式在帝国后期就有了雏形。管理体制的转变首先需要公众接受和认可能力的转变，这些都不是一朝一夕所能完成的。帝国后期已经开始的人们思想的转变和对新生事物的接受能力，以及帝国后期以来人们所经受的社会的巨变都为这些提供了群众基础，而这些都和帝国与欧洲国家的交往有着间接或直接的关系。

一　帝国后期国家管理体制的逐步演化

与奥斯曼帝国后期众多的改革措施一样，帝国关于管理体制的改革也主要是自坦齐马特改革时期开始的，而且逐步演变并细化。对随后的青年土耳其时期及共和国时期的政府管理起到了一定的引导作用。坦齐马特时期管理体制改革的重要成果表现为管理部门划分的合理化和部门设置的更加具体化，一套以欧洲国家管理模式为蓝本的相对完整的政府各部逐步成立。国家管理的职能由以宫廷为中心的特点逐渐转为以波尔特为中心的官僚体系的特点。而在政府管理部门中，这一时期的权力多集中在外交部。这与此时的改革派主要以向西方国家学习为特点的改革是分不开的，主要的改革派人物也都是从欧洲国家学习归国的。如当时的政治领袖和改革中坚拉希德帕夏和他的学生及继任者阿里帕夏、福阿德帕夏等。他们的外交部长的任期几乎贯穿了坦齐马特改革的始终。

这一时期的外交部不仅处理外交事务,而且在内政管理方面也处于显要位置。这是由于18世纪以来帝国与欧洲国家的交往越来越深入以及在各方面向西方学习的结果,也由于外交部官员对西方情况更为熟悉,包括懂得西方语言等优势。除了在政府机构建立分工负责的各部以外,这一时期国家管理的另外一个特点就是在许多部门里还出现了专门负责咨询的委员会等组织。它们主要负责帮助制定新的制度和措施。比如"其中的'司法制度最高委员会'(Supreme Council for Judicial Regulation)在1839年被赋予一种类似议会程序的一个新的章程(其决定由选举中的多数作出并由素丹许诺执行其决定)"[①]。虽然这种新的部门和职责具有议会的某些基本特征,但应该指出的是它们还不能算是议会的雏形。因为它的成员不是完全经选举产生的。另外,它的权限也受到了很大限制。随着时间的推移和改革的需要,这些专门委员会的分工更加细致。"1854年,专门委员会有了新的改动。司法功能还继续留在委员会里,而立法功能却成为了一个新机构——最高改革委员会(Supreme Council of the Reforms)的特权,由第二代改革派的领袖人物福阿德帕夏作为其最高领导。1867年两个机构又合并到了一起,但其工作由三个分支机构来完成,一个负责立法,另一个负责管理,第三个则作为上诉法庭。最后,1867年又在法国的作用下依照法国的方式相互分开了,成立了一个具有司法功能的国家委员会(Council of State)和一个独立的上诉法庭。1867年的重新设置与此前设置的一个重要不同之处在于国家委员会虽然不是经选举产生的,但它是一个代表机构,并且其基督教代表和穆斯林代表分别由各省总督所

[①] Erik J. Zeurcher, *Turkey, A Modern History*, I. B Tauris & Co., Ltd, London, 1998, p. 61.

第八章　奥斯曼帝国后期与欧洲文化交流的遗产对现代土耳其的影响

提供的人员名单中产生的。"①

这一时期政府管理的一个新的现象就是新型管理人才所起到的重要作用。以拉希德帕夏、阿里帕夏和福阿德帕夏等为代表的改革派拥有丰富的西方国家文化背景和管理经验，成为那个时期活跃在政治舞台上的关键人物。在省和地方改革事务方面起重要作用的米德哈特帕夏、立法及教育方面的重要人物艾哈迈德·凯维德特帕夏等都是那个时期涌现出来的杰出改革家和政府管理人员。这种重视人才和重用人才的改革传统在后面的青年土耳其时期和共和国时期都发挥了重要作用。另外，改革的一些具体措施如司法条例最高委员会早在坦齐马特改革时期的设置和变动充分说明了奥斯曼帝国在政府管理体制上的改革和现代化由来已久。为后面几个阶段在这方面的改革打下了良好基础。

虽然哈米德二世时期权力中心又回到了宫廷，波尔特的权力较坦齐马特时期有所削弱，这种权力的高度集中，包括对宗教地位的强调表面上看似乎是对传统奥斯曼帝国素丹权威的继续，但事实并非如此。首先，经过18世纪末期以来尤其是坦齐马特改革以来几十年时间的熏陶和洗礼，加之帝国内外形势的变化，到哈米德二世时期，已经不可能再实行传统的素丹制度了。素丹的实际作用也发生了一些变化。另外，"对哈米德二世时期国家管理体系的仔细研究表明这一时期的政策经历了前所未有的变化。因为宫廷的朝臣数量加大并且被组织为能够控制其他执行部门及全体民众的国家官僚机器，所以实际上阿卜杜勒·哈米德二世建立的是有着现代集权主义政府特点的组织核心。这一点被他之后的两个时期——青年土耳其时期和共和国时期将范围扩大并且加以细化。不错，哈米德二世确实增加了中央的权力，但是为了获

---

① Erik J. Zeurcher, *Turkey, A Modern History*, I. B Tauris & Co., Ltd, London, 1998, p. 61.

得农村管理阶层的信任和支持，他不惜给予他们大量的经济上的刺激、管理上的自主权以及文化上的自由权。他们用这些来加强自己对辖区的控制——而这最终使他们与权力中心相对抗"[1]。除此之外，哈米德二世时期电报、铁路、汽船等现代交通及通信技术的发展使中央政府对各省及地区的管理更加便捷而有效，有利于中央集权的发展。现代实用教育的发展也为国家管理体系和官僚系统提供了大量管理人才。有数据显示，19世纪80年代，现代教育学校可以为各级官僚机构提供足够的管理人才。由于学校教育的扩大而增加了的受教育人数又为帝国新闻业的发展提供了市场，新闻业的发展包括报纸等流通量的加大反过来又为国家管理提供了便利条件。

此外，哈米德二世时期人民越来越强烈的反叛精神也从一定程度上对暴君独裁式的国家管理形成了制约，使其无法实行完全独断专权的国家统治和管理，从而有助于向形式更加合理化和民主化的现代国家管理方向迈进。根据凯末尔·卡尔帕特的说法，阿卜杜勒·哈米德一即位就发现在宫廷和现代官僚体系之间所存在的相互斗争的局面。由于他对宗教界人士的忠诚产生了怀疑，因此他决定通过赢得人民大众的支持来对抗主张自由的官僚派和宗教界人士。帝国君主设法争取与人民的联合这一做法是前所未有的。作为回应，官僚派通过给人民提供宪法权力以及对改善物质生活的保证的做法来对抗君主对于穆斯林传统的忠诚和信仰的争取。事实上，围绕宪法所展开的斗争也反映了哈米德二世统治时期各派力量对于传统君主权力的制衡。其实在此之前所发生的对于素丹穆拉德五世的废黜一事本身就显示了国家管理体系中素丹以外势力的权力增长。1876年5月30日，由米德哈特帕夏和

---

[1] Kemal H. Karpat, *The Policization of Islam*, *Reconstruction Identity*, *State*, *Faith*, *and Community in the Late Ottoman State*, Oxford University Press, 2001, p. 172.

第八章 奥斯曼帝国后期与欧洲文化交流的遗产对现代土耳其的影响

他的军事势力所领导的一次政变将穆拉德五世废黜。在这次政变中，米德哈特帕夏和他的军事势力联合了奥斯曼社会的三股主要力量，那就是宗教势力、军队和支持宪法的官僚派。这次政变与以往各次政变不同的是，它不仅是推翻一位素丹，扶持另一位素丹，最重要的是它引入了一种新的政治秩序。在哈米德二世被扶持上位的同时，他也被要求实施宪法。最终，哈米德二世还是召开了他本不想召开的议会。

虽然哈米德二世对议会和宪法等在内的由西方引进的管理思想有他的顾虑，那就是"素丹怀疑改革派官僚们会利用宪法使欧洲人参与到政府政策中去，从而使他们拥有主导权和优势。按照素丹的想法，宪法只能在人民有着成熟的政治素养的国家推行，否则，宪法的权力只能被滥用来反对合法的统治者并带来社会的混乱"[①]。事实上，哈米德二世试图通过加强官僚队伍的职业化来增强管理效率。他在1878年成立了一个国家事务委员会（Civil Service Commission）及一个人事委员会（Personnel Committee）来改革官僚体系。他还开办了一些新学校或扩大了一些职业学校的规模作为培养具有自由精神的新一代知识分子和管理人才。但后来反对素丹的力量正是来自于这里。另外，"哈米德二世还坚持他的努力，那就是剥夺宗教人士对司法的影响。他还于1884年增加和改进了成立于坦齐马特改革时期负责为法官培养助手的学校的课程设置，以把未来的法官培养成具备专业能力的职业人员"[②]。看来哈米德二世并不是反对宪法本身，而是担心在人民政治素养不成熟的国度推行宪法会带来社会混乱。但是改革派官僚们却急于推行宪法。这说明在上层社会中已经有一部

[①] Kemal H. Karpat, *The Policization of Islam, Reconstruction Identity, State, Faith, and Community in the Late Ottoman State*, Oxford University Press, 2001, p. 166.

[②] Ibid., p. 169.

分人开始对传统的管理体制提出挑战，他们的力量是不容忽视的。这也为以后的政治改革打下了基础。

因此，一方面，哈米德二世时期的国家管理体系已经包含了一些现代国家管理体系的因素，逐渐朝着现代化管理的方向发展。另一方面，哈米德二世力图通过相对集中的国家管理来统一国民的思想和凝聚各种力量的政策是有其可取之处的，但他的一些极端做法已经不适应那个时代国内外形势和发展的要求了。反过来讲，一定意义上也正是由于哈米德时期极力推行中央集权的管理体制为其后的政治体制改革提供了间接的推动力和社会基础，因此当时机成熟的时候，才使得后面的国家管理体系改革得以更加顺利地进行。

二 青年土耳其时期国家管理体制的进一步改革

青年土耳其时期也在国家管理方面进行了改革。在统一与进步委员会于1913年掌握政权后就开始了包括国家和政府管理的一系列的改革。在他们的管理体制改革中首先是军队管理的改革。而这一次的军队改革由于帝国同德国在第一次世界大战中的盟国关系从而主要借鉴了德国的军队管理经验。在恩维尔于1914年1月成为战争部长（War Minister）后，他很快就着手进行了军队的重组和改革。部队中由老军官组成的军官团被肃清，而一个由德国将军里曼·冯·桑德斯领导，由70名军官组成的德国式军事委员会执行了军队改革的任务，在军队中产生了很大的影响。

在省和地方管理的改革方面主要表现在权力的下放和提高管理效率的特点。目的是为了争取帝国境内人数众多的非土耳其-阿拉伯人，以使他们支持帝国的事业。但这一措施并没有争取到境内所有阿拉伯人的支持。这一时期的国家管理改革还包括司法和教育体系的进一步世俗化的特点以及进一步削弱了宗

第八章 奥斯曼帝国后期与欧洲文化交流的遗产对现代土耳其的影响

教阶层如乌里玛等的权力。1916年，宗教最高权威人士的职位（Seyhulislam）被从内阁中清除出去。第二年，这种权限受到了全面限制。1917年，宗教法庭被置于世俗的司法部（Ministry of Justice）的控制之下，宗教学校被置于教育部（Ministry of Education）的控制之下，而瓦克夫则接受新的宗教基金部（Ministry of Religious Foundations）的管理。同时，高等宗教学校的课程设置也进行了现代化的改革，甚至欧洲语言也成了必学课程。虽然沙里阿法在这时仍是关于家庭方面法律的主要依据，但也在很大程度上作了改动。1913年，一部以德国法律为主要参照的继承法开始生效。在宗教法的其他方面也都作了进一步的世俗化改革。

青年土耳其党作为哈米德二世统治的推翻者和奥斯曼帝国的继续者，他们在国家管理制度方面改革的另外一个重要方面就是围绕宪法的推行所作的一系列努力。1876年宪法诞生后在哈米德时期仅仅存在了两年，1878年对俄战争爆发后哈米德二世便将宪法搁置起来，直到1908年，在萨洛尼迦的一部分青年军官发生兵变并激起了更大范围的反抗活动后才得以重新实施。这一次的宪法阶段到第一次世界大战结束。这一时期的奥斯曼社会和西方社会及世界其他地区的情形类似，是各种社会思潮和社会运动活跃的时期。在部队中一部分军官的带动下，奥斯曼社会各阶层的人们也纷纷响应，使宪法得以恢复。虽然宪法最终由于政府更迭而无法继续，但围绕宪法所展开的斗争对奥斯曼社会或者说对土耳其社会的发展却产生了深远影响。这种影响主要表现在两个方面。"首先，宪法运动在一定程度上带来了中东社会政治文化的改变，使得国家成为多种政治力量博弈的舞台。换句话说，随着宪法运动而来的，是对国家政权的控制成为政治活动的中心。宪法运动还传播了代表制原则——个人有权参与到政府管理中去，也可以选择那些能够代表自己利益的人到政府管理中去。

其次，运动不但体现了人民政治的特点而且还传播了这一特点。即使奥斯曼帝国对宪法的两度实施都不是主要由人民运动来实现的，但却出现了很大范围内以游行活动来表现的支持或者是反对的活动。宪法运动为中东政治培育了新的特征。"① 因此，青年土耳其时期在国家管理方面的改革和宪法运动为土耳其共和国的国家管理提供了直接的领导力量和群众基础。土耳其共和国初期的许多领导人都是青年土耳其人时期甚至是哈米德二世时期的社会精英和管理人才。几十年来的社会运动，也在很大范围内为新思想和新观念的推行提供了条件。

三 共和国成立后国家管理体制与帝国时期管理体制的有机联系

共和国的国家管理思想与帝国后期在国家管理思想方面的演变有着有机的联系。就连著名的共和国创始人阿塔图尔克·穆斯塔法·凯末尔于1931年提出、于1937年写进国家宪法的被称为"六个主义"的国家政治制度的思想也是有一个由帝国后期发展演变而来的过程的。这个看似全新的、革命性的、为共和国发展指明了发展道路的共和国国家管理思想并不是一夜之间从天上掉下来的，而是可以在共和国当时所处的特定国情下、在社会发展的需要和共和国成立之前的政治精英和思想家那里找到其前身的。这六个代表共和国国家意识形态和管理思想的主义是：共和主义、国家主义、世俗主义、民族主义、改革主义和人民主义。六个主义中的其中一个——共和主义是指国家在形态上是共和国制国家而不是其他，应该说这个思想更多地体现了凯末尔和他的领导集团对国家制度的定位；六个主义中的另外一个——国家主

---

① James L. Gelvin, *The Modern Middle East, A History*, Oxford University Press, 2005, p. 145.

第八章 奥斯曼帝国后期与欧洲文化交流的遗产对现代土耳其的影响

义,也在一定程度上比之前的帝国时期更加强调人民对于国家事务的参与。对凯末尔思想中的其他四个主义,世俗主义、民族主义、改革主义和人民主义的分析则足以显示它们与奥斯曼帝国后期国家政治制度和管理体系思想上的联系。

这种关联性是显而易见的。正如《奥斯曼社会后期的知识遗产》(Late Ottoman Society, The Intellectual Legacy) 一书中所指出的:"当我们把凯末尔的思想和青年土耳其时期一些有影响的思想家们如艾哈迈德·哈查(Ahmet Riza)、阿卜杜勒·塞维德特(Abudullah Cevdet)、齐亚·戈卡普(Ziya Gokalp)、阿克戈鲁(Agaoglu)及优素福·阿克楚拉(Yusuf Akcura)等的思想作一比较,我们可以清楚地看到他们对于主要问题的思想随着时间的推进有一个逐步演进的过程。"[1] 通过分析发现:虽然凯末尔主张并实施的世俗主义在很多方面比帝国后期以来所推行的世俗主义改革有着质的飞跃,比如关闭宗教场所、关闭宗教学校、全面引进欧式世俗家庭法等方面都是前所未有的,但他的世俗主义思想还是建立在奥斯曼帝国自坦齐马特改革以来世俗主义思想发展的基础之上的,尤其是建立在青年土耳其时期主流思想家们对这一问题的思考结果之上的。

在国家主义思想方面,所有青年土耳其思想家中,阿卜杜勒·塞维德特的思想与共和主义思想的结合最为紧密,而齐亚·戈卡普常常被视为土耳其民族主义和国家主义之父,阿克戈鲁则主张泛突厥主义的国家主义。优素福是公认的土耳其国家主义的领导人,他的泛突厥主义国家思想是建立在民族国家的思想之上的。这些思想家有关国家主义的思想对凯末尔的思想有着重要影响。就改革主义而言,虽然青年土耳其时期的思想家们宣称他们

---

[1] Elisabeth Ozdalga, *Late Ottoman Society, The Intellectual Legacy*, Routledge Curzon, Oxfordshire, 2005, p. 16.

所参照的是法国式革命,但他们却非常重视防范由于对人民思想的引导不力所带来的严重后果。在这一点上,凯末尔与他们的思想是相通的,那就是他们更愿意进行自上而下的有序的改革,避免自下而上的起义和革命。人民主义思想方面,青年土耳其的思想家们主要是从欧洲国家那里找到了灵感,欧洲人文主义运动的成果为他们的思想提供了可资借鉴的来源。"这一系列的态度与理想:反教权主义、科学至上主义、生物物质主义、权力主义、知识精英主义、公众的不信任、社会达尔文主义及民族主义,在世纪末的法国得以融合吸收,然后又被青年土耳其党的思想家们和共和主义者传播给凯末尔主义的实践者们,当然他们比他们之前的青年土耳其党人将这些推得更远,最终将这些思想用在了对他们国家的塑造和管理之中。"[1]

第三节 奥斯曼帝国后期与欧洲文化交流对土耳其共和国教育的影响

奥斯曼帝国后期在教育的许多方面,包括各级各类世俗学校的增设、课程设置的调整、学校教育的方式、人才培养的模式等方面都表现出向当时主要的欧洲国家靠拢的特征,尤其是始自坦齐马特后期的时间里,奥斯曼帝国教育改革的步伐和力度都与欧洲国家在这方面的做法相差无几,表现出了教育改革与西方国家的紧密联系及近乎同步性的特点。奥斯曼帝国自1869年教育条例在法国教育部长的影响下颁布时开始,教育改革的进展大大加快。在法国,1870年"普法战争"的失败促使第三帝国的教育部门痛下决心,决定通过改变国民头脑从而改变国家面貌,因此

---

[1] Elisabeth Ozdalga, *Late Ottoman Society*, *The Intellectual Legacy*, Routledge Curzon, Oxfordshire, 2005, p. 26.

第八章　奥斯曼帝国后期与欧洲文化交流的遗产对现代土耳其的影响

时任法国教育部部长的茹勒·费里（Jules Ferry）自19世纪70年代末以来的教育改革以及此后的教育改革为此目标的实现做出了重要贡献。同样，"在奥斯曼帝国，19世纪80年代是奥斯曼帝国教育改革的重大措施得以实施的时期，尤其是在中等教育方面。在1876年至1878年间充满战争、政权更迭、宪法改革、对俄战争以及设立由外国势力控制的公共债务管理局等的混乱过后，奥斯曼政府最终得以投入大量精力将自1869年以来所制定的教育改革计划付诸实施。当然，这一改革行动在混乱年代过后也与当初的改革计划有了很大不同"[①]。

一　效仿欧洲国家进行教育改革

正如法国由于在"普法战争"中的一败涂地而决定狠抓国民的爱国主义教育和相关实科教育一样，奥斯曼帝国在19世纪70年代末期的混乱过后，也更加清楚地认识到了对国民进行爱国主义教育和增强凝聚力教育的重要意义。不同的是，法国的切肤之痛主要是其邻邦德意志，而奥斯曼帝国的情况要复杂得多。西方各国势力都试图渗透奥斯曼帝国，西方传教士和教会学校甚至他们的政府在奥斯曼帝国大量建立西方式学校的形势对奥斯曼帝国的教育是一个极大的威胁。虽然奥斯曼帝国力图借用西方的现代化教育形势和科学知识来改变本国的教育状况，且取得了一定的成绩，但大量西方学校在奥斯曼帝国的涌现已占领了奥斯曼帝国传统教育的领地，使奥斯曼帝国本国的教育面临极大的挑战。

与法国在"普法战争"后的教育改革主要是建立在与邻邦德意志战败的基础上相比，奥斯曼帝国的教育改革却是因为它受

---

① Benjamin C. Fortna, *Imperial Classroom*, *Islam*, *The State*, *and Education in the Late Ottoman Empire*, Oxford University Press, 2002, p. 29.

到了多方的威胁。与法国相比，更为糟糕的是奥斯曼帝国已经受到了来自西方国家深入内部的挑战和占有。这些力量的到来是奥斯曼帝国所无法控制的，带着良好愿望的坦齐马特改革家们将有些西方教育模式引进帝国教育体系，而这些教育体系在为奥斯曼帝国教育带来新鲜血液的同时，也逐步对奥斯曼帝国教育形成了威胁，尤其是到了哈米德二世时期，这种威胁已愈演愈烈。西方各领域的对奥斯曼帝国不怀好意的人士来到帝国并充斥了帝国教育。他们或以传教士的面目出现，或以银行家的身份出现，或以外交家甚至考古学家等各种身份出现在帝国。他们往往具有雄厚的经济基础、严密的组织并拥有上流的产品。无孔不入的西方教育已经严重影响了奥斯曼帝国的教育。

二 效仿基础上所作的适用于帝国模式的调适

应对来自西方国家西化教育的挑战及整合国内教育资源使其服务于帝国的需要构成了哈米德二世时期教育所面临的一个重要问题。如何将坦齐马特时期以来西方教育对奥斯曼帝国教育的负面影响逐步减少并形成有利于培养效忠于帝国需要的公民的问题摆在了哈米德二世的面前。应该说，这些问题在哈米德二世时期得到了应有的转变，这一转变可以在哈米德二世时期找到清晰的痕迹。加拉塔萨雷学校在坦齐马特时期和哈米德二世时期的转变过程就是一个典型例子。

加拉塔萨雷学校的建立是奥斯曼帝国受法国影响的一个缩影。奥斯曼帝国受法国影响除了表现在经济、军事等领域之外，对教育的影响也是较为直接的一个。正如奥斯曼帝国后期教育方面改革的重要文件——1869年的教育条例似乎是受法国影响的结果一样，它的建立也是众多与法国交往的成果之一，是在索丹阿卜杜勒·阿齐兹于1867年访问巴黎之后由法国和奥斯曼政府共同建立的。由于法国在这一时期比其他国家得到了更多的信

第八章　奥斯曼帝国后期与欧洲文化交流的遗产对现代土耳其的影响

任,因此它抓住时机在奥斯曼帝国发展自己的力量。对教育领域的占有使它可以在利凡特地区扩大自己的政治文化影响。将法语作为学校的教学语言本身就是法国的一种胜利。此外,法国人还通过向奥斯曼帝国输出教师、管理人员、教科书等来开发更多潜在的为法国效力的人员和因素。加拉塔萨雷学校在设立之后取得了很大成功。"在学校于 1868 年 9 月设立时,学生人数是 341 人,而一个月之后学生人数猛增到 430 人,到年底更是增加到了 530 人。一年之后,人数达到了 640 人,几乎达到了建校时学生人数的两倍。学校如此巨大的成功使得帝国其他城市也纷纷萌发了开办以加拉塔萨雷学校为模式的学校的想法。"[1] 一方面,加拉塔萨雷的成功集中体现了奥斯曼帝国在教育方面向西方国家学习的决心,也由于得到了政府的支持,它才能够迅速发展。另一方面,民众对于西方式教学的热情及对西方语言文化的接受也反映了人们对现代科学知识和世俗教育的重视。

然而两年后,法国在"普法战争"中的失败对法国在奥斯曼帝国的事业是一个严重的打击,这一后果也影响到了教育领域。包括加拉塔萨雷在内的法国学校都不再像以前那样受人关注,而是逐渐失去了它往日的影响。加之由于坦齐马特改革派中亲法人物福阿德帕夏和阿里帕夏分别于 1869 年和 1871 年先后去世,加拉塔萨雷作为法国势力及影响的一个重要方面,也自然受到了削弱。生源减少、法国教师离任等都造成了学校艰难维持的局面。哈米德二世即位后在教育方面的政策虽然也同样重视实用科学的教学方法,但在对学生的教育方面却强调用伊斯兰思想来统一学生的思想并引导学生形成忠于帝国的臣民思想。因此,哈米德二世在教育方面作了一定的改变。以加拉塔萨雷学校为代表

---

[1] Benjamin C. Fortna, *Imperial Classroom, Islam, The State, and Education in the Late Ottoman Empire*, Oxford University Press, 2002, p. 103.

的西方学校当然是他改革的重点。哈米德二世即位后不久即任命阿里·苏阿维·埃芬提为加拉塔萨雷的校长,这不仅是对加拉塔萨雷进行变动的一个行为,也是对帝国整个教育进行重组的一个信号。阿里·苏阿维·埃芬提是学校成立以来任此职的第一位穆斯林,这足以说明即将对加拉塔萨雷进行变动的方向。苏阿维同时具有西方教育和伊斯兰教育的背景,最重要的是他坚信一个强大的国家应该由一位强硬的人物做领袖,这一点深得哈米德二世的赏识,他还公开反对奥斯曼帝国宪法,这些都和哈米德二世的想法不谋而合。另外,在教育发展方面,他也主张应该抵制外国的影响。因此,作为贯彻哈米德二世思想最理想的人选,苏阿维被哈米德任命为加拉塔萨雷的校长以帮助实现自己的教育理念和统治思想。

苏阿维任校长后对学校作了很大改动。他要求学校将土耳其语作为教学语言以服务于对教育的深化和对伊斯兰作为统一思想的有力武器。他还在学校的生源构成等方面作了调整:"阿里·苏阿维·埃芬提上任后很快着手增加穆斯林学生的数量,减少对非穆斯林的奖学金数量,转而增加穆斯林的奖学金数量,他还将学校的不稳定分子排除出去。根据他的文件,他将穆斯林学生的比例提高了百分之三十七。从 162 名增加到了 220 名。苏阿维还改动了学校的课程设置,这也预示了哈米德时期在全国教育系统中的一个变动方向。他增加了一些物理、生物以及统计等实用课程的比重。但对这些欧式课程的学习必须与以阿拉伯语、奥斯曼土耳其语以及波斯语为主的传统伊斯兰科目的学习相平衡。苏阿维在重视实用学科的同时给学校带来了浓厚的伊斯兰特色。"[1] 苏阿维对伊斯兰教育的重视取得了一定的效果,土耳其语日渐成

---

[1] Benjamin C. Fortna, *Imperial Classroom*, *Islam*, *The State*, *and Education in the Late Ottoman Empire*, Oxford University Press, 2002, p. 107.

第八章　奥斯曼帝国后期与欧洲文化交流的遗产对现代土耳其的影响

为学校的通用语言，教育中法国的影响成分越来越小。加拉塔萨雷学校的变化是整个哈米德时期学校教育的一个缩影，通过一系列教育改革措施的实行，奥斯曼帝国后期教育在重视西方式实用现代教育的同时也使伊斯兰教育得以加强，伊斯兰教育作为从宗教上对西方的反抗和对国民思想的统一方面起到了重要作用。

三　共和国时期教育改革的新任务

哈米德二世时期在教育方面的改变主要在于将西方的教育模式进行变通以使其使用于奥斯曼帝国。因此我们可以看出，一方面，奥斯曼帝国后期的教育在与西方教育的碰撞中受益，另一方面，它同时也受到了西方教育在某些方面的负面影响。奥斯曼帝国后期主要以法国模式为主的教育建设和改革引进了法国现成的教育方式。这为自奥斯曼帝国后期以来日益强调中央集权和国家管理、加强国民的国家意识教育的奥斯曼帝国时期、青年土耳其时期以及共和国时期的教育提供了可资借鉴的范例；但对外国教育模式的照搬同时也意味着随之而来的问题：那就是似乎对于奥斯曼帝国问题的解决可以从西方国家那里找到答案，这也是其后的青年土耳其时期和共和国时期所面临的同样问题。事实上，随着奥斯曼帝国形势和国际形势的变化，尤其是到了哈米德二世时期，对于外来教育模式的改变已越来越变得必要而重要。现代土耳其国家在教育方面也像它在国家生活的其他方面一样存在着如何对外来文化的甄别和对自身文化的培育，以及如何找到两者之间的平衡问题。事实证明，这一问题在此后很长一段时间里一直是共和国所设法着力解决的重点问题之一。

结 论

本书通过对18、19世纪奥斯曼帝国文化与欧洲文化交往的研究，得出以下结论：

一 18、19世纪时期奥斯曼帝国文化与欧洲文化之间是一种"挑战—应战"的交往关系

由于奥斯曼帝国后期处于其历史轨迹上的衰落时期，其社会文化并不像强盛时期那样具有活力。强盛时期的奥斯曼帝国文化对欧洲文化曾经产生了一些重要影响，而到了18、19世纪奥斯曼帝国文化对欧洲文化而言明显地处于颓势。这一时期奥斯曼帝国文化与欧洲文化之间的关系表现为欧洲文化对奥斯曼帝国文化的强势和由此而形成的对帝国文化的挑战，而奥斯曼帝国则对这一挑战进行了应战，由此所带来的是双方文化的交流渗透。由于奥斯曼帝国所处的独特地理位置和历史文化渊源，使其文化在经历了长期与阿拉伯伊斯兰文化、突厥文化和其他文化相融合的基础上形成了奥斯曼兼容并蓄的多元文化。其文化成分中的独特性、宽容性和开放性特征使它在与欧洲文化交往时既保留了传统文化中的有益内容又吸收了欧洲文化中的先进方面。

曾经的强盛并不能挽回帝国衰退的命运。18、19世纪的奥斯曼帝国统治不力、军备松弛、经济落后、民族宗教等矛盾日益激化，改革图强的社会变革势在必行。与此形成对照的是这一时

期的欧洲文化的蓬勃发展和巨大成就。在融合希腊罗马文化、基督教文化和其他文化成就的基础上，欧洲文化在包括思想领域和科技领域在内的社会文化方面取得了全方位的发展。伴随着这一发展的是欧洲国家的对外扩张，在基督教思想、重商主义传统和扩张主义的作用下，欧洲国家在其向东方扩张的过程中与奥斯曼帝国形成了直接的交往关系。

18、19世纪双方文化的差异主要是欧洲文化对帝国文化的优越性和强势。这些差异包括：意识形态方面，文艺复兴对欧洲国家的影响还在继续，接着又发生了宗教改革、启蒙运动等思想领域的革命，欧洲社会的意识形态发生了很大变化，而奥斯曼帝国的君主集权制度和人们的思想并未发生太大改变；信仰方面，欧洲国家主要信仰基督教，奥斯曼帝国以伊斯兰教信仰为主；社会性质方面，欧洲国家在这一时期逐步完成资产阶级革命因而转变为资本主义社会，而奥斯曼帝国依然延续着其封建主义的社会性质；生产力方面，欧洲国家纷纷进行了工业革命，形成了生产力大发展和经济大飞跃的局面；而奥斯曼帝国生产和经济发展缓慢；科学技术方面，欧洲国家进行了科技革命，在自然科学、能源、交通、通信等方面取得巨大成就，而奥斯曼帝国在科学技术方面几乎没有什么发展；等等。这些差异导致了双方在交往过程中欧洲文化对帝国文化产生了更多的影响。

二 双方文化交往的矛盾与不对等更多地表现为欧洲文化对帝国文化的影响多于帝国文化对欧洲文化的影响以及社会形态发展的错位

奥斯曼帝国后期，西方国家的社会文化迅速发展与奥斯曼帝国自身发展的需要使双方的文化交往得以在较大范围和较深层面进行；但限于当时的条件，双方的文化交往过程中充满了矛盾和不对等，这主要表现为欧洲文化在很多方面对帝国文化产生了影响。

奥斯曼帝国后期，西欧主要国家已经完成了资产阶级革命和工业革命。西欧社会全面进步，在很多方面领先于奥斯曼帝国。新生的资产阶级及其所倡导的资本主义文化与奥斯曼帝国的伊斯兰文化形成了较为鲜明的对比。而奥斯曼帝国由于生产发展的相对滞后及内部矛盾的不断激化，在与西欧国家的较量中已经失去了它原有的优势。一方面由于欧洲国家在其向东方扩张过程中首先遇到了奥斯曼帝国而开始两种文化的交流；另一方面由于奥斯曼帝国看到了与西方国家的差距而开始了主动向西方文化的学习并由此进行了有效的文化交往。这两种方式的交往都对奥斯曼文化产生了很大的影响。

奥斯曼帝国后期与西方的文化交流由于受到客观条件的限制，即西方国家在总体上领先于奥斯曼帝国，在与西方国家的交往中，奥斯曼帝国处于相对弱势的地位。奥斯曼帝国就是在这种形势下开始了向西方文化学习的过程。奥斯曼帝国的领导阶层及精英人士看到了这种差距并设法进行改革，帝国后期的几次重大改革都吸取了西欧国家先进的科学技术、军队建设、管理经验及教育体系中能为奥斯曼帝国所用的成分，力图取得国家的发展，缩短同西欧强国的距离。双方交往的时代特征与双方的国情决定了帝国后期与欧洲文化的交往首先是帝国在军事领域向欧洲国家的借鉴和学习，随着奥斯曼帝国改革的推进，双方的交往开始深入到科技、教育、管理等其他领域，双方交往的深度和广度都得以加强。物质领域交往的深入进行也逐渐影响到了精神领域的交往，这使得双方的交往对帝国的物质文明和精神文明都产生了影响。

奥斯曼帝国后期与西方文化的交往是在比较复杂的历史条件下进行的，交往的双方不是完全对等的。从社会形态上看，西欧国家为资本主义国家，而奥斯曼帝国还处于封建社会阶段；从信

结　论

仰的角度而言，西欧国家以信仰基督教为主，而奥斯曼帝国大部分信仰伊斯兰教；从经济发展的角度而言，西欧国家的经济发展领先于奥斯曼帝国。一方面，奥斯曼帝国非常重视与西方国家进行文化交流。奥斯曼帝国努力借鉴西方国家在发展经济及国家建设中的经验来发展自己，它还聘请西方国家的军事人员及其他领域的工程技术人员直接指导本国的军队建设及工厂、交通等方面的建设；奥斯曼帝国后期非常重视教育的发展，它大量聘请西方的教育工作者到奥斯曼帝国进行指导，兴办各级各类学校，对奥斯曼帝国后期的发展做出了巨大贡献；此外，它还派出本国青年去西欧国家进行学习与交流；奥斯曼帝国在西方各国设立使、领馆以进行更加深入的交流，等等。另一方面，西方国家也重视与奥斯曼帝国进行文化交流。西方国家对于奥斯曼帝国带有民族特色的东方文化充满了好奇，他们将奥斯曼帝国文化中的某些独特艺术成就如拜占庭式建筑、奥斯曼土耳其的音乐成就及服饰特色引入自己的文化之中，形成了既有西方特色又带奥斯曼特色的艺术风格。

限于当时的客观条件，奥斯曼帝国后期与西方的文化交往注定是一个充满了矛盾与斗争的艰难而曲折的过程。但令人欣慰的是，奥斯曼帝国在这一交往过程中也取得了一些成绩，学到了西方文化中的有益成分。奥斯曼帝国后期一系列的改革与建设的成果，尤其是其对于人们思想的改造作用已经初露端倪，人们已经认识到社会变革的重要性，人们思想上的这些变化非常有利于各种改革措施和新观念的实现。但是由于帝国后期以阿卜杜勒·哈米德为代表的统治集团没有能力将国家引上更好的发展道路，加之境内各民族的矛盾日益尖锐，国际局势也日益紧张，奥斯曼帝国最终解体，但它与欧洲国家交往所产生的影响将会继续发生作用。

三　欧洲文化与奥斯曼帝国文化交往结构为多样化欧洲国家文化（英、法、德等）与单一国家（奥斯曼帝国）文化的相互关系

奥斯曼帝国后期与欧洲国家中的法国、英国和德国的交往对帝国文化产生了重要影响，它推进和加快了奥斯曼帝国现代性的生成。表现在帝国后期物质文明领域和精神文明领域的明显进步。

在欧洲国家中，法国历来是西方国家中与奥斯曼帝国关系最为密切的一个国家，虽然拿破仑对埃及的入侵在一段时间内影响了双方的关系，但后来双方关系很快得到恢复。法国文化对奥斯曼帝国文化的影响表现在军事、科技、教育、司法及社会生活等各方面。法语甚至成了奥斯曼帝国政府的办公用语。

与法国相比，英国追求与其他国家在奥斯曼帝国问题上的势力均衡政策。因此，它也最大限度地参与到奥斯曼帝国事务中去，只要其他国家在奥斯曼帝国的利益使其受到威胁，或者任何一国势力过大时，它都会进行干涉。另外，它设法控制奥斯曼帝国的目的是确保其通向印度的海路畅通无阻。在后期，由于英国在全球实力增强和势力扩张，英国文化对奥斯曼帝国的影响逐渐超过了法国而后来居上。

德国虽然进入奥斯曼帝国相对较晚，但它对奥斯曼帝国的影响却不可低估。德国主要在军队建设和铁路等工程技术方面对奥斯曼帝国产生了重要影响。由于德国认识到奥斯曼帝国地处中东的地缘优势而参与其中，加之德国不像其他欧洲国家那样有着殖民历史，奥斯曼帝国在一些重大问题上更愿意跟德国协商与合作，这样就建立了双方的"伙伴"关系，以至于奥斯曼帝国与德国结盟投入第一次世界大战。由于地缘、劳务和科技等因素，奥斯曼帝国及后来的土耳其共和国与德国的关系一直较为密切。

结　论

奥斯曼帝国后期在与欧洲文化的交往过程中所取得的成就主要表现在以下几个方面：首先，在长期与西方国家交往的过程中认识到了自身问题之所在，从而大力推进以改革为标志的各种运动，旨在加强军事、科技、经济等各方面的实力同西方国家相抗衡。在一系列改革措施的推动下，奥斯曼帝国确实取得了一些应有的进步。其次，奥斯曼帝国后期在与西方国家交往的过程中培养出了一批具有世界视野和全局观念的杰出领袖人才。这既包括具有批判眼光和兼收并蓄的宗教改革人士如哲马尔丁·阿富汗尼和他的弟子等人，也包括后来对土耳其共和国和其他民族独立国家的建设和发展起到至关重要作用的开拓者和国家建设的领袖人物如阿塔图尔克·穆斯塔法·凯末尔等人。另外，奥斯曼帝国人们的生活也悄悄地发生了一些变化。这反映在服饰方面和公共场合人们行为的变化上，女性有了更大的自由空间。更重要的是双方交往唤起了奥斯曼帝国普通大众的觉醒。经过交往的锤炼和改革的洗礼，奥斯曼帝国人民已经对改革和革命产生了较为深刻的认识，这为以后革命和现代化的深入进行打下了良好的基础。

在取得成就的同时，帝国后期在与欧洲文化交往的过程中也随之产生了一些问题。欧洲国家的殖民主义倾向和扩张主义特点使得帝国不可避免地受到了影响。经济的落后使得帝国对欧洲国家过分地依赖，军事的落后使得帝国的命运为欧洲国家所左右，科技的发展受到了极大的限制等都是与欧洲文化交往的直接后果。以教育为例，奥斯曼帝国后期的教育在与欧洲教育碰撞中受益的同时，受到了欧洲教育在某些方面的负面影响。奥斯曼帝国后期主要以法国模式为主的教育改革和建设引进了法国现成的教育方式。这为在日益强调中央集权和国家管理的奥斯曼帝国后期以及对加强国民的国家意识的教育提供了可资借鉴的范例；但对外国教育模式照搬的同时也意味着随之而来的问题。那就是似乎对于奥斯曼帝国问题的解决可以从欧洲国家那里找到答案。事实上，随着奥斯曼帝国形势和国际形势的变化，尤其是到了哈米德二世时期，对于外来教育模式的改变已越来越变得必要而重要。哈米德二世时期就不得不在教育方面进行变革以使得西方的教育模式在变通以后能够适用于奥斯曼帝国的需要。

尽管奥斯曼帝国后期在与西方国家的交往中处于相对弱势的地位，但它并没有因此而失去自己的民族文化。奥斯曼帝国仍然保留了自己的伊斯兰信仰及伊斯兰特色。不同文化有着各自不同的特色，这对于信息科技高度发达、通信与交流越来越便捷的全球化的今天，有着重要意义，那就是不同文化在交流的过程中既要善于吸收其他文化中的优秀成分为自己所用，又不能失去自己传统文化中的优秀成分，只有这样，人类文化才能既丰富多彩又求同存异，不同文化之间的人们才能做到相互理解与包容而不是采取文化沙文主义或文化霸权主义，整个社会才会充满和谐与和平。

四 奥斯曼帝国与欧洲文化交往的历史成为现代土耳其继承和革新的资源

奥斯曼帝国后期与欧洲的文化交往在规模、深度和广度方面都是前所未有的。这为日后中东地区国家与欧洲文化的进一步交流奠定了基础，在一定程度上为此后的土耳其共和国加强与西方交流，并努力加入欧洲国家体系埋下了伏笔。作为奥斯曼帝国遗产最主要的和核心的继承与革新力量，现代土耳其在其社会文化的很多方面保留了奥斯曼帝国后期的很多制度和特点，这一点在近些年来所公开的帝国时期档案文献等资料中得以证实。现代土耳其是中东地区国家中西化程度最高的一个，它是在对奥斯曼帝国的遗产继承和革新的基础上建立起来的，是奥斯曼帝国文化的新生。奥斯曼帝国作为一种制度和社会形态的消失并不意味着它

结 论

的社会影响和文化遗产的陡然消亡；现代土耳其也不是在一夜之间建成的。土耳其共和国所取得的较高的现代化程度是与肇始于奥斯曼帝国后期与欧洲国家的文化交往分不开的。

土耳其共和国在经过了建国初期的一段时间企图人为抹杀这种联系的阶段后，其国家领导人和政府以及各级知识分子和各界人士已开始认真思考这段历史及它的文化遗产对共和国的影响。自20世纪40年代末以来，由于长期实行民主制度和多党制以及对凯末尔时期政策和路线的调整，土耳其社会已经无法也不可能再退回到以前的封建君主制了。因此人们开始重新审视并以应有的更加客观的态度来看待这一时期的历史，奥斯曼帝国后期的历史与土耳其共和国的承袭关系也因而得到正视。"有着真正民主头脑的土耳其人，包括大多数伊斯兰主义者，都能够认识到土耳其共和国与奥斯曼帝国之间在历史、文化与社会生活等方面的沿袭关系是如此的紧密，以至于要想解决当代土耳其的许多与文化心理相关的问题时都需要与奥斯曼帝国的过去相融通。在此基础上，土耳其社会的方方面面在过去20年里经历了对奥斯曼时期社会历史越来越浓的兴趣。"[1] 与此相关的是，土耳其社会的广大民众对于与奥斯曼历史相关的书籍及著作以及各类作品有着大量的需求。越来越多的关于奥斯曼社会的研究机构开始建立并致力于研究奥斯曼社会对于当代土耳其的影响，并已取得了不少成就。

帝国后期的社会文化状况直接与土耳其共和国的情况相联系。19世纪末20世纪初奥斯曼土耳其社会曾经出现了泛伊斯兰主义、泛奥斯曼主义和泛突厥主义等几种思潮，这几种思潮相互之间的关系在奥斯曼帝国和土耳其共和国既微妙又有着一定的演变过程。哈米德二世作为素丹哈里发，对于泛伊斯兰主义的倚重

---

[1] Kemal H. Karpat, *Ottoman Past and Today's Turkey*, Brill, Leiden, 2000, pViii.

自有道理；而他的反对者——统一与进步委员会在对伊斯兰的政策方面却举棋不定，一方面反对素丹，另一方面却仍想利用帝国对穆斯林的号召力凝聚力量，泛奥斯曼主义是国内政治的核心；而随着时间的推移，在第一次世界大战中由于形势的需要，泛突厥主义的宣传及组织机构逐渐取得对泛伊斯兰主义和泛奥斯曼主义的优势。但泛伊斯兰主义在针对英国和俄国等外国势力方面也没有被忽视。泛突厥主义以文化因素为主要宣传内容。这两者有时被同时使用，因为在唤起国民的统一对外方面它们的目标是一致的。在第一次世界大战结束后，奥斯曼帝国的解体以及统一与进步委员会在政治舞台上的消失，使得泛突厥主义就成了新成立的宣称为世俗共和国的主要政治潮流。在多党制实行之后，伊斯兰主义又以土耳其—伊斯兰的形式重新成为土耳其意识形态的一部分。虽然共和国的管理体制与帝国的管理体制有着明显差别，甚至是质的差别，但这其中却包含了长期的演变过程和关系，有些管理模式和运作方式在帝国后期就有了雏形。管理体制的转变首先需要公众接受和认可能力的转变，这些都不是一朝一夕所能完成的。帝国后期开始的人们思想的转变和对新生事物的接受能力以及帝国后期以来人们所经受的社会的巨变都为这些提供了群众基础。

　　当代土耳其社会中的奥斯曼遗存无所不在。奥斯曼帝国的物质文化和精神文化以各种形式存在于当代土耳其人民的生活中。清真寺、巴扎、喷泉、学校、桥梁以及宫殿等为数众多，分布也很广。奥斯曼帝国时期的服饰风格依然受到许多人的青睐。帝国时期的饮食习惯也被保留了下来。土耳其中央政府和地方政府都对奥斯曼帝国时期的各种遗存进行了修复和保护，并且指出了它们在当代土耳其文化中应有的地位。奥斯曼帝国时期无所不在的物质文化和精神文化对于当代土耳其其而言是无法回避的，它们顽强而持续地存在于当代土耳其的社会文化当中。

五　考察双方文化交流在学术视角与方法论上应摒弃欧洲中心论的思想

爱德华·萨义德的《东方学》为我们考察奥斯曼帝国与西方的文化关系提供了新的视角。我们在考察两者关系时，应该尽量客观。对于西方的著作要用批判的眼光看问题。文化是杂生的、多样的。各种文化和文明是相互联系、相互依赖的。任何对其进行一元化或简单化描述的企图都注定要落空。我们要重视文化的差异性、多元性、开放性，反对一切总体性、一元性、压制性的主张。

虽然由于当时的国际国内条件所限，奥斯曼帝国最终走向了灭亡，但奥斯曼帝国几百年来所逐步发展和演变出来的文化遗产不会在一夜之间烟消云散，它与西方文化交往成果已经存在于它所曾经涵盖地区人民的心中，也必将在此后的社会文化生活中发挥作用。

主要参考文献

一 中文文献

1. 著作类

1. ［英］阿诺德·汤因比：《历史研究》，刘北成、郭小凌译，上海人民出版社 2000 年版。
2. ［美］爱德华·萨义德：《东方学》，王宇根译，三联书店 2000 年版。
3. ［英］伯纳德·刘易斯：《现代土耳其的兴起》，范中廉译，商务印书馆 1982 年版。
4. ［英］伯纳德·路易斯：《中东——自基督教兴起至二十世纪末》，郑之书译，中国友谊出版公司 2004 年版。
5. ［美］戴维森：《从瓦解到新生：土耳其的现代化历程》，张增健、刘同舜译，学林出版社 1996 年版。
6. 《古兰经》，马坚译，中国社会科学出版社 2003 年版。
7. 黄民兴：《中东国家通史·伊拉克卷》，商务印书馆 2002 年版。
8. 黄维民：《奥斯曼帝国》，三秦出版社 2000 年版。
9. 彭树智主编，黄维民著：《中东国家通史·土耳其卷》，商务印书馆 2002 年版。
10. 马克垚主编：《世界文明史》，北京大学出版社 2004 年版。

11. 彭树智：《伊斯兰教与中东现代化进程》，西北大学出版社 1997 年版。

12. 马明良：《简明伊斯兰史》，经济日报出版社 2001 年版。

13. 彭树智主编：《阿拉伯国家史》，高等教育出版社 2002 年版。

14. ［美］斯塔夫里阿诺斯：《全球通史——1500 年以后的世界》，吴象婴、梁赤民译，上海社会科学院出版社 1999 年版。

15. 黄民兴主编：《巴黎》，世界古都丛书，三秦出版社 2006 年版。

16. 何蓉：《奥匈帝国》，三秦出版社 2001 年版。

17. 阎照祥：《英国史》，人民出版社 2003 年版。

18. 吕一民：《法兰西的兴衰》，三秦出版社 2005 年版。

19. ［美］斯坦福·肖：《奥斯曼帝国》，许序雅、张忠祥译，青海人民出版社 2006 年版。

20. ［美］罗兹·墨菲：《亚洲史》，黄磷译，海南出版社、三环出版社 2004 年版。

21. ［美］J. M. 布劳特：《殖民者的世界模式——地理传播主义和欧洲中心主义史观》，谭荣根译，社会科学文献出版社 2002 年版。

22. 张骥、刘中民：《文化与当代国际政治》，人民出版社 2003 年版。

23. 纳忠：《阿拉伯通史》，商务印书馆 1999 年版。

24. 李植枬：《宏观世界史》，武汉大学出版社 1999 年版。

25. 吴于廑、齐世荣主编，刘祚昌、王觉非分册主编：《世界史·近代史编》，高等教育出版社 2001 年版。

26. 陈佛松：《世界文化史》，华中科技大学出版社 2002 年版。

27. 杨善民、韩锋：《文化哲学》，山东大学出版社 2002

年版。

28. 刘文龙、袁传伟：《世界文化史·近代卷》，浙江人民出版社 1999 年版。

29. 崔连仲：《世界通史》，人民出版社 2000 年版。

30. 阎宗临：《欧洲文化史论》，广西师范大学出版社 2007 年版。

31. 裔昭印：《世界文化史》，华东大学出版社 2000 年版。

32. 杨昌栋：《基督教在中古欧洲的贡献》，社会科学文献出版社 2000 年版。

33. ［法］德尼兹·加亚尔、贝尔纳代特·德尚，J. 阿尔德伯特等：《欧洲史》，蔡鸿滨等译，海南出版社 2000 年版。

34. 董小川主编：《世界文化史》，高等教育出版社 2002 年版。

35. ［法］费尔南·布罗代尔：《文明史纲》，肖昶等译，广西师范大学出版社 2003 年版。

36. 计秋枫、冯梁等：《英国文化与外交》，世界知识出版社 2002 年版。

37. 车效梅：《中东中世纪城市的产生、发展与嬗变》，中国社会科学出版社 2004 年版。

38. ［英］克拉姆：《语言与文化》，上海外语教育出版社 2000 年版。

39. 彭树智：《文明交往论》，陕西人民出版社 2002 年版。

40. ［德］阿尔弗雷德·韦伯：《文化社会学视域中的文化史》，姚燕译，上海人民出版社 2006 年版。

41. 陈乐民、周弘：《欧洲文明的进程》，生活·读书·新知三联书店 2003 年版。

42. ［英］韦尔斯：《文明的故事》，琚宏、张军、李志伟译，五洲传播出版社 2004 年版。

43. 唐逸主编：《基督教史》，中国社会科学出版社 1993 年版。

44. ［英］约翰·劳尔：《英国与英国外交（1815—1885）》，刘玉霞、龚文启译，上海译文出版社 2003 年版。

45. ［美］希提：《阿拉伯通史》下册，马坚译，商务印书馆 1979 年版，第 857 页。

46. ［英］弗朗西斯·鲁滨逊主编：《剑桥插图伊斯兰世界史》，安维华、钱雪梅译，世界知识出版社 2005 年版。

47. 彭树智主编：《中东史》，人民出版社 2010 年版。

2. 论文类

1. 田瑾：《奥斯曼帝国后期中东与西方的文化交流》，《西北工业大学学报》（哲学社会科学版）2005 年第 3 期。

2. 王三义：《"土耳其人阻断商路"说与西方的近东殖民》，《历史研究》2008 年第 4 期。

3. 毕健康：《土耳其国家与宗教——凯末尔世俗主义改革之反思》，《西亚非洲》2009 年第 2 期。

4. 姜明新：《影响土耳其当代政治发展的历史文化遗产》，《西亚非洲》2009 年第 3 期。

5. 田瑾：《十九世纪奥斯曼帝国与西方国家交往的特点》，《西北大学学报》2010 年第 5 期。

6. 王三义：《奥斯曼素丹阿卜杜勒·哈米德二世的评价问题》，《中东研究》2011 年第 1 期。

二　外文文献

1. Abou – El – Haj, Rifa'at 'Ali, *Formation of the Modern State*: *The Ottoman Empire*, *Sixteenth to Eighteenth Centuries*, State University of New York Press, New York, 1991.

2. Argun, Betigül Ercan, *Turkey in Germany The Transnational*

Sphere of Deutchkei, Taylor &Francis Books, Inc. , London, 2003.

3. Brown, Carl, *Imperial Legacy*: *The Ottoman Imprint on the Balkans and the Middle East*, Columbia University Press, New York 1996.

4. Brown, Carl, *Imperial Legacy*: *The Ottoman Imprint on the Balkans and the Middle East*, Columbia University Press, New York, 1996.

5. Castle, Wilfred, *Grand Turk*, *An Historical Outline of Life and Events*, *of Culture and Politics*, *of Trade and Travel during the Last Years of the Ottoman Empire and the First Years of the Turkish Republic*, Hutchinson & Co. (Publishers), Ltd. London, 1950.

6. Castle, Wilfred T. F. M. A. , Grand Turk, A Historical Outline of Life and Events, *of Culture and Politics*, *of Trade and Travel during the Last Years of the Ottoman Empire and the First Years of the Turkish Republic*, Hutchinson & Co. , Ltd, London, 1945.

7. Çelik, Zeynep, *The Remaking of Istanbul*, *Portrait of an Ottoman City in the Nineteenth Century*, University of Washington Press, Washington, 1986.

8. Çirakman, Asll, *From the "Terror of the World" to the "Sickman of Eruope"*, *European Images of Ottoman Empire and Society from the Sixteenth Century to the Nineteenth*, Peter Lang publishing, Inc. , New York, 2002.

9. Clay, Christopher, *Gold for the* Zürcher, Erik J, *Turkey*: *A Modern History*, I. B. Tauris & Co Ltd, London, 1998.

10. *Sultan, Western Bankers and the Ottoman Finance 1856—1881*: *A Contribution to Ottoman and to International Financial History*, I. B. Tauris Publishers, London, 2000.

11. Davison, Roderic H. , *Essays in Ottoman and Turkish Histo-*

ry, 1774—1923, *the Impact of the West*, University of Texas Press, Austin, 1990.

12. Davison, Roderic H. , *Essays in Ottoman Empire and Turkish History*, 1774—1923 *the impact of the west, modern middle east series*, University of Texas Press, Austin, the university of Texas at Austin, 1990.

13. Davison, Roderic H. , *Turkey A Short History, Second Edition*, the Eothen Press, Huntingdon, England, 1988.

14. Davison, Roderic H. *Essays in Ottoman and Turkish History*, 1774—1923 *the Impact of the West*, University of Texas Press, Austin, Texas, 1990.

15. Deringil, Selim, *The Well Protected Domains*: *Ideology and the Legitimation of Power in the Ottoman Empire* 1876—1909, I. B. Tauris, London, 1998.

16. Dushner, David, *Palestine in the Late Ottoman Period*: *Political, Social and Economic Transformation*, Jeruslem, 1986.

17. Farah, Caesar E. , *Decision Making and Change in the Ottoman Empire* Thomas Jefferson University Press, 1993.

18. Fortna, Benjamin C. , *Imperial Classroom, Islam, the State, and Education in the Late Ottoman Empire*, Oxford University Press, 2002.

19. Fortna, Benjamin C. , *Imperial Classroom, Islam, the State, and the Education in the Late Ottoman Empire*, Oxford University Press, 2003.

20. Fortna, Benjamin C. , *Imperial Classroom, Islam, the State, and the Education in the Late Ottoman Empire*, Oxford University Press, Oxford, 2003.

21. Frazee, Charles A. , *Catholics and Sultans, the Church and*

the Ottoman Empire 1453—1923, Cambridge University Press, London, 1983.

22. Frazee, Charles, *Catholics and Sultans: The church and the Ottoman Empire* 1453—1923, Cambridge University Press, Cambridge, 1983.

23. Gelvin, Jame L., *the Modern Middle East, A history*, Oxford University Press, Oxford, 2005.

24. Gelvin, Jame L., *the Modern Middle East, A history*, Oxford University Press, Oxford, 2005.

25. Göçek, Fatma Müge, *Rise of the Bourgeoisie, Demise of the Empire: Ottman Westernization and Social Change*, Oxford University Press, New York, 1996.

26. İhsanoGlu, Ekmeleddin, *Science, Technology and Learning in the Ottoman Empire, Western Influence, Local Institutions, and the Transfer of Knowledge*, Ashgate Publishing Company, Burlington, 2004.

27. Imber, Colin and Kiyotaki, Keiko, *Frontiers of Ottoman Studies, Volume I*, I. B Tauris & Co. Ltd, London, 2005.

28. İnalcik, Hal İl, Donald Quataert, *Economic And Social History of the Ottoman Empire*, 1300—1914, Cambridge University Press, 1994.

29. *Kaffee und Kaffeehaus: Die Geschichte des Kaffees*, Leipzig, 2002.

30. Karpat, Kemal H., *Studies on Ottoman Social and Political History, Selected Articles and Essays*, Leiden, Brill, 2002.

31. Karpat, Kemal H., *the Politicization of Islam: Reconstructing Identity, State, Faith, and Community in the Late Ottoman*

State, Oxford University Press, Oxford, 2001.

32. Karpat, Kemal H., *the Politicization of Islam, Reconstructing Identity, State, Faith, and Community in the Late Ottoman State*, Oxford University Press, Oxford, 2001.

33. Karpat, Kemal H., *Ottoman Past and Today's Turkey*, Brill of Leiden, Leiden, 2000.

34. Karpat, Kemal H. introduction, *Ottoman Past and Today's Turkey*, Brill, Leiden, 2000.

35. Karpat, Kemal H., *the Politicization of Islam, Reconstructing Identity, State, Faith, and Community in the Late Ottoman State*, Oxford University Press, Oxford, 2001.

36. Karpat, Kemal H., *Ottoman Past and Today's Turkey*, Koninkljike Brill, Leiden, 2000.

37. Karpat, Kemal H., *Studies on Ottoman Social and Political History, Selected Articles and Essays*, Koninklijke, Brill, Leiden, 2002.

38. Kushner, David *Palestine in the Late Ottoman Period: Political Social and Economic Transformation*, Jerusalem, Israel, 1986.

39. Landau, Jocab, *Exploring Ottoman and Turkish History*, Hurst & Co. (Publishers) Ltd., London, 2004.

40. Levy, Avigdor, *Jews, Turks, Ottomans, A Shared History, Fifteenth through the Twentieth Century*, Sypacuse University Press, 2003.

41. Levy, Avigdor, *Jews, Turks, Ottomans: A Shared History, Fifteenth through Twentieth Century*, Sypacuse University Press, 2003.

42. Lewis, Bernard, *The Emergence of Modern Turkey*, Third Edition, Oxford University Press, New York, 2002.

43. Lewis, Bernard, *The Middle East*, 2000 *years of History from the Rise of Christianity to the Present Day*, Weidenfeld &Nicolson, The Orion Publishing Group Ltd Orion House, London, 1995.

44. Lewis, Bernard, *What Went Wrong? Western Impact and Middle Eastern Response*, London, 2002.

45. Lewis, Raphaela, *Everyday Life in Ottoman Turkey*, B. T. Batsford LTD, London, 1971.

46. McCarthy, Justin, *The Ottoman Peoples and the End of the Empire*, London, 2001.

47. McMurray, Jonathan S., *Distant Ties: Germany, the Ottoman Empire, and the Construction of the Baghdad Railway*, Westport, 2001.

48. Özdalga, Elisabeth, *Late Ottoman Society, the Intellectual Legacy*, Routledge Curzon, London, 2005.

49. Pamuk, Şevket, *The Ottoman Empire and European Capitalism*, 1820—1913, *Trade, investment and production*, Cambridge University Press, Cambridge, 1987.

50. Quataert, Donald, and Inalcik, Halil, *An Economic and Social History of the Ottoman Empire*, 1300—1914, Cambridge University Press, New York, 1994.

51. Quataert, Donald, *the Ottoman Empire*, 1700—1922, Cambridge University Press, Cambridge, 2000.

52. Samovar, Larry A., Richard E. Porter, Intercultural Communication, Eighth Edition, Wadsworth Publishing Company, California, 1997.

53. Shaw, Stanford, Shaw, Kural, *History of the Ottoman Empire and Modern Turkey, Volume II : Reform, Revolution, and Repub-

lic: *The Rise of Modern Turkey*, 1808—1975, Cambridge University Press, 1977.

54. Sicker, Martin, *the Islamic World in Decline, From the Treaty of Karlowitz to the Disintegration of the Ottoman Empire*, Westport, 2001.

55. Sicker, Martin, *the Islamic World in Decline: From the Treaty of Karlowitz to the Disintegration of the Ottoman Empire*, Westport, Praeger, 2001.

56. Somel, Selçuk Akşin, *The Modernizaiton of Public Education in the Ottoman Empire*, 1839—1908, *Islamization, Autocracy and Discipline*, Koninklijke Brill, Leiden, 2001.

57. Timothy, Parsons, *The British Imperial Century*, 1815—1914: *A World History Perspective*, Rowman & Littlefield Publishing, INC., 1999.

58. Weismann, Itzchak and Zachs, Fruma, *Ottoman Reform and Muslim Regeneration*, I. B. Tauris&Co. Ltd., New York, 2005.

59. Zürcher, Erik J, *Turkey: A Modern History*, I. B. Tauris & Co., Ltd, London, 1998.

后　记

拙作是在本人博士论文《18至19世纪奥斯曼帝国与欧洲文化交往研究》的基础上补充完善的，论文重点论述了奥斯曼帝国与欧洲国家交往过程中欧洲文化对奥斯曼帝国文化的影响。成文两年多来，关于这一研究课题的思考与资料搜集整理工作却并没有停止，本书即是在对原论文部分内容进行修改的基础上，增加了"奥斯曼帝国文化对欧洲文化的影响"及"奥斯曼帝国后期与欧洲文化交流的遗产对现代土耳其的影响"两章内容，使得奥斯曼帝国与欧洲文化相互交流的论述更加完备，更加充实。

付梓之际，感慨良多。博士求学期间，导师的教导和同学们的帮助依然历历在目，难以忘怀。应该说，我的每一点进步都和他们的帮助分不开。首先要感谢我的导师王铁铮教授。王老师多年来一直从事中东问题研究，他治学严谨，精益求精，对学生也是要求严格、一丝不苟。他高屋建瓴的见解和循循善诱的教导方法使我受益匪浅，终生难忘。每每向先生请教，耐心而细致的解答常常使我茅塞顿开。尤其是在撰写论文期间，先生更是给了我极大的帮助，先后六次仔细通审了我的论文初稿并提出尽可能详尽的指导意见。每当写作遇到困难时，先生总是给我以信心和勇气，帮我找到解决问题的办法。论文的完成，从选题到写作直到修改定稿，从资料准备到谋局布篇，以至遣词造句，数番讨论数番更易，次次凝聚着他的心血，字字耗费着他的辛劳。

读博期间非常有幸地受到彭树智先生的教诲。先生对文明交

后　记

往理论和中东问题研究有着很深的造诣，他对晚辈的关爱和对学问的执着使我深受教育。黄民兴教授在很多方面给了我极大的支持，为我指点了不少迷津。他对本专业的热爱和严谨的治学态度令人敬佩。与亦师亦友的韩志斌教授、王猛老师、李福泉老师经常探讨问题，交流心得，受益颇丰。李利安教授、林松业副教授、邵丽英副教授和冯淑珍、马建军等中东所其他老师也给予我了很大帮助。与同学相艳、任德胜、蒋真、刘辉、阎忠林、尹斌、樊为之、杨涛等在读博期间建立了深厚的友谊，是我人生的宝贵资源。

还要感谢"欧亚—太平洋学术网络组织"（Eurasia - Pacific Uninet Scholarship），读博期间受该组织资助，我在奥地利萨尔斯堡大学和维也纳大学留学一年，其中在维也纳大学的八个多月对我帮助最大。维也纳大学"近东研究系"（Department of Near Eastern Studies）的副主任 Gisela Prochazka - Eisl 教授对我进行了有关指导。维也纳大学丰富的资料和对奥斯曼土耳其的研究对我很有启发。奥地利等欧洲国家无所不在的土耳其人、土耳其食品和艺术品时刻提示着历史上它们曾经进行了怎样的交往，如今这种交往仍在继续而且更加深入。与众多的土耳其学者和留学生的近距离接触和直接交流极大地丰富了我的思想。

书稿提交出版社之前，请黄民兴教授作了进一步审阅，黄老师利用暑假甚至放弃国庆节休息仔细批阅，提出了很多宝贵的指导性意见，使本书学术性更为严谨。中国社会科学出版社郭沂纹老师也对本书内容提出了中肯建议，这里一并致谢。

合卷而思，世界文明交往史的学术殿堂更显神圣而庄严，其博大与精深强烈地吸引着我，继续潜心研读，丝毫不敢懈怠。

田　瑾
2011 年 12 月